Die 50er Jahre in Hameln

Edition Weserbergland
Beiträge zu Kultur und Geschichte

Bernhard Gelderblom

Die 50er Jahre in Hameln

Von der harten Mühsal und
vom frohen Schaffen der Aufbaujahre

CW Niemeyer

Bibliografische Information der Deutschen Bibliothek
Die Deutsche Bibliothek verzeichnet diese Publikation in der
Deutschen Nationalbibliografie; detaillierte bibliografische
Daten sind im Internet über http://dnb.ddb.de abrufbar.

© CW Niemeyer Buchverlage GmbH, Hameln 2008
www.niemeyer-buch.de

Bilder
  Archiv der Deister- und Weserzeitung Hameln, Stadtarchiv Hameln,
  Autor und zahlreiche weitere Archive

Satz und Gestaltung
  CW Niemeyer Buchverlage GmbH

Druck
  CW NIEMEYER DRUCK GmbH

Alle Rechte liegen beim Verlag; jegliche Wiedergabe und Veröffentlichung
  bedarf der Genehmigung durch den Verlag

Printed in Germany

ISBN 978-3-8271-9307-0

Das Titelbild zeigt das Foyer der 1953 eröffneten
Weserbergland-Festhalle (Quelle: Stadtarchiv Hameln)

Inhaltsverzeichnis

Vorwort	11
1 Zur Einführung	14
Eine schillernde Zeit voller Widersprüche – Was sind eigentlich die 1950er Jahre?	
2 Die Ausgangslage in Hameln	16
Kriegszerstörungen und bittere Wohnungsnot	16
Beschlagnahmungen durch die britische Besatzungsmacht	18
Der große Zustrom von Flüchtlingen und Vertriebenen	19
Der schlimme Hunger und andere Alltagssorgen	20
3 Wirtschaftliche und politische Voraussetzungen für den Neubeginn	23
Hilfe durch den Marshallplan	23
Die Währungsreform – Später legendär	24
Das Grundgesetz – Der entscheidende Faktor für Stabilität	26
4 Von Menschen und Schicksalen – Soziale Strukturen	29
Die Zusammensetzung der Hamelner Bevölkerung in Zahlen	29
Ein Besuch in der Übernachtungsstelle des Roten Kreuzes	31
Auf der Suche nach den Vermissten des Krieges – Der Suchdienst des DRK	34
Die Lage der Kriegsheimkehrer	38
Die Lage der Flüchtlinge und Vertriebenen	42
Ankunft und erste Unterbringung in Hameln	43
Das trostlose Leben in den Lagern	46
Hilfen – Nur die dringendste Not wurde gelindert	49
Die Integration der Flüchtlinge und Vertriebenen	51
Warten auf neuen Wohnraum	52
Fleiß und Aufstiegswille	54
Schwierigkeiten mit den etablierten Parteien	56
Am Ende steht die Integration	58
Von Männern und Frauen	58
„Besatzungsmütter" und „Besatzungskinder"	59
Ehe und Familie als ausschließliches Lebensmodell	59
„Männer und Frauen sind gleichberechtigt"?	60
Kinderzahlen	60
Warum arbeiten diese Mütter? – Über die Notwendigkeit von Kindergärten	62
Von Kindern und Jugendlichen	63
Spielen auf den Straßen	63

Schule und Ausbildung	66
Die Freiheiten des Jungseins – Über die „Halbstarken"	68
Kein Jugendzentrum in Hameln	70
Wer im Zuchthaus saß, war auch moralisch verfemt – Die Insassen der Strafanstalt	71
Die Straf- und Sicherungsanstalt für Männer	72
Srafvollzug für Jugendliche im ehemaligen Zuchthaus	74

5 Die lokale Politik — 79

Die ersten Schritte unter britischer Aufsicht	79
Alte und neue Parteien	80
Die Sozialdemokratische Partei Deutschlands	81
Die Kommunistische Partei Deutschlands	82
Die Deutsche Partei (bis 1946 Niedersächsische Landespartei)	84
Die Christlich-Demokratische Union	85
Die Freie Demokratische Partei	86
Der Gesamtdeutsche Block/Block der Heimatvertriebenen und Entrechteten	86
Die Deutsche Reichspartei und die Sozialistische Reichspartei	87
Nach anfänglicher Überlegenheit der SPD: Gleichgewicht der Lager im Hamelner Rat	87
Sie prägten Hamelns Politik nach dem Kriege – Politische Porträts	90
Heinrich Löffler	90
Karl Schütze	90
Dr. Heinrich Janssen	91
Georg Wilke	92
Rosa Helfers	92
Die „Nachbarschaften" – Ein Modell der direkten Demokratie	93
Aus Siegermächten wurden Verbündete – Das Ende der britischen Besatzungszeit	97

6 Die wirtschaftliche Entwicklung — 100

Die Voraussetzungen des „Wirtschaftswunders"	100
Rascher wirtschaftlicher Aufschwung – Hameln wird eine prosperierende Industriestadt	102
In Hameln ansässige Firmen	103
Die modernste und größte Mühle Deutschlands	103
Die „Teppichstadt" Hameln	104
Die Besmer Teppichfabrik	106
Die Oka-Teppichwerke	106
Die Vereinigten Wollwarenfabriken Marienthal	108
Die Eisengießerei Concordia	109
Die Gummifabrik Körting	109
Die Schuhfabrik Pigge & Marquardt	110
Neue Betriebe	110
Das Zählerwerk der AEG	111
Die Puddingpulverfabrik Vogeley	113
Der Schiffsgetriebehersteller Eugen Reintjes	113
Die Kokosweberei Otto Golze	114
Die Allgemeine Baumaschinen-Gesellschaft (ABG)	114

Das Elektromotorenwerk Stephan	114
Das Beamtenheimstättenwerk (BHW)	116
Von hoher Arbeitslosigkeit zur Vollbeschäftigung	120
Das Arbeitsamt und sein Neubau	120

7 Konsum und Lebensstil — 122

Konsum und Versorgung	122
Lebensstil und Freizeit	126
Hamelner Hotels, Gaststätten und Cafés	128

8 „Man müsste die Stadt noch einmal bauen" – Die Erweiterung der Stadt — 132

Wohnungsnot und Wohnungssuche	132
Das städtische Wohnungsamt	133
Die Zuspitzung der Wohnungsnot zum Ende der 1950er Jahre	134
Der Neubau von Wohnungen	135
Die Grundsätze des städtischen Wohnungsbaus	135
Die ersten Wohnbauprojekte	139
Das Neubauviertel Süntelstraße-Ilphulweg	140
Das Neubauviertel Lachsgrund auf der westlichen Weserseite	142
Einen Menschen mit einer Wohnung erschlagen – Der Bau von „Schlichtwohnungen"	144
Ein intensives Bauprogramm für neue Schulen	145
Der Neubau von Volksschulen	146
Die „Waldschule Finkenborn"	150
Die Sertürner-Schule – Eine zweite Mittelschule an der Königstraße	151
Die Erweiterung der beiden Oberschulen für Jungen und für Mädchen	153
Die Not der Berufsschulen	154
Neue Kirchen für die Stadt	155
Die katholische St. Augustinus-Kirche an der Lohstraße	155
Das Gemeindehaus der evangelischen Paul-Gerhardt-Gemeinde auf dem Basberg	159
Die Pläne der Martin-Luther-Gemeinde in der Nordstadt	160
Die Errichtung von Altersheimen	161
„Schönheit und Hygiene sind hier in glücklicher Weise vereint" – Das neue Hamelner Hallenbad an der Hafenstraße	165

9 Wiederaufbau und Erhaltung der Altstadt — 169

Der Abriss des Rathauses und die Diskussionen über einen Neubau	169
Der Wiederaufbau der Marktkirche – Ein Ruhmesblatt der Gemeinde	175
Die Erhaltung der Altstadt	180

10 Antworten auf die rasante Entwicklung des Verkehrs — 183

Der Straßenverkehr in der Altstadt	183
Zeichnungen in der Dewezet	186
Auf dem Wege zur verkehrsgerechten Stadt	188
Heftiger Streit um den Ausbau der Wallstraßen	189
Das lange Warten auf den Wiederaufbau der Weserbrücke	193

Weserschifffahrt und Hafen	197
„Am Bahnhof war Geduld gefordert"	201

11 Von der Unfähigkeit, sich zu erinnern — 205

Das Verhalten von Rat und Verwaltung gegenüber der eigenen Schuld — 205
    Die mangelhafte Entnazifizierung der Stadtverwaltung — 205
    Der zögerliche Umgang mit der Schuld an der Ausplünderung,
      Vertreibung und Deportierung der Juden — 209
    Die Ächtung der Aktivitäten des VVN — 212
    Die Kampagne zugunsten des von den Alliierten als Kriegsverbrecher
      verurteilten Johann Neitz — 213
    Der völkische Schriftsteller Hans Grimm als Ehrengast bei der
      Einweihung der Weserbergland-Festhalle — 214
Das Auftreten rechtsradikaler Parteien und Verbände in Hameln — 215
    Die Deutsche Reichspartei — 215
    Die Sozialistische Reichspartei – 1949 in Hameln gegründet — 215
    Zwei Deutschland-Treffen ehemaliger Mitglieder der Waffen-SS
      in Hameln — 218

12 Der Hamelner Kulturbetrieb — 223

Eine Hochschule in Hameln? – Kultur versus wirtschaftlicher Wiederaufbau — 223
Die Träger der heimischen Kultur — 224
    Der Verein für Kunst und Wissenschaft — 224
    Die Heimatbühne und die Volksbühne — 224
    Die Stadtbücherei — 225
    Die Volkshochschule — 226
Stark umstritten – Der Bau der Weserbergland-Festhalle — 228
Die Pflege der bildenden Künste und der Bau des Kunstkreisstudios — 231
Das Jahrzehnt des Kinos — 234
Die Pflege der Sage vom Auszug der Kinder — 237
    Das Rattenfängerspiel als Touristenmagnet — 237
    Ein neues Rattenfänger-Denkmal — 239

13 Anstelle eines Rückblickes — 243

Anhang — 245

    Anmerkungen — 245
    Verzeichnis der Literatur — 248
    Verzeichnis der Archive — 249
    Register — 251

Das Luftbild aus dem Jahre 1956 zeigt die rege Neubautätigkeit in der Stadt. An der repräsentativen Deisterallee entstand damals eine Ladenzeile mit Eiscafé, Verkehrsverein und anderen Geschäften (heute die von radio aktiv genutzten Pavillons am Bürgergarten) und das elegante Café am Ring.

Im Hintergrund ragen die Weserbergland-Festhalle und das Verwaltungsgebäude des Beamtenheimstättenwerkes (heute Rathaus) auf. Im Mittelgrund ist noch das alte Hamelner Stadion zu sehen, auf dessen Fläche 1962 der Bürgergarten entstand.
(Quelle: Stadtarchiv Hameln)

Die Waldschule Finkenborn war in den 1950er Jahren ein beliebtes Ziel für Schüler und Lehrer. (Quelle: Archiv der Dewezet)

Das Treppenhaus des 1953 errichteten Paul-Gerhardt-Gemeindehauses veranschaulicht den Reiz der Architektur der 1950er Jahre. (Quelle: Stadtarchiv Hameln)

Vorwort

Für viele Menschen, die heute in Hameln leben, sind die 1950er Jahre eine ferne Vergangenheit. Wie sehr diese Zeit in unsere Gegenwart nachwirkt, ist uns wenig bewusst.

Beispielsweise wurde das Gesicht des heutigen Hameln wesentlich von den Aufbauleistungen der 1950er Jahre geprägt. Das gilt – schaut man genauer hin – sogar für mehrere Bauten der Altstadt. Vor allem aber sind damals weite Teile der Viertel angelegt worden, in denen wir wohnen, wie die Nordstadt und das Klütviertel.

Auch zahlreiche öffentliche Gebäude wurden damals neu errichtet. Die meisten unserer Grund- und Hauptschulen, aber auch der Berufs- und Fachschulen stammen aus dieser Zeit und leisten immer noch gute Dienste. Dasselbe gilt für die Altersheime Tönebön, St. Monika und ehemals Reseberg, sowie für mehrere Kirchen und Gemeindehäuser (St. Augustinus, Marktkirche und Paul Gerhard).

Aus der Not geboren treten die meisten Bauten der damaligen Zeit schlicht auf, zeigen aber dem genaueren Betrachter doch etwas von ihrer kargen Ästhetik. Dies gilt besonders für die Gebäude, die den Rathausplatz prägen, das Rathaus selbst, das Theater und das Kunstkreisstudio.

In den 1950ern wurde Hameln zu einer bedeutenden Industriestadt, weil es der Verwaltung gelang, zahlreiche Unternehmen neu nach Hameln zu holen (u. a. das Zählerwerk der AEG, das Elektromotorenwerk Stephan, das Beamtenheimstättenwerk. Damals erhielt das Industriegebiet seine heutige Ausdehnung.

Auch Defizite und Belastungen, die bis heute nachwirken, können wir auf die 1950er Jahre zurückführen, so das Unvermögen, wichtige Industrieunternehmen in der Stadt zu halten und ihr Abwandern ins Umland zu verhindern, als Ende der 1950er Jahre der Raum im Industriegebiet knapp wurde, aber auch bis heute ungelöste Verkehrsprobleme wie das Fehlen der Südumgehung. Ihre Realisierung wurde damals zurückgestellt und stattdessen wurden die wunderschönen baumbestandenen Wälle dem Straßenverkehr geopfert.

Die wohl größte Leistung der damaligen Gesellschaft hat im Bild der Stadt keine Spuren hinterlassen. Durch Flucht und Vertreibung sowie durch Evakuierungen waren in Hameln Menschen aus den unterschiedlichsten Gebieten zusammengeführt worden.

Die durch den gewaltigen Zustrom von Neubürgern in der Nachkriegszeit verursachte Not war bitter, und sie verteilte sich nicht gerecht auf alle Einwohner.

Am Ende aber gelang es, die unglaublichen sozialen Probleme zu lösen. Erinnerungswürdig sind die 1950er Jahre für mich vor allem aus diesem Grunde.

Die Mehrzahl der Texte, die dieses Buch versammelt, erschien in der Zeit vom 13. Mai bis zum 29. Oktober 2008 als Serie in der Hamelner Dewezet. Sie finden sich hier in voller Länge und um einige Aspekte ergänzt, wollen aber ihren ursprünglichen Charakter als Zeitungsartikel auch nicht verleugnen. Deswegen kommt es bisweilen auch zu Wiederholungen.

Das Buch beleuchtet die 1950er Jahre aus der Perspektive einer Stadt und ihrer Menschen. Insofern fehlen die Themen der großen Politik. Sie sind aber doch indirekt präsent, wenn es etwa um den Umgang der Stadt mit ihrer NS-Vergangenheit geht, oder in großer Knappheit, soweit sie zum Verständnis der Zeit unabdingbar sind (z. B. Kapitel 3). Das Buch beansprucht nicht, eine komplette Übersicht der damaligen Zeit in Hameln zu geben. Einzelne Themen, wie z. B. der lokale Sport, tauchen nicht auf. Die Leserinnen und Leser, die damals in Hameln aufgewachsen sind, werden weiteres vermissen. Themen, die eher im Dunkel liegen, habe ich bewusst größeren Raum gegeben, wie z. B. den Zuständen in der Strafanstalt oder dem Umgang mit dem Nationalsozialismus.

Ich möchte vor allem das Lebensgefühl der damaligen Zeit heutigen Lesern nahe bringen und zeigen, was die Menschen bewegte. Deswegen ist das längste Kapitel des Buches den Menschen und ihren Schicksalen gewidmet, wohl wissend, dass das gesamte Spektrum von „harter Mühsal und frohem Schaffen" nicht nachgestaltet werden kann. Die Recherche hat mir selbst viel Freude gemacht, war sie doch eine Rückkehr in meine eigene Kindheit und Jugend.

Beim Durchblättern des Buches fallen die langen Zitate ins Auge, die gewöhnlich aus der Dewezet stammen. Die Sprache der Zeitung transportiert vieles vom Geist und Denken der Zeit, einer Zeit, in der es keine Anglizismen gab und der Fremdwörter fremd waren. Insofern möchte das Buch auch ein Quellenlesebuch sein.

Natürlich hat die Dewezet teil an den Einseitigkeiten und Besetztheiten der Zeit. Sie hatte mit ihr gemeinsam den konservativ-autoritären Stil, das patriarchalische Frauen- und Familienbild, den Hang, gesellschaftliche und soziale Probleme, wie sie sich etwa in der Not der Flüchtlinge und im Verhalten der „Halbstarken" deutlich machten, moralisch zu lösen, und natürlich auch die Neigung, den großen Frieden mit den Tätern zu machen, und die Unfähigkeit zu trauern. Das war Geist der Zeit, dem sich nur wenige entzogen und schon gar nicht eine Stadt von der Größe Hamelns. Spezifisch ist der Dewezet in den 1950er Jahren allerdings eine zu geringe Distanz gegenüber dem Wiederaufleben von rechtsextremen Gruppierungen.

Gleichzeitig machten die Journalisten der Dewezet aber auch gute Reportagen und waren vom engagierten Einsatz für „ihre" Stadt nicht abzubringen. Bei den großen Konflikten wie dem Bau der Weserbergland-Festhalle oder dem Abholzen der Linden des Ostertorwalles zugunsten des Verkehrs griff die „Heimatzeitung" vermittelnd ein. In ihren Leserbriefspalten bot sie ein wichtiges Forum für den Austausch der Bürger – für den Historiker eine wahre Fundgrube.

Neben der Durchsicht von zehn Jahrgängen Dewezet erstreckte sich die Quellenarbeit vor allem auf die Bestände des Stadtarchivs Hameln. Die vom Stadtarchiv herausgegebenen „Beiträge zur Stadtgeschichte" waren bei mehreren Themen als Vorarbeiten hilfreich; anderes musste eigenständig erarbeitet werden.

Vorarbeiten zum Thema gibt es kaum. Die „Geschichte der Stadt Hameln" von Spanuth, Feige und Seifert beschränkt sich für unseren Zeitraum – wie für die Zeit seit dem Ersten Weltkrieg insgesamt – auf eine Aufzählung von Daten. Sieht man von den „Beiträgen zur Stadtgeschichte" und der Arbeit von Ilse und Heinrich Kalvelage zur Hamelner Stadtentwicklung nach 1945 ab, so ist dieser Zeitraum der Stadtgeschichte gänzlich unerforscht.

Für die 1950er Jahre spielen Fotos als Quelle eine wichtige Rolle. Reiche Bestände konnte ich in den Archiven der Dewezet und der Stadt sichten. Es war Absicht, Fotos, aber auch Zeichnungen, als Erkennungszeichen der Zeit im Buch einen möglichst großen Raum zu geben, auch wenn deren Qualität manchmal zu wünschen übrig lässt.

Ich habe der Dewezet dafür zu danken, dass sie der dem Buch zu Grunde liegenden Artikelserie über Monate so viel Raum gegeben hat, namentlich Herrn Wolfhard F. Truchseß, der mir durch die Redaktion meiner Artikel wertvolle Anregungen gegeben hat, Herrn Matthias Waldeck, der das Archiv der Zeitung auf Fotos aus den 1950er Jahren durchgesehen hat, und schließlich Herrn Wolfgang Barnett, der mir unermüdlich geholfen hat, im Dickicht von mehr als zehn Zeitungsjahrgängen nicht unterzugehen. Derselbe Dank gilt Frau Silke Schulte und ihren Mitarbeiterinnen und Mitarbeitern vom Stadtarchiv Hameln. Ein Dank geht schließlich auch an die Leserinnen und Leser der Zeitungsserie, von denen mich viele mit Anregungen ermutigt und mit Material wie Fotos reichlich versorgt haben.

Mario Keller-Holte und Heinz Engelhard danke ich herzlich für inhaltliche Anregungen und ihre Hilfe bei der Korrektur des Textes. Verlag und Druckerei, allen voran Frau Brigitte Mück und Herrn Winfried Mende, danke ich für die sorgfältige Gestaltung des Buches.

Hameln, im November 2008
Bernhard Gelderblom

1 Zur Einführung
Eine schillernde Zeit voller Widersprüche – Was sind eigentlich die 1950er Jahre?

Die 1950er Jahre genießen in der Öffentlichkeit eine sehr unterschiedliche Wertschätzung. Den einen erscheinen sie in nostalgischer Verklärung als „einfache" und „gute" Zeit, liebevoll „Die Fuffziger" genannt. Die Menschen kannten nur ein gemeinsames Ziel, das sie mit Optimismus und Tatkraft verfolgten, nämlich den Wiederaufbau.

Andere lehnen die 1950er Jahre vehement ab. Für sie sind es unpolitische, „bleierne" Zeiten voll spießigen Muffs. Die Menschen hätten sich für nichts anderes als für die Mehrung ihres privaten Wohlstandes interessiert.

Unstrittig sind drei Tatsachen. Die 1950er Jahre sind der Zeitraum, in dem der Krieg den Menschen noch „in den Knochen steckte".

Sie standen im Zeichen des Wiederaufbaus und der fortschreitenden Industrialisierung. Es sind die Gründerjahre der Bundesrepublik. In ihnen wurzelt ein Großteil unserer heutigen wirtschaftlichen, politischen und gesellschaftlichen Institutionen und Strukturen.

Schaut man genauer hin, so sind die 1950er Jahre in sich voller Widersprüche und eine schillernde Zeit. Einerseits begann sich 1949 unser demokratisches politisches System zu etablieren. Mühsam und zögerlich lernten die Menschen den Umgang mit den Spielregeln des Grundgesetzes. Gleichzeitig setzte eine Phase rasanter wirtschaftlicher und sozialer Veränderungen ein, welche die Gesellschaft innerhalb kurzer Zeit zu einer vorher noch nie gekannten wirtschaftlichen Blüte und zur Orientierung an westlichen Vorbildern führte.

Andererseits gab es trotz der von den Besatzungsmächten angeordneten Entnazifizierung starke personelle Kontinuitäten bis in Spitzenpositionen mit der nationalsozialistischen Zeit, und zwar in der Wirtschaft, der Justiz, sogar in der Politik, eigentlich auf allen Gebieten. Die berufliche Karriere vieler Angehöriger der Wiederaufbau-Generation hatte im Dritten Reich eingesetzt oder war durch das Dritte Reich geprägt worden. Dies galt nicht nur für die Eliten, sondern auch für den Großteil der Bevölkerung.

Die Kontinuität zur ersten Hälfte des 20. Jahrhunderts reichte bis in kulturelle Vorlieben hinein. So wiesen etwa die Illustrierten, die Unterhaltungsmusik und die Filme der 1950er Jahre nicht geringe Ähnlichkeiten zu jenen der dreißiger Jahre auf. Nach den Erschütterungen des Krieges und der Not der unmittelbaren Nachkriegszeit war die Sehnsucht nach Stabilität und Sicherheit im Alltag verständlich.

Autoritäre Normen und enge Moralvorstellungen beherrschten Ehe, Familien und das öffentliche Leben, und nicht nur in Schule und Ausbildung waren Anpassung und Gehorsam sowie Disziplin und Pflichterfüllung die bestimmenden Tugenden. All das lässt uns diese Zeit als weit entfernte Geschichte erscheinen.

Schaut man aber auf das letzte Drittel der 1950er Jahre, so sieht man, dass sich damals bereits Züge der heutigen modernen Gesellschaft abzeichneten. In dieser Phase zeigten sich die ersten Konturen der Wohlstandsgesellschaft und ihrer charakteristischen Lebensstile und Konsummuster, begannen der

Personenkraftwagen-Boom, der Siegeszug des Fernsehens und der Massentourismus. Gerade in der jüngeren Generation, also jener, die nach der NS-Zeit erwachsen wurde, setzte sich die westliche Moderne mit ihren massenkulturellen Produkten und Leitbildern durch.

Ohne die Integration der Bundesrepublik in die wirtschaftlichen und politischen Strukturen Westeuropas und ohne die Verankerung in der von den USA dominierten Weltwirtschaft wäre die Bundesrepublik nicht zu einer Gesellschaft westlich geprägten Zuschnitts geworden. Weil im Zeichen der Sozialen Marktwirtschaft das „Wirtschaftswunder" begann, akzeptierte schließlich auch die große Mehrheit der Bevölkerung die parlamentarische Demokratie.

So scheinen die 1950er Jahre deutlich mehr als nur einen Zeitraum von zehn Jahren zu umfassen. Zwischen der Abschaffung der Lebensmittelkarten im Jahre 1950 und dem ersten Auftritt der „Beatles" in Hamburg 1960 scheint nach unserem Empfinden jedenfalls weit mehr als ein Jahrzehnt gelegen zu haben.

Die Widersprüchlichkeit der Zeit, aber auch die massive Modernisierung spiegeln sich auch in der Entwicklung einer Mittelstadt wie Hameln. Freilich spitzen sich in einer Stadt von der überschaubaren Größe Hamelns manche Gegensätze nicht so extrem zu. Gleichzeitig sind auch die beharrenden, konservativen Elemente stärker ausgeprägt als in Großstädten.

Optimistisch gestimmt feierte die Illustrierte Quick am 1. Januar 1950 den Beginn der „zweiten 50" des 20. Jahrhunderts. (Quelle: Privat)

2 Die Ausgangslage in Hameln

Das bis 1938 in jüdischem Besitz befindliche Geschäftshaus am Münsterkirchhof war in den letzten Kriegstagen zerstört worden. Bis in die 1960er Jahre „zierte" die Ruine den Platz. (Quelle: Archiv der Dewezet)

Kriegszerstörungen und bittere Wohnungsnot

Der Luftkrieg, die fatale Sprengung der Weserbrücken durch die Wehrmacht und besonders die Beschießung der Stadt durch die Amerikaner am 5. und 6. April 1945 hatten der Stadt schwere Schäden zugefügt.

In der Altstadt waren mit dem Rathaus und der Marktkirche zwei Gebäude betroffen, die für das Stadtbild von besonders hohem Rang waren. In der Osterstraße lagen die Gebäude Nr. 41 bis 45 im Schutt, darunter die Hotels „Zur Börse" und „Zur Sonne", zahlreiche weitere Totalschäden waren in der Emmernstraße (Nr. 7 und 9) und am Münsterkirchhof (Nr. 5, 6 und 6a) zu beklagen.

Einen weiteren Schwerpunkt der Schäden bildete das Gebiet um den Bahnhof. Hier hatten die wiederholten Luftangriffe nicht nur den Bahnhof, sondern auch Häuser an den umliegenden Wohnstraßen wie Deisterstraße, Kreuzstraße, Schmiedestraße, Stüvestraße und dem Hastenbecker Weg zerstört.

Lange bestand eine große Baulücke in der Osterstraße. Erst 1961 eröffnete östlich der Volksbank das Kepa-Kaufhaus (später Karstadt, heute Hertie) seinen Neubau. (Quelle: Archiv der Dewezet)

Die kurz vor Kriegsende zerstörte Werkshalle der Gummiwerke Körting (Quelle: Privat)

Die Hamelner Industrie war vergleichsweise glimpflich weggekommen. Schwere Schäden hatten die Eisen- und Hartgusswerke Concordia, die Gummiwerke Körting und die Wesermühlen mit dem Verlust der Weizenmühle auf dem Werder zu beklagen. Weil deutsche Pioniere vor den anrückenden amerikanischen Soldaten die Straßen- und die Eisenbahnbrücke über die Weser gesprengt hatten, waren wichtige Verkehrsverbindungen zerstört worden. Gerade deren Behebung sollte Jahre dauern.

Im Vergleich zu Hannover, wo 50 Prozent des Wohnraums zerstört worden waren, waren die Verluste an Wohnraum in Hameln vergleichsweise gering.

Immerhin waren aber doch über 700 Wohnhäuser laut städtischer Statistik durch Bomben und Beschuss zerstört oder beschädigt worden.

Die Bevölkerung der Stadt hatte 1939 31.797 Personen betragen. Im November 1945 lebten 40.600 Personen in der Stadt.

Darunter waren über 2.000 so genannte Evakuierte, welche die NS-Behörden wegen der Bombengefahr aus Großstädten in kleinere Städte eingewiesen hatten. So waren die Menschen zu Kriegsende gezwungen, auf engem Raum zusammenzuleben.

Nissenhütte aus der Frühzeit der Besatzung auf dem Gelände an der Hummemündung. Nissenhütten bestanden aus vorgefertigten Wellblechteilen, benannt nach dem britischen Architekten Peter Norman Nissen. (Quelle: Gelderblom)

Beschlagnahmungen durch die britische Besatzungsmacht

Die ohnehin extreme Wohnungsnot verschärfte sich, weil die Besatzungsmacht die schönsten Privathäuser, Hotels und Gaststätten, Sportanlagen etc. für ihre Zwecke beschlagnahmte. Im Klütviertel, aber auch im Bereich Goethe- und Schillerstraße wurden teilweise ganze Straßenzüge requiriert. Die Bewohner wurden binnen weniger Stunden obdachlos und bestürmten das städtische Wohnungsamt.

In der unmittelbaren Nachkriegszeit hatte die Besatzungsmacht insgesamt 554 Grundstücke und Häuser beschlagnahmt, darunter Gebäude wie Thiemanns Hotel (heute Commerzbank) oder das Klubhaus Am Markt (heute Sparkasse Weserbergland). Ein großer Teil von ihnen war im Laufe der Zeit wieder zurückgegeben worden. Aber noch 1952 waren 120 Wohnhäuser von Briten genutzt, dazu das Hotel „Unter den Linden", das Wittekindbad (am Guten Ort) und das Stadion an der Deisterallee (heute Bürgergarten). Unter „Teilbeschlagnahme" fielen das Lichtspielhaus „Schauburg" an der Deisterallee, fünf Bootshäuser an der Pyrmonter Straße und der Stadtsaal im „Grünen Reiter" (heute Stadtsparkasse). Zahlreiche Ländereien waren für militärische Übungszwecke beschlagnahmt, u. a. an der Hummemündung und am Weserufer in Höhe der Fischbecker Straße.

Wie sehr die Besatzung und insbesondere die Requirierung als Demütigung empfunden wurde, zeigt das Beispiel Wittekindbad. Das Wittekindbad, ein großes Freibad, war nach Kriegsende durch Selbsthilfe der Sportvereine wieder hergerichtet worden. Die Freude der Badenden dauerte aber nur eine Saison. 1947 beschlagnahmte die britische Besatzungsmacht das Bad und ließ keine Deutschen mehr hinein.

In der Bevölkerung stieß die völlige Sperrung auf heftige Kritik. Nach der

Sehnsüchtige Blicke und Schilder am Zaun des Wittekindbades, das die Briten beschlagnahmt hatten. Die Inschriften, soweit sie zu entziffern sind, lauten: „Hameln Bathing Pool" und „No dogs allowed in this bath."
(Quelle: Archiv der Dewezet)

Schilderung in der Dewezet[1] stand das Bad faktisch leer. Die Tommys gingen lieber mit Deutschen in der Weser baden, weil da mehr „los" wäre und auch hübsche Mädchen zu sehen wären!

Die Briten sprachen von „Seuchen unter der deutschen Bevölkerung". Besonders verbittert aber die Hamelner, dass am Eingangstor ein Schild angebracht war, dessen englischer Text nach einem Bericht der Dewezet sinngemäß angeblich lautete „Für Hunde und Zivilisten verboten."[2]

Schaut man das in der Dewezet abgedruckte Foto der Tafel genauer an, so sieht man, dass dort nur von „dogs", nicht aber von „Zivilisten" die Rede ist. Aber man traute der Besatzung eben jede Form von Kränkung zu.

Der große Zustrom von Flüchtlingen und Vertriebenen

Eine unerhörte Verschärfung der allgemeinen Notlage brachte der nicht endende Zustrom von Flüchtlingen und Vertriebenen besonders im Laufe der Jahre 1946, aber auch 1947. Infolge der Transporte zählte Hameln 1950 über 50.000 Einwohner, darunter 12–15.000 Flüchtlinge. Als im November 1946 Unterkünfte in Privathäusern nicht mehr zur Verfügung standen, wies die Stadtverwaltung die Menschen in Fabrikhallen der von den Briten demontierten Domag (später AEG) und der Maggi-Werke ein. Sie alle unterzubringen, zu ernähren und zu kleiden war eine nur unter größten Anstrengungen zu lösende Aufgabe. Dass sie gelöst wurde, gehört zu den bedeutendsten Leistungen der Hamelner Nachkriegsgesellschaft.

Weil der Bauwirtschaft Rohstoffe und Transportkapazitäten fehlten und alle Bauvorhaben der britischen Besatzung absoluten Vorrang hatten, dauerte es endlos lange, bis beschädigter Wohnraum wiederhergestellt war. Viele Wohnungen konnten durch Eigenarbeit wenigstens notdürftig wieder bewohnbar gemacht werden. Der dringend nötige Neubau von Wohnungen kam erst 1949 langsam in Gang.

In den Jahren 1945 bis 1949 verschärfte sich die Wohnungsnot immer mehr, so dass schließlich unerträgliche Zustände herrschten. Durchschnittlich hatte ein Bürger der Stadt acht Quadratmeter Wohnfläche zur Verfügung.

In Altstadtstraßen wie hier der Kleinen Straße wohnte damals die Mehrzahl der Hamelner Bürger auf engstem Raum. (Quelle: Stadtarchiv Hameln)

Vielen Menschen blieb nichts anderes übrig, als in Ruinen, in feuchten Kellern, in Garagen, Ställen, Gartenlauben, in kaum isolierten Nissenhütten oder in wild erstellten Behelfsbauten zu hausen.

Der schlimme Hunger und andere Alltagssorgen

Der Alltag der Nachkriegsjahre war mit vielerlei Problemen beladen. Neben der Verschärfung des Mangels an Wohnraum war es vor allem die unzulängliche Versorgung mit Lebensmitteln und anderen Gütern des täglichen Bedarfs, die das Leben vieler Hamelner zum reinen Überlebenstraining werden ließ. Dazu kam die äußerst mangelhafte Bereitstellung von Energie und Heizmaterial.

In den ersten Monaten nach Kriegsende hatten die laut Lebensmittelkarten vorgesehenen Zuteilungen noch weitgehend ungeschmälert erfolgen können, so dass sich das Schlangestehen wenigstens noch lohnte. Doch dann verschlechterte sich die Ernährungslage zusehends.

Unzureichende Transportkapazitäten, fehlende Energie, eine Hochwasserkatastrophe im Februar 1946, ein anhaltender, sehr frostiger Winter 1946/47 und ein überaus trockener Sommer 1947 ließen die Hamelner nicht nur jämmerlich hungern, sondern in den Wintermonaten auch erbärmlich frieren.

Schulspeisungen, Gemeinschaftsküchen, das „Stoppeln" von Ähren, Kartoffeln oder Rüben auf abgeernteten Feldern waren nicht mehr als der Tropfen auf den heißen Stein.

Wer über genügend Bargeld oder geeignete Tauschobjekte verfügte, konnte auf dem Lande beim „Hamstern" sein Glück versuchen oder sich in das Getümmel des Schwarzen Marktes wagen, der erst nach der Währungsreform zum Erliegen kam. Denn auch die sonstigen Bedürfnisse des täglichen Lebens wie Kleidung, Hausrat und dergleichen waren mit den viel zu geringen Zuteilungen, die es auf Bezugsscheine gab, bei weitem nicht zu befriedigen.

Bis in das Jahr 1948 hinein kam es immer wieder zu Hungerdemonstrationen. Im Frühjahr 1947 war die Lage besonders schlimm. Gerade hatte die britische Militärverwaltung die Kartoffelration um die Hälfte auf ein Kilo pro Woche gekürzt. Eineinhalb Kilo Brot mussten für sieben Tage reichen. Insgesamt standen Erwachsenen 850 Kalorien pro Tag zu.

Eine Zigarette kostete auf dem Schwarzen Markt 2,50 Reichsmark. Da lohnte auch das Sammeln von „Kippen". (Quelle: 60 Jahre Kriegsende)

Hungerdemonstration in Hannover vom Mai 1948 (Quelle: Anpacken und Vollenden)

Die Allgemeinen Gewerkschaften organisierten in Hameln wegen der katastrophalen Ernährungslage einen Streik. Während einer Kundgebung im Monopolsaal an der Deisterstraße (im Gebäude des späteren Kinocenters) ruhte in großen Hamelner Betrieben für zwei Stunden die Arbeit. Heinrich Löffler, damals zugleich Gewerkschaftssekretär und Hamelner Oberbürgermeister, wird in der Hannoverschen Presse vom 27. Juni 1947 mit den Worten zitiert:

Unsere menschliche Lage ist in höchstem Maße unmenschlich geworden. Aber wir wollen nicht verhungern und unsere Forderung an die Besatzungsmächte, dem arbeitenden Menschen so viel an Nahrungsmitteln zu geben, dass er wenigstens satt wird, rangiert vor allen anderen Notwendigkeiten politischer Art.

Um die größte Not zu lindern, belieferten die Briten, die Mühe hatten, ihre eigene Bevölkerung auf der Insel zu versorgen, ihre Besatzungszone seit Juni 1947 erstmals mit Lebensmitteln. Die Lage besserte sich dadurch kaum. Im Mai 1948 kam es in Hameln zu einer weiteren großen Protestaktion gegen die unzureichende Ernährungslage, die wieder von den Gewerkschaften organisiert war.

Im Bericht der Hannoverschen Presse über die viertägige Arbeitsniederlegung heißt es:³

Als in den Morgenstunden des vergangenen Freitags in allen Schaufenstern der Stadt die Plakate mit dem Aufruf der örtlichen Streikleitung erschienen, nahm damit eine von den Gewerkschaften und Betriebsräten sorgfältig vorbereitete Protestaktion ihren Anfang. Der Streik, an dem rund 10.000 Arbeitnehmer beteiligt waren, verlief in Ruhe und Ordnung. Während die Industrie- und Handwerksbetriebe restlos dem Streikbeschluss Folge leisteten, wurde die Arbeit in den Versorgungs- und anderen lebenswichtigen Betrieben entsprechend den Beschlüssen der Streikleitung unvermindert weitergeführt. Geschlossen, wie sie den Streik begannen, haben gestern morgen alle Angehörigen der Hamelner Betriebe die Arbeit wieder aufgenommen.

Der massive nicht nur in Hameln, sondern landesweit durchgeführte Streik hatte einen gewissen Erfolg.

Wenige Tage später wurde mit Wirkung vom 1. Juni 1948 die Brotration in Niedersachsen erhöht.

Auch die Versorgung der Bevölkerung mit Kleidung war trostlos. So stand den Menschen alle drei Jahre ein Paar Schuhe zu – allerdings nur auf Bezugsmarken. Schuhe wurden getragen, bis sie auseinander fielen, Kinder wuchsen buchstäblich hinaus. Wurden Kinderschuhe zu klein, schnitten die Eltern kurzerhand die Schuhspitze ab, so dass sie weiter getragen werden konnten. Dass jüngere Geschwister die Schuhe der älteren auftrugen, war selbstverständlich. Wer notdürftig aus alten Reifen oder Stroh angefertigte Schuhe trug, bekam im Herbst und Winter nasse Füße, was vor allem bei Kindern Krankheiten nach sich zog.

Ansonsten sahen die Menschen zu, wie sie mit Vorhandenem auskamen. Erfindergeist war gefragt. Vieles wurde umgearbeitet oder zweckentfremdet. Aus Fallschirmseide und Bettlaken entstanden Kleider, aus Wehrmachtsuniformen Kinderkleidung, aus aufgeribbelter Wolle neu Gestricktes, aus den Helmen eben Kochtöpfe.

Die Bevölkerung – über mehrere Jahre hinweg durch ungenügende Ernährung, mangelhafte Kleidung und katastrophale Wohnverhältnisse geschwächt – war für ansteckende Krankheiten und Infektionen besonders anfällig. Magen- und Darmerkrankungen waren verbreitet. Hautkrankheiten nahmen besonders zu, weil Seife fehlte und die Menschen eng beieinander wohnten. Schulkinder hatten häufig Kopfläuse. Diphtherie, Typhus und besonders Tuberkulose waren weit verbreitet. Die Zahl der TBC-Fälle lag 1946 bei 51,2 je 10.000 Einwohner (1943 bei 7,3). Bereits im August 1945 war im Landkreis Hameln-Pyrmont Kinderlähmung ausgebrochen.

3 Wirtschaftliche und politische Voraussetzungen für den Neubeginn

Die wichtigsten Entscheidungen, die dem Leben in Westdeutschland und damit auch in Hameln neue Perspektiven eröffneten, fielen in den Jahren 1947 bis 1949. Sie fielen allerdings nicht in Hameln und nicht einmal in Deutschland. Es waren Entscheidungen der drei westlichen Besatzungsmächte.

Zur Ankurbelung der Wirtschaft schlossen die USA und Großbritannien mit Wirkung vom 1. Januar 1947 ihre Besatzungszonen zum Vereinigten Wirtschaftsgebiet („Bi-Zone") zusammen. Die alliierte Wirtschaftspolitik förderte vor allem den Kohlebergbau und den Ausbau von Transportkapazitäten. Ende 1947 zeigten diese Maßnahmen erste Wirkung und es begann in manchen Bereichen des privaten und öffentlichen Lebens allmählich wieder aufwärts zu gehen.

Die Marshallplangelder flossen zuerst in die Lebensmittelhilfe, dann vor allem in den Wohnungsbau. (Quelle: Anschläge)

Hilfe durch den Marshallplan

Hoffnungen brachte vor allem das zur wirtschaftlichen Erholung Europas von US-Außenminister George Marshall verkündete umfangreiche Hilfs- und Wiederaufbauprogramm, das den Namen „European Recovery Program" (ERP) erhielt, aber als Marshallplan in die Geschichte eingegangen ist. Der Marshallplan war ein Produkt einerseits des heraufziehenden Kalten Kriegs und gleichzeitig von humanitären Impulsen.

Mit dem Beitritt der Bundesrepublik zur „Organization for European and Economic Cooperation" (OEEC), welche die Aufgabe hatte, die Marshallplangelder zu verteilen, begann die Einbeziehung der drei westlichen Besatzungszonen Deutschlands in die westliche Weltwirtschaft.

Obgleich die Marshallplanmittel erst 1949 nach Deutschland zu fließen begannen, war die psychologische Wirkung allein der Verkündung des Programms ganz erheblich.

Die Gelder wurden vor allem für den Wohnungsbau eingesetzt, in Hameln zuerst in Wohnblöcken an der Süntelstraße (zwischen Ilphulweg und Lohmannstraße).

Die Währungsreform – Später legendär

Die Wirtschaft nach dem Kriege litt an einem Überfluss an Reichsmark. Einer übergroßen Geldmenge stand aber nur ein kleines Angebot an Waren gegenüber. Die Folge war eine starke Inflation. Da Preise und Löhne festgelegt waren, entwickelte sich ein Schwarzer Markt, auf dem Waren zu weit überhöhten Preisen, gegen Zigaretten, die eine Art Ersatzwährung waren, oder durch Tausch („Kompensationsgeschäfte") zu erhalten waren. Die Notwendigkeit der von den westlichen Besatzungsmächten angeordneten Währungsreform ergab sich aus der durch die NS-Kriegswirtschaft zurückgestauten Inflation.

Am „Tag X", dem 20. Juni 1948, hatten die Hamelner Sparkassen und Banken Hochbetrieb. In wenigen Tagen zahlten damals die Bürger der Stadt 3,3 Millionen Reichsmark ungültiges Geld an den Schaltern ein. Ausgezahlt erhielt jeder nur ein so genanntes Kopfgeld von zunächst 40 DM. Weitere 20 DM wurden im September ausgegeben.

Die später so hoch gerühmte Währungsreform lag den Menschen allerdings im Magen. Die erste Enttäuschung über das Ausmaß der Abwertung war riesig. Guthaben an „Altgeld", also an Reichsmark, wurden im Verhältnis von 10 zu 1 auf DM umgestellt. Anders als etwa die Besitzer von Immobilien waren die Sparer von allen Betroffenen am härtesten benachteiligt.

Als im November 1948 durch Gesetz noch einmal 7 Prozent der Beträge auf den Festkonten gestrichen wurden, verschwand das Vertrauen der Sparer vollends. Für 100 Reichsmark gab es auf dem Bankkonto nur 6,50 DM.

Die Gesamtspareinlagen der Hamelner Bevölkerung in Höhe von 37 Millionen RM wurden in die Summe von 2,5 Millionen DM umgewandelt – tatsächlich eine kalte Enteignung breiter Schichten. Die Angestellten der Hamelner Geldinstitute mussten sich – nicht zu Unrecht – Äußerungen anhören wie „Betrug", „Diebstahl", „Räuberei" usw.[4] Es dauerte eine lange Zeit, bis sich in der Bevölkerung Vertrauen in die neue Währung gebildet hatte.

Voller Sehnsucht ruht der Blick des Jungen auf den Waren im Schaufenster. (Quelle: Archiv der Dewezet)

Noch größer schien allerdings der Protest angesichts der „unsittlichen" Vorderseite der ersten Banknote, welche die Bank deutscher Länder in Umlauf brachte. Auf dem Fünf-Mark-Schein war eine halbnackte „Europa" abgebildet, die auf dem Rücken eines stilisierten Stiers, die Sonne in der rechten Hand, das Knie leicht verschleiert, den Busen unverhüllt, der Zukunft entgegen reitet.

Nach der Währungsreform änderte sich das Bild in den Geschäften schlagartig. Lange Zeit kaum erhältliche Verbrauchsgüter tauchten auf einmal in den Regalen der Läden auf. Die Wirt-

Mit einiger Empörung reagierte die Bevölkerung auf die neue Fünf-Mark-Note der Bank Deutscher Länder, weil sie mit einer barbusig reitenden Europa geschmückt war.
(Quelle: Deutsche Bundesbank)

schaft hatte große Mengen von Waren gehortet. Mit „weichem" Gelde produziert und nun in „harter" Währung verkauft, stellten sich bald große Gewinne ein.

Da die Preise der Waren aufgrund der Aufhebung der Preisbindung und der starken Nachfrage sogleich drastisch angehoben werden konnten, die Löhne jedoch zunächst nicht stiegen, musste die große Mehrheit der Bevölkerung das wenige verfügbare Geld für das Lebensnotwendige verwenden. Was nützte es da, wenn die Auslagen und Schaufenster nun wieder mit einem breiten Warensortiment gefüllt waren? Leisten konnten es sich doch nur die wenigsten.

Um den Preisauftrieb, der in der öffentlichen Diskussion hohe Wellen schlug, zu regulieren, veröffentlichten Behörden zur Orientierung für Geschäftsleute und Verbraucher Preisspiegel mit angegebenen Normalpreisen. Außerdem wurden „Jedermann-Programme" für besonders preisgünstige Konsumgüter eingeführt, die helfen sollten, den dringenden Bedarf nach der entbehrungsreichen Kriegs- und Nachkriegszeit zu decken.

Die Aufhebung der Preisbindung für Verbrauchsgüter machte sich in den Geldbeuteln der Menschen zunächst negativ bemerkbar.

Drei Exemplare des Neckermann Versandhauskataloges vom Frühjahr 1950
(Quelle: Versandhaus Neckermann)

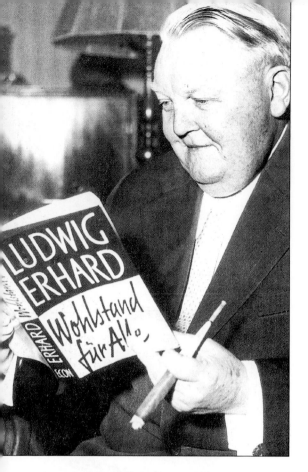

Ludwig Erhard, der Mann mit der Zigarre, verkörperte das Wirtschaftswunder leibhaftig.
(Quelle: Archiv der Dewezet)

Neben dem Preisanstieg zog die Währungs- und Wirtschaftsreform eine Zunahme der Arbeitslosigkeit nach sich, die erst nach 1952 allmählich abgebaut werden konnte.

Ursache hierfür war unter anderem eine zunehmende Ausrichtung der Betriebe an Produktivitätskriterien, die zur Entlassung von Arbeitnehmern führte.

Das Wirtschaftswunder ließ noch einige Jahre auf sich warten.

Die Währungsreform glückte schließlich nicht zuletzt wegen der klugen Politik von Ludwig Erhard, des späteren langjährigen Wirtschaftsministers (1949-1963). Erhard hob, weitgehend im Alleingang und ohne die Besatzungsmächte zu informieren, eine Vielzahl von Preis-, Bewirtschaftungs- und Rationalisierungsvorschriften auf. Das führte dazu, dass Produzenten und Konsumenten dem neuen Geld zu vertrauen begannen. Das den Markt bestimmende Konkurrenzprinzip wurde Antriebskraft der wirtschaftlichen Dynamik. Diese Dynamik sollte aber durch soziale Verantwortung gebändigt werden. „Soziale Marktwirtschaft" war das Zauberwort des wirtschaftlichen Aufstiegs. In Erinnerung an die Weltwirtschaftskrise und die damit ausgelöste Massenarbeitslosigkeit, die den Weg zum Aufstieg des Nationalsozialismus gebahnt hatte, sollte sich die Wirtschaft am Gemeinwohl orientieren.

„Vor der Währung" – „Nach der Währung": Diese Wendung war damals in aller Munde. So schlimm wie die Währungsreform anfangs empfunden wurde, so war man sich doch später darüber im klaren, dass mit ihr eine neue Zeitrechnung begonnen hatte. Und Ludwig Erhard, dieser dicke und bewegliche Mann mit der Zigarre im Mund, war die leibhafte Verkörperung des wirtschaftlichen Aufstiegs und der Vollbeschäftigung, die am Ende der 1950er Jahre erreicht sein würde.

Das Grundgesetz – Der entscheidende Faktor für Stabilität

Das Grundgesetz trat am 23. Mai 1949 nach Genehmigung durch die Westalliierten in Kraft. In ihm finden sich die Prinzipien der neuen bundesstaatlich verfassten parlamentarisch-demokratischen Republik.

Die Bundesrepublik war ein Ergebnis der nach dem Zweiten Weltkrieg einsetzenden Konfrontation zwischen Osten und Westen. 1949 fand eine doppelte Staatsgründung statt, im Mai entstand die Bundesrepublik Deutschland, im Oktober die Deutsche Demokratische Republik. Beide „Kinder des kalten Krieges" waren auf die jeweilige

Adenauer-Skulptur in Bonn. Adenauer war Bundeskanzler von 1949 bis 1963. (Quelle: Gelderblom)

Der große Gegenspieler Adenauers in der Gründungsphase der Republik war der Sozialdemokrat Kurt Schumacher. (Quelle: Archiv der Dewezet)

Führungsmacht ausgerichtet, der Westen Deutschlands auf die USA, der Osten – eher unfreiwillig – auf die Sowjetunion.

Souverän war der neue Staat nicht. Auf dem Petersberg bei Bonn saßen die drei westalliierten Kommissare. Sie bildeten eine Art „Oberregierung". Alliierte Vorbehaltsrechte waren im sogenannten Besatzungsstatut festgehalten. Nach dessen Bestimmungen konnten die Besatzungsmächte die Regierungsgewalt wieder an sich ziehen, wenn ihnen dies erforderlich erschien. Grundgesetzänderungen bedurften ihrer Zustimmung. Für die auswärtigen Angelegenheiten waren die Besatzungsmächte allein zuständig. Das Besatzungsstatut blieb bis 1955 gültig.

Der Untergang des nationalsozialistischen Deutschen Reiches lag erst vier Jahre zurück, als die Bundesrepublik gegründet wurde. Bis zum Schluss des Krieges hatten die meisten Deutschen fest zum „Führer" gestanden. Nur durch die bedingungslose Kapitulation konnte die Diktatur hinweggefegt werden. Konnten die Deutschen nach dieser Vorgeschichte gute Demokraten werden?

Bei den ausländischen Beobachtern herrschte eine große Skepsis gegenüber der jungen Republik. Denn viele Deutsche lehnten die Demokratie ab, weil sie sich für ihr Land nur eine autoritär verfasste Regierung vorstellen konnten.

Tatsächlich gelang es der Bundesrepublik, im Laufe den 1950er Jahre ein tragfähiges demokratisches System herauszubilden, in dem anders als in der Weimarer Republik die wichtigsten Parteien – abgesehen von der KPD, die verboten wurde – untereinander grundsätzlich koalitionsfähig waren.

Auf Bundesebene bildete sich ein stabiles Regierungslager um die neu gegründeten überkonfessionellen, „bürgerlichen" Parteien CDU und CSU. Die Sozialdemokratie stand in Opposition. Nicht zu Unrecht wird von der „Ära Adenauer" gesprochen.

Die Regierungszeit des ersten Kanzlers der Bundesrepublik, Konrad Adenauer (1949-1963), war eine Wiederaufbauperiode, in der eine wirtschaftliche und gesellschaftliche Modernisierung unter konservativen Vorzeichen stattfand.

Adenauer war 73 Jahre alt, als er 1949 zum Bundeskanzler gewählt wurde. Keiner hatte damit gerechnet, dass er das Amt bis 1963 inne haben sollte. Zu diesem alten, jedoch sehr vitalen Mann, der in einfachen Worten sprach und seine Politik in der Zeit des Kalten Krieges nach Gut und Böse ordnete, fasste die Mehrzahl der Westdeutschen Vertrauen. 1957 trat die CDU im Bundestagswahlkampf höchst erfolgreich mit dem Slogan an:

„Keine Experimente! Konrad Adenauer". Sie erreichte ein bis heute einmaliges Ergebnis – die absolute Mehrheit.

Die große Gegenspielerin der CDU/CSU war die traditionsreiche SPD unter Kurt Schumacher. Sie hatte den Nationalsozialismus bekämpft und fühlte sich berufen, Deutschland in der Nachkriegszeit zu führen, scheiterte in den Bundestagswahlen jedoch regelmäßig. Ihrer Tradition nach eine klassenbewusste Arbeiterpartei, dauerte es bis zum Ende des Jahrzehnts, bis sich die SPD zu einer auch den Mittelschichten offenen „linken Volkspartei" entwickelte.

Die Bundesrepublik sollte lediglich ein Provisorium sein, bis zur – wie viele anfangs glaubten – bald bevorstehenden Wiedervereinigung. Das im Grundgesetz festgeschriebene Ziel der Wiedervereinigung auf der einen Seite und die umfassende Integration in die Gemeinschaft westlicher Staaten auf der anderen Seite standen im Zentrum der parlamentarischen Auseinandersetzungen zwischen Regierung und Opposition.

Vor allem die Frage der Wiederbewaffnung wurde in diesem Spannungsfeld diskutiert.

Am Ende des Jahrzehnts stellte die Westintegration der Bundesrepublik keinen Streitpunkt mehr dar. Die Grundlagen der Wirtschafts- und Sozialpolitik waren ohnehin – abgesehen von den harten Auseinandersetzungen um Mitbestimmung und Betriebsverfassung in der ersten Legislaturperiode – einvernehmlich zwischen Regierungslager und Opposition geregelt worden.

Die Aussöhnung der Deutschen mit der Demokratie, die am Ende des Jahrzehnts zu beobachten ist, verdankt sich vor allem dem allgemeinen Wohlstand und der gelungenen Sozialpolitik.

4 Von Menschen und Schicksalen – Soziale Strukturen

Die Zusammensetzung der Hamelner Bevölkerung in Zahlen

Hameln hatte am Tage, als die Amerikaner die Stadt besetzten, also am 8. April 1945, 34.279 Einwohner, darunter 2.460 Evakuierte, vor allem aus westdeutschen Großstädten. Am 1. Januar 1950 erreichte die Bevölkerungszahl mit 50.622 Personen die Grenze zur Mittelstadt. Darunter waren – wie schon fünf Jahre zuvor – 2.504 Evakuierte, aber auch 12.806 Flüchtlinge und Heimatvertriebene.[5] Die Bevölkerung der Stadt war in wenigen Jahren geradezu sprunghaft gewachsen. Fast ein Drittel der Stadtbevölkerung stammte also nicht aus Stadt und Region. Die Zahl der Neubürger sollte aber noch weiter wachsen.

Bis 1949 hatte die Stadt bestimmen können, wer in Hameln Wohnung nehmen durfte. Sie ließ nur Personen hinein, die aus Hameln stammten, vor allem Kriegsheimkehrer, und – notgedrungen – die Flüchtlinge, die ihr von der Regierung in Hannover zugewiesen wurden.

Seit 1949 war keine Zuzugsgenehmigung mehr nötig; niemand konnte daran gehindert werden, nach Hameln zu ziehen.

Allerdings durfte er keinen Wohnraum in Anspruch nehmen, der der Bewirtschaftung durch das städtische Wohnungsamt unterlag. Er musste sich stattdessen mit einer behelfsmäßigen Bleibe bei Freunden oder Verwandten begnügen oder versuchen, teuren, vom Wohnungsamt nicht erfassten Wohnraum zu mieten.

Noch Anfang der 1960er Jahre war die Wohnungssituation so schwierig, dass Menschen immer noch in Baracken leben mussten. Hier die Baracken des Lagers an der Pumpstation (heute Heinestraße), die erst 1968 abgerissen wurden. (Quelle: Archiv der Dewezet)

Auch nach 1950 wuchs die Bevölkerung der Stadt zunächst weiter an, die Zahl der Neubürger war aber nun geringer. Sie lag bei monatlich unter 100 Personen. Es kamen vor allem Menschen aus dem Hamelner Umland, die in der Industrie Arbeit gefunden hatten und deswegen eine Bleibe in Hameln suchten. Anders als die Flüchtlinge, für welche die Stadt zunächst keine Existenzgrundlage sehen wollte und die sie als Belastung empfand, wurden die Zuwanderer aus den umliegenden Ortschaften von der Verwaltung begrüßt. Zusammen mit der Industrie sorgte sie rasch dafür, dass für diesen Personenkreis Wohnungen gebaut wurden.

Wenn auch in den folgenden Jahren die weitere Zunahme der Einwohnerzahl zum großen Teil durch fortgesetzte Zuwanderungen bedingt war, so läßt sich doch jetzt mehr und mehr eine Stabilisierung feststellen. Viele, die gerade im letzten Jahr von den umliegenden Ortschaften, in denen sie keine Arbeit finden konnten, nach Hameln verzogen, wo sich ihnen Arbeit bot, bilden einen echten und bleibenden Zuwachs, im Gegensatz zu den bei den großen Flüchtlingstransporten Eingewiesenen, für die zunächst keine Existenzgrundlage vorhanden war. Zur Seßhaftmachung der in der Industrie arbeitenden Bevölkerung werden voraussichtlich auch weiter unter ihrer Beteiligung Wohnungen für ihre Betriebsangehörigen gebaut werden müssen. Eine wachsende Stadt, die im gleichen Maße, wie sie an Menschenzahl zunimmt, für Arbeit und Wohnung sorgt, hat eine gesunde Entwicklung, die auch durch die Bestrebungen des Rates und der Stadtverwaltung auf Ansiedlung neuer Industrien angebahnt wird.[6]

Seit 1955 wuchs die Bevölkerung Hamelns nur noch langsam. Mit 51.872 Personen hatte sie nahezu den Höchststand an Einwohnern erreicht. Davon gehörten laut Statistik 31.693 zur „Stammbevölkerung", 15.277 waren Flüchtlinge und Vertriebene sowie 3.289 Evakuierte. Dass die Zahl der Flüchtlinge noch einmal angestiegen war, hatte u. a. mit Personen zu tun, die damals – vor dem Mauerbau 1961 noch relativ ungehindert – in Scharen die DDR verließen. Die Dewezet beschrieb die Lage folgendermaßen:

Wer, wie unsere Heimkehrer, Hameln ein Jahrzehnt und länger nicht gesehen hat, wird voller Staunen das Wachstum der ehrwürdigen Rattenfängerstadt feststellen. Die lebhaften Straßen der Innenstadt, das Entstehen ganz neuer Viertel am Ilphulweg, am Morgenstern und zwischen Breitem Weg und Klütstraße sowie die Ansiedlung neuer Industrien sind die äußeren Merkmale dafür, wie der Bevölkerungszuwachs von rund 20.000 Menschen allmählich von dem Gemeinwesen „verdaut" wird.

Zwar werden in Hameln noch viele Wohnungen gebaut werden müssen, aber das Wachsen der Stadt hat sich verlangsamt und der weiteren Ausdehnung sind natürliche Grenzen gesetzt.

Wenn Hameln durch Geburtenüberschuß kaum noch wächst, so hat es erheblich mehr durch Zuzug zu erhoffen. Der Wanderungsgewinn betrug 1954 noch 432 Personen, und zwar überwiegend Männer, die hier Arbeit suchten und fanden. Von 1951 bis 1954 sind immerhin 997 Personen mehr nach Hameln gezogen, als unserer Stadt durch Fortzug den Rücken kehrten. Aus Geburtenüberschuß und Wanderungsgewinn ergibt sich 1954 ein Bevölkerungszuwachs von 539 Personen oder rund 1 v. H.[7]

Seit 1957 setzte ein leichter Bevölkerungsrückgang ein und der Wanderungsgewinn kehrte sich um in einen Wanderungsverlust. Viele Personen verließen die Stadt, weil sie woanders eher einen Arbeitsplatz oder eine Wohnung fanden. Besonders das Ruhrgebiet sowie Süddeutschland hatten in diesen Jahren eine große Anziehungskraft. Dieser Bevölkerungsverlust konnte auch durch die natürliche Bevölkerungsbewegung nicht wettgemacht werden, da Geburten und Todesfälle sich in Hameln ungefähr ausgeglichen hatten.

In kürzester Zeit, von 1946 bis 1955, war die Einwohnerzahl Hamelns um bald 40 Prozent gestiegen. Wie verkraftet eine Stadt einen solch immensen Bevölkerungsanstieg um annähernd zwei Fünftel?

Und dies in einer Zeit, als die ansässigen Bewohner selbst schon mit ihren Problemen genug zu tun haben!?

Westdeutschland zählte im Durchschnitt etwa 20 Prozent Neubürger aus dem Osten. In manchen Ländern wie z. B. in Schleswig-Holstein und Niedersachsen, beides Hauptaufnahmeländer der Flüchtlinge und Vertriebenen, waren es gut 30 Prozent. In Hameln lag der Anteil noch etwas höher. Die Stadt musste deswegen eine so hohe Last tragen, weil der Hamelner Wohnraum von Kriegsschäden weitgehend verschont geblieben war.

Die Neubürger zerfielen in mehrere Gruppen. Zum einen waren es die sogenannten Evakuierten, die in den letzten Kriegsjahren aus zerbombten Großstädten in Kleinstädte oder auf das Land gebracht worden waren. Auch nach Kriegsende konnten sie lange nicht in ihre verwüsteten Heimatorte zurück und zogen es vor, an dem Orte zu bleiben, an den es sie verschlagen hatte. In Hameln gehörten zu diesem Personenkreis knapp 3.000 Menschen.

Flüchtlinge und Vertriebene aus dem Osten machten mit über 12.000 Personen die mit Abstand größte Zahl der Neubürger aus. Unter ihnen stellten die Schlesier die größte Gruppe. Anders als die Evakuierten unterschieden sie sich in Dialekt und Bräuchen, ihrer überwiegend katholischen Konfession, der sozialen Herkunft und ihren Einstellungen deutlich von den Eingesessenen. Sie hatten im Osten alles verloren und waren nur mit dem berühmten einen Koffer oder Rucksack im Lager gelandet.

Nichts hat die Bevölkerungsstruktur der Stadt so sehr verändert, wie die große Zahl der Flüchtlinge und Vertriebenen. Konflikte mit den Einheimischen blieben nicht aus. Lange wurden die neuen Bürger aus dem kleinstädtischen Gemeinschaftsleben ausgeschlossen und hatten das Gefühl, Bürger zweiter Klasse zu sein.

Auch schien vielen eine Eingliederung nur eine ganz vorläufige Option zu sein, denn man wollte ja möglichst schnell wieder in die Heimat zurückkehren. Schließlich pochte auch die offizielle Politik der Bundesregierung auf das „Recht auf Heimat", dessen Durchsetzung jedoch angesichts der internationalen Lage völlig aussichtslos war.

Über die Zahl der Menschen, die aus der „Ostzone", der Deutschen Demokratischen Republik, nach Hameln kamen, wissen wir wenig. Bis zum Bau der Mauer im Jahre 1961 riss ihr Strom nicht ab. Verlässliche Zahlen liegen nicht vor, kamen sie doch nicht in größeren Transporten und versuchten sie in der Regel, zunächst bei Verwandten unterzukommen. Beruflich waren sie hoch motiviert. Es kam allerdings auch vor, dass DDR-Flüchtlinge, von der Freiheit des Westens enttäuscht, zurückkehrten.

Wie es möglich war, diese verschiedenen Bevölkerungsgruppen zu integrieren, was sie schließlich dazu brachte, sich mit der Stadt Hameln zu identifizieren, das soll nicht schon hier beantwortet werden. Dass sich binnen zehn Jahren die Bevölkerung der Stadt stabilisierte und alte Gegensätze rasch verschwanden, daran ist jedoch kein Zweifel.

Ein Besuch in der Übernachtungsstelle des Roten Kreuzes

Eine Reportage aus der Dewezet[8] aus dem Jahre 1949 unter dem Titel „Viele Schicksale unter einem Dach. Besuch in der Übernachtungsstelle des Roten Kreuzes" gibt einen Eindruck vom tief erschütternden Zustand der Nachkriegsgesellschaft.

Bunt durcheinander sitzen sie um die langen Tische des Tagesraumes, teilnahmslos oder gesprächig, jung oder alt, Männer, Frauen und Kinder aus allen Gegenden Deutschlands. Sie genießen dankbar die behagliche Wärme des anspruchslosen Raumes und schlürfen einen großen Becher heißen Kaffee – für 10 Pfennige – in sich hinein. Hier sind sie alle Mensch, hier in der Geborgenheit eines Heimes, wenn auch nur für eine Nacht. Noch nie hat Schwester Gertrud, die Betreuerin des Roten Kreuzes, mit ihnen Schwierigkeiten gehabt, trotz der oft recht „anrüchigen" Herkunft einzelner „Nachtgäste".

Im Sommer genügt es, die Übernachtungsstelle des Deutschen Roten Kreuzes in der Deisterstraße im Gebäude des Arbeitsamtes am späten Abend zu öffnen, aber in den kalten Monaten steht den Heimatlosen schon ab 15.00 Uhr nachmittags der Tagesraum offen. Ehrenamtliche Betreuerinnen der DRK-Bezirke der Stadt bereiten in einer kleinen Küche, die vom Tagesraum durch einen Verschlag abgeteilt ist – Zutritt streng verboten! – meist aus selbstmitgebrachten Mitteln eine kräftige Suppe (Wir haben sie gekostet, sie war wirklich gut!) oder Pudding oder Kaffee, die gegen ein paar Pfennige Entgelt oder bei größter Bedürftigkeit auch kostenlos abgegeben werden. Daneben stehen hin und wieder Spenden, schwedisches Knäckebrot und andere Sachen, zur Verfügung.

Pünktlich um 19.00 Uhr beginnt Schwester Gertrud mit der Aufnahme. Wie bei einer Hotelübernachtung müssen Anmeldescheine ausgefüllt werden. Die Ausweise werden eingesammelt und bleiben als Pfand – und auch für Nachprüfungen durch die manchmal sich vergewissernde Polizei – bis zum Abschied aufbewahrt.

In diesen wenigen Minuten der Aufnahme, bei Frage und Antwort mit jedem einzelnen, der herantritt, ziehen wie Blitzlichter kurzer Filmszenen erschütternde Nachkriegsschicksale vor den Augen und Ohren der Aufnehmenden vorüber.

Da ist Karl, der Schlosser aus Berlin. Vor neun Wochen „getürmt" (erg.: aus der „Ostzone"), in Uelzen nicht aufgenommen, seitdem sucht er einen Arbeitsplatz, um Zuzug zu erhalten, und erhält keine Arbeit, weil er nicht registriert ist. Karl droht auf Grund der Enttäuschungen langsam „abzugleiten"; seine Andeutungen sind ziemlich unmissverständlich.

Eine junge Frau mit drei kleinen Kindern sucht nach einem Asyl. Aus der Ostzone kommend, erhielt sie Zuzugsgenehmigung zu ihrem Mann, der aus der Gefangenschaft zurückgekehrt war. Dieser lebt jedoch mit einer Krankenschwester zusammen und möchte Frau und Kinder am liebsten wieder nach Sachsen zurückschicken, um sich um seine Unterhaltspflicht zu drücken. Die enttäuschte Frau will jedoch nicht locker lassen. Sie hat aber nicht einen Pfennig mehr und wurde daher von der Bahnhofsmission in das Übernachtungsheim geschickt. Ein hinter ihr stehender Mann erklärt sofort, den Übernachtungsbetrag für sie mit übernehmen zu wollen. „Man könnte ja auch mal in so eine Lage kommen", sagt er.

Einer Flüchtlingsfrau, mit hervorragenden Zeugnissen als Haushälterin, wurde wegen eines Todesfalles in ihrer alten Stellung gekündigt. Sie hat sich in Hameln neu beworben und vorgestellt. Nach anfänglichen Zusagen erhielt sie jedoch keine Anstellung. Sie hat an einem Tage bereits fast 30 verschiedene Stellen vergeblich aufgesucht, und ist nun beim Roten Kreuz gelandet.

Mit zwei Töchtern und einem kleinen Jungen wurde der Arbeiter F. aus Bromberg aus einem polnischen Lager nach Deutschland entlassen. Eine seiner Töchter ist misshandelt worden und hat noch Verletzungen. Seine Frau hat die schlechte Behandlung nicht überlebt. Ursprünglich eingewiesen in ein Flüchtlingslager, wurde ihm endlich eine Wohnung in einem Dorf in der Nähe vermittelt. Der Bürgermeister nahm ihn aber nicht auf. Was wird aus ihm, wenn er morgen wieder auf der Straße steht?

Ähnlich erging es dem Abiturienten Eberhard. Nach seiner Entlassung aus der Gefangenschaft konnte er nicht nach Schlesien zurück. Angehörige hat er nicht mehr. Auf dem Dorf wurde er als landwirtschaftlicher Helfer eingesetzt. Durch Vermittlung eines Schwagers bot sich ihm Arbeit in der Stadt, und was er sich ersehnte, auch eine Fortbildungsmöglichkeit. Er reiste ab, fand aber kein Unterkommen. In dem einen Zimmer bei der Familie des Schwagers konnte er nicht bleiben. Aber in seinem Dorf war sein Zimmer bereits wieder besetzt.

Emil dagegen sieht man den eingefleischten „Tippelbruder" an. „Die Prothese brauche ich nicht", erklärte er. Sein Anblick ist Mitleid erregend. Wenn man ihn jedoch den andern Tips geben hört, möchte man ihn reif für den Kadi halten. Auf die Frage nach dem Beruf, schmunzelt er: „Handlungsreisender! Wohnsitz: keiner!"

Immer wieder hört man diese Antwort, schmerzlich gestanden oder leichtsinnig hingeworfen, und doch der Inhalt eines Schicksals.

Die Schlange reißt nicht ab: Heute aus dem Gefängnis entlassen, aus der Ostzone kommend, auf der Bahn ausgeplündert und ohne Geld für eine Übernachtung, neue Arbeit in Hameln, aber noch kein Zimmer; die Flüchtlingsnot steht an der Spitze. In zweiter Linie erst sind es die zünftigen Tippelbrüder, die hier sich wie in einer „Herberge zur Heimat" fühlen.

Vor dem Schlafengehen wird jeder einzelne desinfiziert. Dann gibt es Schlafdecken, das geringe Gepäck dient als Kopfkissen, das harte Lager sind die meisten gewohnt. Im Männerschlafsaal stehen vierstöckig 30, im Raum für die Frauen zwei- und dreistöckig 16 Feldbetten. Um 10.00 Uhr ist Zapfenstreich. Gegen Kopfschmerzen und Fieber und Unfälle hat Schwester Gertrud, die noch nie jemanden abwies und für jeden Verständnis – aber auch Autorität – hat, in ihrem Apothekenschränkchen die Mittel bereit. Sie weckt auch auf Wunsch die Frühaufsteher.

Eine Nacht nur gewährt die Übernachtungsstelle Unterkunft. Morgens um sieben Uhr wird der Schlafraum wieder geräumt. Dann ist der Andrang am einzigen Wasserhahn beängstigend: Männlein und Weiblein drängen sich, um einen Tropfen zur Morgenreinigung zu erhaschen. Sollte sich im Interesse der Hygiene und Gesundheit hier keine Abhilfe schaffen lassen?

Im Durchschnitt verzeichnet die DRK-Übernachtungsstelle etwa 30 Übernachtungen täglich. Manchmal sind es weniger, aber an kalten Tagen sind oft alle Betten belegt. Dann finden die durch ein bitteres Schicksal heimatlos Gewordenen für eine Nacht hier Heimat und Betreuung.

Beim Lesen dieses Artikels bekommt man den Eindruck, dass wir 1949 immer noch in der „Zusammenbruchsgesellschaft" (Christoph Kleßmann) der unmittelbaren Nachkriegszeit leben. Vielfältige persönliche Katastrophen – Obdachlosigkeit, Hunger, Verlust von Angehörigen, Flucht und Vertreibung, Kriegsbeschädigung und Gefangenschaft – drängen den Eindruck auf, ganz Hameln sei gleichermaßen entwurzelt und verarmt. Aber auch wenn außergewöhnliche Schicksalslagen noch lange nachwirkten, begannen sich doch bald nach 1950 die sozialen Strukturen wieder zu stabilisieren.

Gut sechs Jahre später, am 12. April 1956, berichtete die Dewezet fast euphorisch über die Renovierung der Übernachtungsstelle des Deutschen Roten Kreuzes, die sich noch immer in der alten Kaserne an der Deisterstraße befand.

Gemessen am bisherigen Zustand hat sich sogar Komfort eingestellt. Die Räume wurden neu ausgemalt, die grauen, dreistöckigen Betten machten weißen „Paradies"-Betten mit Federkernmatratzen Platz, bunte Gardinen lassen das Licht gedämpft einfallen und schirmen die schwarze Dunkelheit ab. Eine wesentliche Neuerung ist ein System von abteilenden und sichtverhindernden Vorhängen um die Waschgelegenheit mit Spiegel. So ist in den engen und an sich ungünstigen Räumen für die Schicklichkeit gesorgt, soweit es möglich war.

Der Bedarf an Betten war nun nicht mehr so groß wie in der unmittelbaren Nachkriegszeit, so dass man es sich leisten konnte, die Bettenzahl von 48 auf 26 herabzusetzen, davon neun für Frauen und 16 für Männer. Auch die Klientel hat sich gewandelt. Viele Flüchtlinge aus der „Sowjetzone" finden hier Unterkunft.

Die Reisenden von „drüben" brauchen keine 50 Pfennig zu bezahlen, sie bekommen auch den Gemüseeintopf sowie einen halben Liter Kakao ohne Entgelt. Westbe-

Die Übernachtungsstelle des Deutschen Roten Kreuzes befand sich in der Alten Kaserne an der Deisterstraße (heute Neubau mit DAK-Geschäftsstelle). (Quelle: Archiv der Dewezet)

wohnern hingegen kann man die wenigen Pfennige dafür, die eher einer Art Schutzgebühr gleichen, ohne weiteres zumuten.

Um 21.30 Uhr beginnt die Nachtruhe. Die buntgemischte Abendgesellschaft zieht sich dann aus dem ebenfalls neu ausgemalten Aufenthaltsraum zurück und steigt in die Betten. Die Frauen ruhen sogar auf weißen Laken. Die Kopfkissen sind bei allen Betten mit weißem, abwaschbaren Plastikstoff überzogen.

Jeder Ankömmling ist übrigens gehalten, sich gegen etwaiges Ungeziefer mit DDT-Puder behandeln zu lassen. Bei den Männern bewerkstelligt das mit der großen Spritze allabendlich ein DRK-Helfer, der Schwester Gertrud bis 22 Uhr zur Seite steht.

Auf der Suche nach den Vermissten des Krieges – Der Suchdienst des DRK

Angehörige des Bäckers Hugo Wolf gesucht

Der Suchdienst des Deutschen Roten Kreuzes sucht die Angehörigen des Bäckers Hugo Wolf, der etwa 48 bis 50 Jahre alt ist und in der Nähe von Hameln oder Rinteln gewohnt haben soll. Ein Heimkehrer hat Nachrichten von ihm für seine Angehörigen.[9]

Derartige Nachrichten erschienen in den Nachkriegsjahren häufig in den Spalten der Tageszeitungen. Krieg und Vertreibung hatten viele Familien auseinander gerissen. Ein Viertel der Bevölkerung suchte Angehörige oder wurde seinerseits gesucht. Darunter waren Kinder, die auf der Flucht ihren Eltern abhandengekommen waren und ihren Namen nicht kannten. Tausende rot umrandete Suchdienstplakate hingen in Rathäusern, Bahnhöfen und anderen öffentlichen Gebäuden. Für Flüchtlinge und Vertriebene gehörte oft ein Radio zu den ersten Anschaffungen im Westen.

Fast alle lauschten den nicht enden wollenden regelmäßigen Suchmeldungen im Radio in der Hoffnung, vermisste Familienmitglieder oder Nachbarn zu finden.

Der Suchdienst wurde vom Deutschen Roten Kreuz in München zentral organisiert. Millionen von Karteikarten dokumentierten das Schicksal einzelner Menschen. Der Suchdienst nutzte alle damals modernen Medien, um Familien wieder zusammenzuführen. Er war regional gegliedert, so dass die Dienststelle des Hamelner Roten Kreuzes für die heimischen Vermissten zuständig war.

Ausführlich berichtete die Dewezet im März 1950 über eine große Befragungsaktion des Suchdienstes in Hameln.

An die einzelnen Helfer wurden große Anforderungen gestellt. Nicht immer ging es glatt und schnell mit den Angaben, manchmal mußten sie viel Zeit und Geduld aufwenden und oft aus langen Geschichten heraus die wichtigsten Angaben erkennen und vermerken oder schwierige Ortsnamen nach brieflichen Aufzeichnungen abschreiben. Erschütternde Einblicke in Einzelschicksale boten sich ihnen dabei, ebenso in die einzelnen Phasen des deutschen Rückzuges, wie sie wohl in dieser Zusammenfassung von noch niemandem überschaut worden sind. Vielleicht könnten später einmal aus mosaikartiger Zusammensetzung dieser vielen Kleinangaben geschlossene Bilder über jene schicksalsschwere Zeit gewonnen werden.

In den letzten vier Tagen der Erfassung suchte ein Beauftragter des statistischen Amtes alle Anstalten (Krankenhäuser, Pflege-, Alten-, Blinden- und sonstige Heime, aber auch das Zuchthaus) auf, um alle diejenigen zu erreichen, die aus gesundheitlichen oder anderen Gründen nicht selbst zu den Meldestellen kommen konnten. Die Befragung gestaltete sich natürlich bei den alten, schwerhörigen Menschen, den Blinden und Kranken, deren Erinnerungsvermögen nicht mehr so groß war, oft äußerst schwierig. Immerhin wurden auf diese Art weitere 50 Fälle registriert, und die befragten Personen waren sehr dankbar dafür, daß sie über ihre Angehörigen diese Angaben machen konnten. Auch im Zuchthaus fand sich ein Deutscher, der einen Vermißten zur Registrierung brachte.

Wenn nächste Angehörige von Vermißten in der Ostzone wohnten und durch weitere Angehörige diese Vermißten hier melden lassen wollten, da ja in der Ostzone die Registrierung nicht durchgeführt wird, wurden auch diese Meldungen entgegengenommen und besonders gekennzeichnet. 143 Fälle dieser Art lagen bei Ende der Aktion vor.

Bei den 1903 in Hameln erfaßten Fällen handelt es sich in der Hauptsache um Wehrmachtsvermißte, unter ihnen um einen beachtlich großen Teil (etwa ein Fünftel) auf westlichen und südlichen Kriegsschauplätzen, während die Masse im Osten verscholl.

Einen erheblich kleineren Teil der Karteikarten machen die Zivilvermißten aus, und am geringsten ist heute nur mehr die Zahl der Angaben über Kriegsgefangene, von denen man genau weiß, daß sie sich in Gefangenschaft befinden. Unter den Zivilvermißten befinden sich oft ganze Familien, von denen man manchmal nur wußte, daß sie verschleppt worden waren oder die zum letztenmal in der Heimat gesehen worden sind.

Die Registrierkarten werden in Pakete verpackt und kommen nach München, wo die eigentliche Auswertung beginnt. Von dort erhalten die Suchdienste nach bestimmten Systemen geordnete Listen. Gleichzeitig legen die Städte und Landkreise mit Hilfe der Duplikate Karteien mit allen ausführlichen Angaben an, die in Zukunft für Nachforschungen wertvolle Hilfe leisten mögen.[10]

Ein weiterer Artikel unter der Überschrift „Segensreiche Arbeit des Suchdienstes" findet sich im Oktober 1952 in der Zeitung und beschreibt die vom Suchdienst inzwischen geleistete Arbeit.

Tausende von Suchdienstplakaten hingen in den 1950er Jahren in allen öffentlichen Gebäuden. (Quelle: Privat)

Der DRK-Suchdienst befragte die Bevölkerung systematisch nach dem Verbleib vermisster Personen. (Quelle: Archiv der Dewezet)

Im Vorflur der Rot-Kreuz-Dienststelle in der Deisterstraße hängen mehrere Schaukästen. Liebliche Kindergesichter und viele Bilder von Soldaten reihen sich aneinander. Wer sich Zeit nimmt, zu lesen, was unter jedem Bild vermerkt ist, spürt plötzlich, daß hier bange Schicksalsfragen offenstehen, die alle noch einer Antwort bedürfen, und daß um diese ungeklärten Schicksale so manche Träne geflossen sein muß.

Nichts ist so zermürbend wie die Ungewißheit! Ihr ein Ende zu machen, ist eine der dunkelsten, wenn auch mühevollsten Aufgaben, mit der sich das Deutsche Rote Kreuz in seinem Suchdienst befaßt. Bald nach Kriegsende wurde die zentrale Nachforschungsstelle (jetzt in München) ins Leben gerufen. Hier befindet sich die Zentralkartei, bei der alle Nachrichten zusammengetragen werden.

Mit ihr forschen in nie erlahmender Kleinarbeit die Kreisnachforschungsstellen, zu denen auch unsere Hamelner Rot-Kreuz-Dienststelle gehört. In unermüdlichem Schriftwechsel mit allen jenen Ämtern, Behörden oder Einzelpersonen, die vielleicht eine Auskunft geben könnten, wird buchstäblich um jedes Schicksal vermißter Wehrmachtsangehöriger oder verlorener Kinder gerungen.

Seit etwa vier Monaten läuft der Ostvermißtenplan, gegliedert in Heimkehrerbefragung auf Grund der Vermißtenlisten, eine

Arbeit, die im Bundesgebiet etwa eine halbe Million ehemaliger Wehrmachtsangehöriger erfaßt, und in die Befragung Heimgekehrter nach Kriegsgefangenen in osteuropäischen Lagern. Hierbei handelt es sich um 9.000.000 Einzelbefragungen. Alles zusammen eine ungeheure Arbeit, die im Grunde von Tag zu Tag weniger Erfolg versprechen kann, denn die Ereignisse, die die Unterlage bilden, liegen meist schon sieben Jahre zurück, und das menschliche Gedächtnis läßt schließlich nach!

Vierzehn Millionen Suchanträge liefen seit Kriegsende beim Deutschen Roten Kreuz ein, fast die Hälfte konnte bisher erschöpfend beantwortet werden. Zur Zeit stehen aber noch rund drei Millionen Anträge offen, und das Rote Kreuz setzt seine ganze Tatkraft daran, auch noch über das letzte Schicksal Gewißheit zu verschaffen.

Die Nachforschungsstelle des Deutschen Roten Kreuzes in Hameln konnte 80 v. H. aller an sie gerichteter Anfragen aufklären und so manche ratlos Getrennten miteinander vereinen oder das Herz einer suchenden Mutter endlich zur Ruhe kommen lassen, wenn auch manchmal durch die Nachricht, daß die Hoffnung auf Heimkehr begraben werden mußte.

... Noch heute, sieben Jahre nach dem Zusammenbruch, nach Flucht und Vertreibung gelingt es dem Roten Kreuz in jedem Monat im Bundesgebiet noch rund siebenhundert Kinder ihren Eltern zuzuführen.[11]

Nach einer in den Nachkriegsjahren angelegten Kartei vermisster und noch nicht zurückgekehrter Kriegsgefangener waren für den Bezirk der Stadt Hameln etwa 1.800 Personen als vermisst und 66 als noch in Kriegsgefangenschaft befindlich registriert worden.[12] Diese Liste konnte in den folgenden Jahren allmählich reduziert werden.

Aber noch 1955 war der Kreisverband Hameln-Stadt des Roten Kreuzes für 800 Vermisste zuständig. In diesem Jahre wurde das Suchverfahren von der Münchener Zentrale auf „Suchlisten im Bild" umgestellt, eine in riesiger Auflage gedruckte und möglichst umfassende Zusammenstellung aller Gesuchten mit Foto.

Die Lage der Kriegsheimkehrer

Das Zimmer steht voller Blumen, als wir Frau Engel besuchen. Ganz feierlich sieht es aus. Ein großes Bild von ihrem „Heinerle" prangt mitten dazwischen; Wein, Obst, Honig, Briefe, Grüße und immer wieder Blumen in Töpfen und als Sträuße. Frau Engel strahlt und ihr Gatte bestätigt freudig: „Am Vormittag fahren wir ihm nach Hannover entgegen, wir können es kaum erwarten." „Ach, und wenn Sie sein Lachen gehört hätten, genau wie früher!" ruft Frau Engel aus, „gerade vor zehn Minuten haben wir sogar schon miteinander telefoniert!"

Am Montag früh kam sein erstes Telegramm, und dann um neun Uhr folgte im Radio die Namenansage, es ist den Eltern noch wie ein Traum. „Denken Sie, Herr Oberstadtdirektor Wilke war auch schon hier! Leider waren wir nicht anwesend. Er ließ einen herrlichen Rosenstrauß für den Jungen zurück und das Paket, das gerade an unseren Sohn gesandt werden sollte, konnte noch zurückgehalten werden. Es wartet nun schon als Liebesgabe auf ihn!"[13]

Mit diesen Worten beschrieb die Dewezet 1953 den Empfang eines Heimkehrers zu Hause in Hameln.

„Kriegsheimkehrer" waren Personen, die über Jahre in sowjetischer Kriegsgefangenschaft zurückgehalten worden waren. Die Mehrzahl stammte aus Hameln, hatte hier Frau, Eltern, Geschwister, Kinder. Aber ein Teil suchte auch Zuflucht in der Stadt, ohne in Hameln beheimatet gewesen zu sein und Angehörige zu besitzen.

Von einem Hamelner Heimkehrer, dem Staatsanwalt Gotthelf Fascher, stammt der folgende 1953 verfasste Bericht über seine Zeit in der Gefangenschaft.

Im Dezember 1949 wurde ich zu 25 Jahren Zwangsarbeit als mitverantwortlich für die angeblichen Greueltaten meiner Division verurteilt. Im Lager bei Schachty im Donezbecken haben wir vor allem die Schächte über Tage mit angelegt und Verwaltungs- und Industriebauten errichtet. Wir waren in „Arbeitsbrigaden" eingeteilt

Herzliche Begrüßung eines Heimkehrers aus der Gefangenschaft in der Sowjetunion im Grenzdurchgangslager Friedland (Quelle: Archiv der Dewezet)

und wurden mit Lastwagen befördert, wenn die Wege zur Arbeit länger waren. Auf unseren eigenen Wunsch bekamen wir statt drei nur zwei Mahlzeiten, bestehend aus Suppe und Brei, damit wir etwas eher Feierabend machen konnten. Die Unterkünfte waren verhältnismäßig gut; wir schliefen zu zehn Mann in einer Stube, hatten jeder einen Strohsack, Decke und auch Bettwäsche. In den letzten Jahren hatten wir auch kein Ungeziefer mehr.[14]

Immer wieder betont Gotthelf Fascher, wie wichtig die Paketsendungen aus der Heimat gewesen seien. Sie allein hätten ihm die Kraft gegeben, die langen Jahre durchzustehen.

Der Strom der Heimkehrer aus der Sowjetunion verebbte in den Jahren 1950 bis 1952 nahezu. Hunderttausende waren zu dieser Zeit noch dort, zu mehreren Jahren Zwangsarbeit verurteilt. Erst seit 1953 kamen wieder mehr von ihnen nach Deutschland zurück, 1955 dann die letzten. Die Kriegsgefangenen konnten auf die Solidarität der Bevölkerung zählen.

Als das Rote Kreuz 1951 gemeinsam mit dem NWDR zu einer Paketaktion „für unsere Kriegsgefangenen" aufrief, gingen allein in Hamburg 70.000 Pakete ein.

Auch die Bevölkerung Hamelns nahm an ihrem Schicksal Anteil, so dass sich immer wieder Berichte wie der folgende in der Zeitung finden.[15]

Zu Weihnachten empfinden wir es am schmerzlichsten, daß noch immer viele Brüder und Schwestern sechs Jahre nach Kriegsende nicht heimkehren durften. Ihr Schicksal ist entweder noch ganz ungewiß, oder wir wissen, daß sie wegen geringer oder konstruierter Vergehen hinter Zuchthausmauern oder Stacheldraht zurückgehalten werden. In unserer Stadt fehlen insgesamt noch 1800 Einwohner, die durch den Krieg ihren Angehörigen entrissen wurden. Viele haben seit über sechs Jahren kein Lebenszeichen gegeben, und es besteht nur wenig Hoffnung, daß sie noch am Leben sind.

H. W., 31.Jahre alt, wurde 1945 von den Russen gefangen genommen. Zwei Jahre später traf von ihm die erste Karte ein. Seitdem schreibt er regelmäßig, und in jeder Karte fanden wir den Satz: „Ich komme bald!" Seine junge Frau weiß, daß er im Ural in einem Lager ist. Dort soll er Gerätewart sein. Seinen heute acht Jahre alten Buben sah er, als dieser vierzehn Tage alt war. Es ist erschütternd, wenn der Junge sagt: „Meinen Vati kenne ich nicht!" Anfang dieses Jahres bat W. um einen Anzug und einen Füllfederhalter. Die Frau sandte ihm diese Dinge mit der leisen Hoffnung, daß er nun wohl bald kommen würde.

Heimkehrer erhielten die volle Aufmerksamkeit der Öffentlichkeit. Sie wurden im Grenzdurchgangslager Friedland zuvorkommend behandelt; die Stadt Hameln würdigte sie mit einem Empfang; es gab Firmenspenden und bevorzugt Arbeitsplätze.

1955 war das Jahr, als Kanzler Adenauer nach Moskau fuhr, um die Aufnahme diplomatischer Beziehungen zu vereinbaren und die letzten Kriegsgefangen aus der Sowjetunion zurückzuholen. Nach Hameln kehrten noch 18 Männer zurück.

Ausführlich berichtete die Dewezet[16] über einen Empfang durch den Oberbürgermeister, den die Stadt den Heimkehrern gab.

Die elf bisher in Hameln eingetroffenen Heimkehrer, die Bundeskanzler Dr. Adenauer ihre Befreiung verdanken, saßen am Freitagnachmittag mit ihren Angehörigen im Kleinen Haus der Festhalle zwischen Vertretern der Behörden und der Wohlfahrtsorganisationen und hörten die frischen Lieder des Hamelner Jugend-Singkreises. Es war ein stimmungsvoller Empfang, zu dem die Stadt Hameln eingeladen hatte, und alle Ansprachen zeichneten sich durch einen besonders herzlichen Ton aus.

Nach dem Vortrag der »Kleinen Nachtmusik" von Mozart hieß Oberbürgermeister Dr. Janssen die Heimkehrer willkommen und ließ die Gedanken in die letzten Kriegsjahre zurückschweifen, als jeder von banger Sorge um das Schicksal des Vaterlandes erfüllt war. Das härteste Schicksal habe jedoch die Kriegsgefangenen betroffen. Mit Briefen und Paketen aus der Heimat habe man den Kriegsgefangenen schon das Gefühl zu geben versucht, daß sie nicht vergessen seien. Das ganze deutsche Volk werde nun bestrebt sein, etwas von dem wieder gutzumachen, was sie in den schweren Jahren der Gefangenschaft ertragen mußten.

Regierungsdirektor Sting, Hannover, übermittelte die Grüße der Frau Regierungspräsident Bähnisch und rief den Heimkehrern zu: „Sie kommen nicht zu spät, um teilzunehmen am frohen Schaffen des Wiederaufbaus." Ratsherr Busching sprach über den Suchdienst des Deutschen Roten Kreuzes, der die vielen Vermißten-Schicksale klären will, und Senior Kittel, der die Grüße der freien Wohlfahrtsverbände überbrachte, wünschte den Zurückgekehrten, daß sie auch im „Heimathaus der Seele" Einkehr halten möchten. Dabei gebrauchte er das schöne Dichterwort:

„Die Welt, die Fremde lohnt mit Kränkung den, der sich werbend ihr gesellt; das Haus, die Heimat, die Beschränkung, die sind dein Glück, sind deine Welt!"

Die Gastgeber kamen jedoch nicht mit leeren Händen. Schon Ratsherr Busching konnte mitteilen, daß verschiedene Hamelner Firmen Heimkehrer einstellen, ihnen Wohnungen oder einen Erholungsurlaub verschaffen wollen. Von einer Firma wurde Unterwäsche gestiftet.

Dann erschien der Rattenfänger mit einigen seiner kleinen Schar, die das übliche Gastgeschenk der Stadt überreichten. Schließlich erhielten die Heimkehrer noch eine Geschenkmappe der Stadt Hameln mit einem Buch und Freikarten für den Besuch der Volkshochschulkurse, einiger Veranstaltungen der Festhalle, Kinokarten, eine Lesekarte der Stadtbücherei mit einjähriger Geltungsdauer, eine Badekarte zur Benutzung des Stadtbades, eine Karte für des Heimatmuseum und Freifahrtscheine für Stadtomnibusse.

Ganz still war es in der Runde, als Klaus von Rosen im Namen aller Heimkehrer dankte. Noch bedrückender als die materielle Not sei das Bangen um die Heimat im Kriegsgefangenenlager gewesen. Darum habe der seit 1950 einsetzende Aufstieg in der Bundesrepublik alle Gefangenen aufs höchste beglückt und die bald eintreffenden Pakete hätten manchem das Leben gerettet „Wir haben uns noch nicht wieder in alles hineingefunden", sagte der Heimkehrer. „Aber haben Sie Geduld mit uns, es wird schon gehen!" Zum Schluß gedachte von Rosen der Mütter und Frauen, die so lange tapfer und aufopfernd gewartet hätten und brachte ein Hoch auf die Stadt Hameln und die Zukunft Deutschlands aus.

„Süß ist die trockenste Rinde Brot im Vaterland", so hieß es in einem Gedicht von Karl Bröger, das im Laufe des Nachmittags vorgetragen wurde, und ergreifend wirkte auch das Lied des Jugendsingkreises mit den Worten: „Wieder in der Heimat fand ich noch die alten Freunde." Die Vertreter der Behörden und Wohlfahrtsverbände aber wollten neue Freunde sein, an die sich die Heimkehrer mit allen ihren Sorgen wenden können.

Die Integration der Kriegsheimkehrer war schwierig, weil diese häufig zunächst nicht arbeitsfähig waren. Alle brauchten Wochen der Erholung. Die schwerer Erkrankten wurden von Friedland direkt in Versorgungskrankenhäuser des Bundes, zum Beispiel nach Bad Pyrmont, zur Ausheilung oder Erholung überwiesen.

Das Arbeitsamt richtete eine besondere Heimkehrer-Betreuung ein. Zwar hatten die Heimkehrer ein gesetzliches Anrecht auf ihren früheren Arbeitsplatz, ihre Leistungsfähigkeit war aber durch die langen Entbehrungen oft so herabgesunken, dass sie diesen Platz nicht immer behaupten konnten und nach einiger Zeit wieder gekündigt wurden.

Im März 1950 führte das Landesarbeitsamts Niedersachsen „eine Propaganda-Aktion zur Unterbringung der arbeitslosen Heimkehrer" durch. Durch Presse, Rundfunk, Film und Plakatwerbung wurden die Arbeitgeber in Industrie, Handel und Handwerk aufgefordert, mehr Heimkehrer einzustellen. Am ungünstigsten standen jene Heimkehrer da, die bisher überhaupt noch keinen festen Beruf gehabt hatten oder bei der Einberufung zum Wehrdienst mitten aus der Ausbildung herausgerissen wurden.

Sie sind also in den meisten Fällen darauf angewiesen, daß ihnen das Arbeitsamt auch bei der Weiterbildung hilft. In bestimmten Fällen werden auch Mittel zur Umschulung gewährt. Die besonderen Heimkehrer-Betreuer beim Arbeitsamt sind überhaupt bemüht, die vielfach weltfremd gewordenen oder noch unter einem seelischen Druck stehenden Heimkehrer in allen Angelegenheiten zu beraten und ihnen den Weg ins Berufsleben zu erleichtern.

Über den Gesundheitszustand der Heimkehrer aus dem Osten ist zu berichten, daß der von September bis November vorigen Jahres beobachtete bessere Zustand der Rußlandheimkehrer nicht anhielt.

Die seitdem eingetroffenen sind wieder zu 90 v. H. stark unterernährt. Einige Gesunde sind offenbar durch bolschewistische Schulungslager gegangen.[17]

Je später die Männer heimkamen, desto stärker verändert fanden sie ihr Land vor. Das letzte Mal hatten die meisten Deutschland während des Krieges gesehen. Nun kamen sie, vielleicht mit dem letzten Transport 1955/56, zurück in ein Land, in dem sich alles ums Geldverdienen drehte, in dem in den Städten bereits wieder Leuchtreklamen glühten und die Illustrierten Busenwunder auf die Titelseiten druckten. Die Heimkehrer mussten vieles regelrecht neu lernen. Sie waren in den Lagern nur an Befehl und Gehorsam gewohnt – nun sollten sie selbst entscheiden und mussten Vertrauen lernen, denn bisher hatte Misstrauen sie überleben lassen.

Bei der Vergabe von Wohnraum wurden die Heimkehrer besonders bevorzugt.

Am Sonnabend begannen zwanzig Spätheimkehrer an der Straße „Am Lerchen-

Mit einer Plakataktion suchte das Arbeitsamt speziell für die Heimkehrer aus der Kriegsgefangenschaft geeignete Arbeitsplätze.
(Quelle: Archiv der Dewezet)

Die Lage der Flüchtlinge und Vertriebenen

Das folgende Interview führte ein Reporter der Dewezet[19] mit einem schwedischen Arzt, der Tbc-Impfungen bei Kindern durchgeführt hatte.

"Welchen Eindruck hatten Sie von dem Ernährungszustand der Kinder?"

"Wenn eine Reihe halbentkleideter Kinder vor uns stand, konnten wir schnell herausfinden, welches Einheimische und welches Flüchtlinge waren. Letztere zeigten sich auch meist ängstlicher, weinten leicht, waren nervöser.
Es war nicht gerade ein gewaltiger Unterschied, aber wir haben ihn dennoch leicht festgestellt. Das Grundübel liegt wohl in den Wohnverhältnissen, die uns Ärzte sehr erschreckt haben und die ja auch die Tuberkulosegefahr in sich schließen. Ein Grund mehr für uns, uns zu freuen, daß wir wenigstens in einer Hinsicht vorbeugend helfen konnten."

gange" mit den Ausschachtungsarbeiten für drei Doppelhäuser. Insgesamt sollen an der Straße fünfzehn Doppelhäuser mit Einliegerwohnungen errichtet werden. Die Ausschachtungs- und Fundamentierungsarbeiten müssen von den späteren Besitzern der Häuser in Gemeinschaftsarbeit geleistet werden, die übrigen Arbeiten werden mit öffentlichen Mitteln bezahlt. Um den arbeitslosen Spätheimkehrern die Arbeit an den Häusern zu ermöglichen, wurden sie für drei Monate vom „Stempeln" befreit, während sie die Unterstützung weiter beziehen. Im Herbst sollen die ersten Häuser bezogen werden.[18]

Der letzte Spätheimkehrer, den die Hamelner Presse verzeichnete, kam am 17. Januar 1956, ein 72 Jahre alter Oberstleutnant.

"Haben Sie mit Erfolg arbeiten können?"

"An einigen Orten, zumal auf dem Lande, erlebten wir manchmal regelrechte Sabotage. Die Kinder erschienen nicht pünktlich oder überhaupt nicht, wir mußten sie uns vom Schulhof hereinrufen; man hatte offensichtlich Gegenpropaganda gemacht.
Man ließ uns gegenüber durchblicken, daß deutsche Kinder ja nur „Versuchskaninchen" sein sollten, und es nutzte nichts, wenn wir betonten, daß Schweden diese Schutzimpfung seit 25 Jahren durchführt."

Man muss sich vor Augen halten, dass dieses Interview zum Jahresende 1949 geführt wurde. Schon war es über vier Jahre her, seit die ersten Flüchtlinge in Hameln angekommen waren. Vier

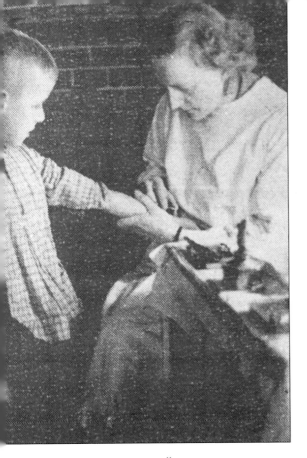

Eine schwedische Ärztin untersucht im Jahre 1949 ein Flüchtlingskind. (Quelle: Archiv der Dewezet)

Bange Erwartung spiegelt sich in den Gesichtern der Vertriebenen wider, die im eisigen Winter in Viehwaggons die Heimat verlassen mussten und in Hameln landeten. (Quelle: Archiv der Dewezet)

Jahre lang hatten sie in unzumutbaren Wohnverhältnissen leben müssen, war die Ernährung unzureichend gewesen, hatte sich nichts gebessert. Bezeichnend ist das Misstrauen gegenüber den schwedischen Ärzten. Die Menschen haben keine Hoffnung mehr, dass sie Hilfe von außen bekommen können.

Ankunft und erste Unterbringung in Hameln

Ende 1945 befanden sich ca. 760 Flüchtlinge in der Stadt. Der große Flüchtlingsschub[20] setzte im Jahre 1946 ein, als die „Ausweisungen" aus den ehemaligen deutschen Ostgebieten und Ländern wie der Sowjetunion und der Tschechoslowakei ihren Höhepunkt erreichten und u. a. drei große Sammeltransporte mit insgesamt 4.500 Schlesiern nach Hameln geleitet wurden. Unvergessen ist der dritte Transport aus Breslau, der sog. „Kältetransport", der am 24. Dezember 1946 nach neuntägiger Fahrt Hameln erreichte. Trotz grimmiger Kälte von bis zu 15 Grad minus waren 1.543 Personen eingezwängt in 52 Viehwagen aus Breslau und Umgebung auf den Weg geschickt worden. Insgesamt 65 Menschen starben an Kälte und Hunger, davon 35, bevor sie ein Krankenhaus aufnehmen konnte.[21]

Die übrigen Flüchtlinge gelangten auf unterschiedliche Weise in die Stadt,

Diese Flüchtlingsbaracken standen an der Pumpstation im Bereich der heutigen Heinestraße. (Quelle: Stadtarchiv Hameln)

zunächst häufig durch Eigeninitiative, dann durch Zuweisungen des Regierungspräsidenten in Hannover aus den Auffanglagern in Friedland und Uelzen. 1946 nahm die Stadt monatlich ca. 600 Flüchtlinge auf, Mitte 1947 waren es immer noch ca. 50 pro Monat. Auch die Zusammenführung von Familien brachte eine deutliche Steigerung der Neubürgerzahlen.

Die Bewältigung des immensen Flüchtlingsstroms erforderte den Aufbau einer gesonderten Verwaltung. Im Herbst 1945 setzte die Stadt einen Flüchtlingsbetreuer ein; die Flüchtlinge wählten Vertrauensleute.

Nach dem Eintreffen des ersten Großtransportes richtete die Stadt das Flüchtlingsamt ein. Ihm stand seit Anfang 1948 ein Flüchtlingsrat beratend zur Seite, dessen Mitglieder teils aus Ratsfrauen und -herren, teils aus Flüchtlingen bestanden.

Das dringendste Problem war die Unterbringung der neuen Bürger. Trotz Kriegszerstörungen und Wohnraumbeschlagnahmungen durch die Besatzungsmacht war es zunächst noch möglich, die Flüchtlinge in Privatquartieren unterzubringen. Dabei waren die Einweisungen häufig nur gegen den erbitterten Widerstand der Wohnungsinhaber durchzusetzen; in etlichen Fällen musste polizeiliche Hilfe in Anspruch genommen werden. Mehrmals wies die Stadtverwaltung in der Presse darauf hin, dass Wohnungseigentümern, die sich widersetzten, Strafverfolgung drohe.

Da Hameln Ende 1946 hoffnungslos überfüllt war, sah sich die Stadt gezwungen, die ankommenden Flüchtlinge in Schulen und den Fabrikhallen der ehemaligen Domag unterzubringen. Verschärft wurde die Situation noch durch das Ende des Jahres 1948 in Kraft tretende Verbot, Schulen als Lager zu nutzen. An zwei Standorten stellte die Verwaltung deshalb Barackenlager für Flüchtlinge auf, am unteren Hamelwehr (nördlich des ehemaligen Bahnübergangs der Ohsener Straße) und an der Pumpstation (heute Heinestraße).

Obwohl die Stadt mehrmals durch öffentliche Bekanntmachungen die gleichmäßige Verteilung des Wohnraums anmahnte, wohnten die Flüchtlinge viel beengter als die Einheimischen. Durchschnittlich standen ihnen im Jahre 1949 6,5 qm, den Einheimischen aber 10 qm pro Person zur Verfügung. Wegen der Enge kam es häufig zu Reibereien. Meistens handelte es sich um Streitigkeiten über die Mitbenutzung von Küche, Keller und Toilette.

So sah es in den Baracken aus. (Quelle: Archiv der Dewezet)

Aus welchem Anlass und wann sich die Flüchtlinge hier auf dem Pferdemarkt versammelt haben, ist nicht bekannt. An der Rednertribüne vor dem ehemaligen Kreishaus hängen die Fahnen der Landsmannschaften. (Quelle: Stadtarchiv Hameln)

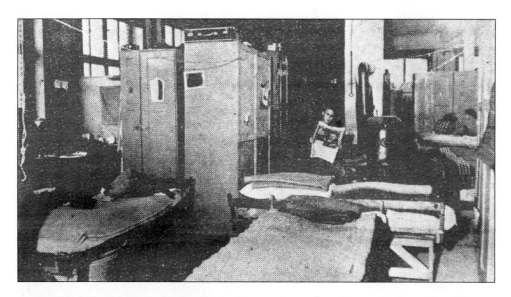

In den Flüchtlingslagern wie hier in der Domag herrschte drangvolle Enge. Im Hintergrund sitzt ein Mitarbeiter der Dewezet. Die Insassen des Lagers wollten nicht fotografiert werden. (Quelle: Archiv der Dewezet)

Um nicht gänzlich in Misskredit bei der Bevölkerung zu geraten, weigerten sich die Ratsmitglieder, bei der Unterbringung der Flüchtlinge mitzuwirken, „alteingesessene Flüchtlinge" wandten sich gemeinsam mit Einheimischen gegen Neuzuweisungen und der Rat protestierte beim Regierungspräsidenten; aber die Neuzugänge hielten an.

Die Flüchtlinge, die sich – mit Recht – durch die Stadtverwaltung benachteiligt und von der Bevölkerung diskriminiert sahen, machten ihrer Verbitterung in Versammlungen Luft.

Eine grundsätzliche Verbesserung der Situation war nur durch Neubau von Wohnungen möglich.

Das Jahr 1949 brachte dazu die ersten zaghaften Ansätze. Aber erst gegen Ende der 1950er Jahre kam es zu einer Entspannung auf dem Wohnungssektor.

Das trostlose Leben in den Lagern

Zum Jahresende 1949 brachte die Dewezet[22] eine aufrüttelnde Reportage über das „Lagerleben in der Domag".

400 Menschen, die nie allein sein dürfen
Eigentlich sind es drei Lager, die heute noch im großen Komplex der „Domag" eingerichtet sind: das sogenannte Lettenlager oder auch Boxenlager, das Hauptlager II und das Lager Pferdestall. Zwischen ihnen bestehen gewaltige Unterschiede in der Art der Unterbringung, eins aber haben sie alle gemeinsam: die Menschen dort sind nie allein, nie daheim, sondern leben stets unter den Augen und Ohren aller anderen, ob sie schlafen oder kochen, Schularbeiten machen oder Wäsche ausbessern.

Wohnkabinen ohne Decke
Das sogenannte Lettenlager im ersten Stock des Haupthauses an der Kuhbrückenstraße wirkt gegenüber den beiden anderen geradezu „feudal". Mancher Flüchtling, der in enger Wohnung in der Stadt untergekommen ist, würde vielleicht gern mit einer „Box" im Lettenlager tauschen. Es ist

allerdings erst seit Juni dieses Jahres freigegeben, aber die etwa 180 Flüchtlinge, die jetzt darin untergebracht sind, fanden wirklich einen Wohnraum. Der große Veranstaltungssaal wurde in zwei Reihen geräumiger, abgeschlossener Zellen eingeteilt, mit neuen Metallbetten, Tischen, Schränken und Stühlen ausgestattet und mit elektrischem Licht versehen. Durch große Fenster fällt das Tageslicht in die hell gestrichenen Räume, und eine gut funktionierende Zentralheizung spendet ausreichende Wärme.

Die Räume sind nur als Wohn- und Schlafzimmer gedacht, in denen manchmal einige Betten übereinander stehen, um den Platz besser ausnützen zu können. Je nach Vermögen haben die Insassen sich ihre Zimmer, denen leider eine Decke fehlt, zusätzlich ausstatten können. Im Vergleich zu normalen Verhältnissen leben sie äußerst beengt, sie klagen aber nicht, sondern bedauern die Schicksalsgefährten in den anderen Lagern, deren Los viel weniger beneidenswert ist. Im Lettenlager haben die Menschen immerhin einen abgetrennten Raum, sie wünschen sich nur eine — wenigstens behelfsmäßige — Decke über die Boxen, damit man nicht den ganzen Tag über jedes Wort, jedes Geräusch und jede Radiomelodie aus allen Kabinen hören muß.

Gekocht wird hier wie auch in den anderen Lagern in einer gemeinsamen Küche auf einem großen Herd. Jede Familie hat ihren eigenen Topf, jede Hausfrau wirkt nach eigenem wirtschaftlichen und Rezeptvermögen. Ebenso stehen große Waschbottiche für alle zur Verfügung. Nur für die Junggesellen ist das keine ideale Lösung.

Trostloses Dasein im Hauptlager
Im Hauptlager oder auch Lager II, im ältesten Lager in der Domag, leben die dort untergebrachten Flüchtlinge immer noch ohne Zimmerabtrennungen in den großen Fabrikationsräumen. Kunterbunt sind die Betten – alte Militärbetten mit Strohsäcken – familienweise zusammengerückt und von einzelnen schmalen Soldatenspinden notdürftig umstellt. Die glücklichen Besitzer einer zusätzlichen Decke konnten zwar ihre Ecke etwas besser abteilen, im großen und ganzen aber gibt es hier kein Privatleben. Männlein und Weiblein und Kinder hausen miteinander. In düsterer Beleuchtung

Privates Leben war in den Lagern praktisch unmöglich. (Quelle: Archiv der Dewezet)

spielt sich in der Küche, die ebenso wie den Waschraum alle gemeinsam benutzen, oder am langen Holztisch, oder zwischen den Betten im „vorderen Saal" oder „Käfig" oder „hinteren Saal", oft zwischen schnell zum Trocknen aufgehängten Wäschestücken, das freudlose tägliche Leben ab.

Etwa 200 Personen, Vertriebene aus den deutschen Ostgebieten, Heimkehrer und andere Personen, die zwar in Hameln Wohnrecht, aber keine Wohnung gefunden haben, Familien, Männer, Frauen und Kinder aller Altersgruppen, hoffen in dieser trostlosen Umgebung von Tag zu Tag auf das lang ersehnte Glück, endlich eine eigene, abgeschlossene Wohnung oder wenigstens auch nur ein Zimmer zugewiesen zu erhalten. Da die Menschen meist alles verloren haben, aber auch zum größten Teil arbeitslos sind, konnten sie sich nur wenig anschaffen. Viele haben keine Wäsche zum Wechseln, keine Bettwäsche, keinen Mantel. Die meisten haben ein schweres Schicksal hinter sich, haben Heimat und Angehörige verloren. Besonders hart leiden Heimkehrer, die jahrelang im Lager eingesperrt waren, unter dieser neuerlichen Massenunterbringung.

Ein Teil der Lagerinsassen ist recht verzweifelt. Sie klagen darüber, daß sie nicht einmal Matratzen hätten, daß man sie scheinbar vergessen habe, daß gerade den Einzelstehenden die Selbstversorgung sehr schwer falle, besonders im Fall einer Erkrankung. Sie klagen auch über den Kinderlärm und darüber, daß ihnen bei einer Bewerbung in der Stadt das Attribut, „aus dem Lager Domag" geradezu wertmindernd anhänge. Dabei konnten wir uns überzeugen, daß fleißige und saubere Menschen im Rahmen der ihnen verbliebenen Möglichkeiten sich dort betätigen und nur den einen Wunsch haben, endlich wieder einmal sich so wie andere Menschen ein eigenes Heim ausgestalten zu können.

Was sagt das Sozialamt dazu?

Die Stadt, die unter größten eigenen Kosten den Heimatlosen Unterkunft gewährt, ist, wie uns der Leiter des Sozialamtes mitteilt, ständig um die Auflockerung und Unterbringung besorgt. Früher konnten manchmal Transporte von 2000 Personen, die innerhalb von 24 Stunden eintrafen, in wenigen Tagen im Stadt- und Landkreis in Wohnungen vermittelt werden, heute aber ist man sich darüber im klaren, daß die Lager der Domag nur durch die geplanten städtischen Neubauten entlastet werden können.

Dabei sei es falsch, wenn die Lagerinsassen ein unbedingtes Recht auf ihre Einweisung in Neubauten vertreten, denn wenn die Neubautätigkeit rentabel bleiben soll, dann müssen dort in erster Linie zahlungskräftige Mieter zugelassen und deren geräumte Altwohnungen zu günstigeren Mieten den Wohnungssuchenden aus den Flüchtlingslagern zur Verfügung gestellt werden.

Eine Besserung des gegenwärtigen Zusammenlebens würde sich nach Meinung des Lagerleiters und des Sozialamtes ergeben, wenn jedermann in den Lagern etwas mehr Selbstdisziplin halten würde. Man sollte sich nicht immer gleich bei der Behörde beschweren, wenn des Nachbarn Kind schreit oder sein Radio zu laut spielt. Bei gegenseitiger Rücksichtnahme könnten sich alle die Verhältnisse, unter denen sie nun einmal auf Grund der Not der Zeit zum Leben gezwungen sind, erleichtern.

Hoffen wir, daß alle Pläne in Erfüllung gehen und kein neuer Massenzustrom kommt, damit im neuen Jahre die unglücklichen Menschen endlich ein menschenwürdiges Zuhause finden und daß ein dunkler Punkt aus Hameln verschwindet.

Ein Jahr später, Ende 1950, lebten immer noch etwa 300 Personen in der Domag. Die Dewezet[23] beklagt in einem längeren Artikel erstmals mangelnden Gemeinschaftssinn und Gleichgültigkeit der Insassen und macht sich die Kritik des Sozialamtes, die im letzten Artikel anklang, zu eigen.

Es muß einmal gesagt sein, daß der Besucher, der aufgrund mancher Klage das Lager besichtigt, erstaunt ist über die Gleichgültigkeit und den mangelnden Gemeinschaftssinn gerade unter manchen jüngeren Menschen, die zum Teil ledig und arbeitslos sind. Da die Erfahrung lehrt, daß der Aufenthalt im Lager manchmal Monate, ja sogar Jahre dauern kann, sollte man doch eigentlich erwarten, daß jeder einzelne alles nur erdenkliche tut, um sich den nun einmal unabänderlichen Behelfszustand so angenehm wie nur irgend möglich zu gestalten. Rührend ist dagegen der Eifer einer Achtzigjährigen aus den schlesischen Bergen, die selbst die Kohlen herbeischleppt, damit es die anderen im Behelfsraum warm haben.

Das Flüchtlingslager in der Domag wurde erst zum Jahresende 1952 geschlossen. Es bestand anschließend aber weiter als Lager für Obdachlose, das erst Ende 1953 geräumt wurde. Aus Flüchtlingen waren offenbar für die Behörde Obdachlose geworden.

Hilfen – Nur die dringendste Not wurde gelindert

Anlässe zu klagen hatten die Flüchtlinge und Vertriebenen genug, denn die erforderlichen Hilfen wurden ihnen nur sehr zögernd zuteil. Vorherrschend war das Gefühl, für sich zu stehen und mit seinen Problemen allein gelassen zu sein. In allen wichtigen Lebensfragen waren sie über Jahre die „Letzten in der Schlange".

Im Sinne einer Soforthilfe, die freilich nur die dringendste Not lindern konnte, gewährte die Stadt den neuen Bürgern in den Jahren 1949 bis 1953 in eng begrenztem Rahmen Hausratshilfe. Davon konnten sie Dinge kaufen wie Kleidung, Schuhe, Tische, Stühle und Schränke und Hausratsartikel aller Art. Es wurden weit über 4.000 Anträge eingereicht, von denen aber nur ein Teil berücksichtigt werden konnte, was unter den Flüchtlingen viel Anlass zu Kritik gab.

Die Stadt richtete eine Flüchtlingsnähstube in der Hermannstraße 5, eine Flüchtlingswäscherei im „Tivoli" an der Lohstraße sowie zwei Volksküchen im „Hamelner Hof", Ostertorwall 35b, und in der Turnhalle Bäckerstraße ein.

1946 erhielten Flüchtlinge einen Teil der über 170 neuen Kleingärten, die bei Tönebons Teichen und am Hamelufer ausgewiesen wurden.

Die Arbeitslosigkeit war unter ihnen größer als unter der übrigen Bevölkerung. 1951 gab es in Hameln bei einem Anteil von 42 Prozent an den Arbeitslosen über 1.000 arbeitslose Flüchtlinge. Um überhaupt Arbeit zu bekommen, waren sie häufig gezwungen, berufsfremd zu arbeiten. Humanitäre Hilfe leisteten vor allem die Schweiz und Schweden. Im Rahmen der Kinderhilfe schickten beide Länder Kleidung und Spielzeug, vor allem aber, wie wir schon hörten, Ärzte.

Schweden spendete Bekleidung

Einige tausend Bekleidungsstücke vom Kinder-Strumpf bis zu einigen gut erhaltenen Herrenwintermänteln enthielten diese Kisten, deren Inhalt aus Schweden dem Deutschen Roten Kreuz zur Verteilung an Bedürftige übersandt worden war. Monatelang hatte beim Roten Kreuz in dieser Hinsicht „Ebbe" geherrscht. Alle Anträge auf Zuweisung von Kleidung konnten schon seit dem Sommer nur noch listenmäßig erfaßt werden, so daß die Schwedische Spende gerade noch zur rechten Zeit eintraf, um Weihnachtsfreude zu spenden.[24]

1951 beschreibt eine ausführliche Reportage der Dewezet[25] die Übergabe Schweizer Spenden an 55 bedürftige Flüchtlingskinder.

Das Hamelner Rote Kreuz konnte mit Freuden am Donnerstagvormittag Fräulein Kohler, die Vertreterin der Schweizer Kinderhilfe, begrüßen, die Spenden aus der Schweiz verteilte.

55 bedürftige Flüchtlingskinder aus der Stadt Hameln hatten sich mit ihren Eltern in der Landfrauenschule in der Süntelstraße eingefunden, um ein Textilpaket aus der Schweiz in Empfang zu nehmen.

Als Fräulein Kohler ankam, wurde sie von den hellen Kinderstimmen mit einem Lied begrüßt. Dann saßen all die Mädchen und Jungen erwartungsvoll an den langen Tischen. In einer Ecke unter einer Rotkreuzfahne standen die großen Papiersäcke mit einer Aufschrift, die man gar nicht entziffern konnte. „Croix rouge" stand darauf – es klang sehr geheimnisvoll! Und alle die

Das schwedische Rote Kreuz spendete Kleidung für die Flüchtlinge. (Quelle: Archiv der Dewezet)

fremden Leute! Aber die Rote-Kreuz-Schwestern waren alle sehr nett, und jeder Junge und jedes Mädchen bekam Schokoladenpudding mit Vanillesoße.

Dann begrüßte der 1. Vorsitzende des DRK-Kreisverbandes Hameln-Pyrmont, Baurat Bernhard, die Gäste. Fräulein Hellwig erzählte von der Schweiz, von den hohen Bergen und den Häusern mit schweren Steinen auf den Dächern und den Kühen, die da auf den Almen grasen. Die Schweizer wollen allen Kindern helfen, die vom Kriege heimgesucht wurden. Sie haben lange gespart, denn so ein Textilpaket kostet etwa 60 DM. Ein bewunderndes Ah! ging durch den Raum, als Fräulein Kohler die Stoffbahnen auseinanderfaltete.

Karierte und bunte Stoffe, in jedem Paket andere. Das reicht für ein paar Kleider, und die Zutaten sind auch gleich dabei. Für die Jungen kommt bestimmt ein Anzug heraus, sogar das Steifleinen und das Gummiband haben die Schweizer nicht vergessen.

Jedes Kind hat in der Schweiz einen Paten, der gern erfahren möchte, wohin sein Paket gelangt ist. Sicherlich werden alle in den nächsten Tagen Briefe schreiben. Zunächst einmal sagte die kleine Karin Mertsch ein Gedicht auf und überreichte der Sendbotin aus der Schweiz ein Erinnerungsbüchlein und einen Blumenstrauß. Die Jungen dankten, indem ebenfalls einer vortrat und Blumen überreichte.

Als Vertreter der Stadt Hameln sprach Oberbürgermeister Schütze. Zwei Sterne, so sagte er, leuchteten uns auch in der dunkelsten Zeit, das waren die Hilfswerke der Schweiz und Schwedens. Der Schweizer Gast solle nicht annehmen, daß es in Deutschland nun allen wieder gut gehe, unter der äußeren Hülle verberge sich noch großes Elend! Er dankte für die Hilfe, welche die Schweiz unseren notleidenden Kindern angedeihen läßt, und erwähnte, daß der Pudding und die Kekse für die Kinder von Hamelner Firmen gespendet wurden.

Das städtische Flüchtlingsamt richtete regelmäßig Weihnachtsfeiern für die Flüchtlingskinder aus, hatte aber selbst keine Mittel für Geschenke.

Weihnachtsfreude für Flüchtlingskinder
Viele Flüchtlingskinder, vor allem aber diejenigen, die noch im Lager der Domag untergebracht sind, werden auch in diesem Jahre infolge der großen Wohnungsnot und der wirtschaftlichen Verhältnisse eine traurige Weihnacht feiern. Das Flüchtlingsamt hat es sich auch in diesem Jahre wieder zur Aufgabe gemacht, diesen Kindern eine schlichte Weihnachtsfeier zu bereiten. Da eigene Mittel hierfür nicht zur Verfügung stehen, appellieren wir an alle diejenigen, die Heimat und Gut behalten haben, zu dieser Feier in Form einer Spende beizutragen. Der Gedanke, armen, heimatvertriebenen Kindern eine Weihnachtsfreude bereitet zu haben, möge die eigene Feier verschönen.

Beauftragte des Flüchtlingsamtes werden die dem Flüchtlingsamt gemeldeten Spenden bis zum 10. Dezember abholen.[26]

Hilfe aus der Bevölkerung gab es nur begrenzt. Anlässlich eines Besuches einer Vertreterin der Schweizer Kinderhilfe in Hameln besichtigt diese auch die Hamelner Nähstube in der Deisterstraße.

Mit sommerlichen Blumensträußen war die Hamelner Nähstube festlich geschmückt. Der Gast hatte Gelegenheit, all die reizenden Babysachen zu bewundern, die besonders von älteren Hamelnerinnen aus der Schweizer Wollspende gearbeitet wurden. Eine achtzigjährige Strickveteranin holte sich immer wieder Material. Da sind praktische Jungenhosen, aus Wäschesäcken gearbeitet, Mädchen-Nachthemden und Wäsche aus Resten, alles mit Fleiß und Liebe ohne Kosten hergestellt! Einige Baby-Ausstattungen konnten schon an bedürftige Mütter ausgegeben werden, die von der Fürsorgerin vorgeschlagen wurden. Aus dem geringen Erlös wird dann wieder neues Material besorgt. Mit flinken Händen sitzen die Frauen an den Maschinen, die Räder summen und Kleider Blusen, Röcke, Bett- und Leibwäsche entstehen im Nu.

„Ach, ich bin ja so glücklich, daß ich hier nähen kann", sagt eine Flüchtlingsmutter strahlend, „hier bezahle ich einen Groschen für jede Nähstunde und brauche mich nicht zu ärgern und lange um die Benutzung bitten."[27]

Die Verbote der Briten, sich zu organisieren, unterliefen die Flüchtlinge und schlossen sich auch in Hameln zu Landsmannschaften zusammen, um ihre Interessen zu wahren und ihre Identität zu pflegen. Für die Stadt Hameln wurde am 21. November 1945 im Gasthaus „Halber Mond" die „Notgemeinschaft der Ostdeutschen im mittleren Wesergebiet" gegründet.

Die Integration der Flüchtlinge und Vertriebenen

Bei der bundesweiten Volkszählung 1950 waren fast acht Millionen Flüchtlinge und Vertriebene aus den Ostgebieten sowie 1,5 Millionen aus der sowjetischen Besatzungszone Zugewanderte registriert worden. Neubürgerinnen und Neubürger stellten also ein Fünftel der Einwohnerschaft der jungen Bundesrepublik. 1960 machten sie mit über 13 Millionen sogar ein Viertel der Bevölkerung aus. Erst mit dem Bau der Mauer 1961 versiegte der Flüchtlingsstrom aus der DDR, der die Zahlen der Neubürger noch weiter hatte ansteigen lassen.

Die Integration dieser Menschen stellte eine enorme gesellschaftliche Aufgabe dar. Dies galt vor allem für die Hauptaufnahmeländer Bayern, Niedersachsen und Schleswig-Holstein, in denen zunächst fast drei Viertel der Vertriebenen eine neue Heimat fanden. In Niedersachsen machten die Neubürger im Durchschnitt knapp 30 Prozent aus. In Hameln waren es mit knapp 40 Prozent noch mehr.

Die übergroße Zahl ihrer Flüchtlinge zu reduzieren, gelang der Stadt nur sehr begrenzt.

Eine Chance bot sich, als die Länder der französischen Zone, also Rheinland-Pfalz sowie Württemberg und Baden, die ursprünglich Flüchtlingen den Zugang völlig verwehrt hatten, ihre Grenzen öffneten. Im Oktober 1951 verließ ein Umsiedlertransport die Stadt, der 145 Vertriebene nach Rheinland-Pfalz brachte.

Noch mehr als andere durch den Krieg geschädigte Personengruppen waren die Flüchtlinge durch persönliche und wirtschaftliche Verlusterfahrungen traumatisiert. Die Flucht hatte Biographien radikal unterbrochen; Bauern wurden notgedrungen zu Industriearbeitern, Großstädter lebten plötzlich auf dem Lande, Katholiken unter Protestanten, früher wohlhabende bürgerliche Schichten erlebten sich

„Grün für alle" – auch für Flüchtlingsfamilien! 1946 erhielten Flüchtlinge einen Teil der bei Tönebons Teichen und am Hamelufer neu errichteten Kleingärten. (Quelle: Gelderblom)

als völlig verarmt und zu Bittstellern degradiert.

Die Integration der Flüchtlinge war dadurch erleichtert, dass sie häufig einen besonderen Aufstiegswillen und ein hohes Arbeitsethos bewiesen. Normen wie Sparsamkeit, Pflichtbewusstsein, Anstand, Sauberkeit und Pünktlichkeit waren bei ihnen einen Tick deutlicher ausgeprägt als bei den Einheimischen. Damit gelang es ihnen, die allgemein schlechteren Ausgangsbedingungen gegenüber den Einheimischen mit den Jahren auszugleichen.

Die Integration lief auch in Hameln nicht spannungsfrei ab. Latent vorhandene Feindseligkeiten der einheimischen Bevölkerung wurden durch den unüberhörbaren Akzent in der Sprache, den unbändigen Aufstiegswillen, der die Konkurrenz verstärkte, aber auch durch den Zuzug der vielen Katholiken, die bisher in Hameln nur eine kleine Minderheit gewesen waren, deutlich verstärkt. Schon ihr Dialekt stempelte sie als nicht zugehörig ab.

Aber die anfänglichen Befürchtungen, die soziale Not der Flüchtlinge werde jahrzehntelang andauern und vor allem die Lager würden sich zum Herd eines gefährlichen politischen Radikalismus entwickeln, bewahrheiteten sich nicht. Dass es unter den bitterarmen Menschen, die jahrelang in Notunterkünften hausen mussten, nicht zu Revolten kam, ist freilich beinahe ein Wunder.

Warten auf neuen Wohnraum

Die Unterbringung in Neubauten dauerte viel länger als geplant. Flüchtlinge waren als Mieter auch beim städtischen Wohnungsamt nicht begehrt, weil sie häufig kein Einkommen hatten. Sie mussten deswegen bei der Wohnungsvergabe hinter Wohnungssuchenden, die einen Arbeitsplatz in Hameln gefunden hatten, aber auf dem Lande wohnten, und hinter den Kriegsheimkehrern zurück stehen. 1950 baute die Kleinwohnungsbau-Gesellschaft an

Die kleinen Reihenhäuser am Ostpreußenweg waren Anfang der 1950er Jahre für Flüchtlinge gebaut worden (Foto aus dem Jahre 2008). (Quelle: Gelderblom)

der Süntelstraße einige Wohnblöcke, die „restlos Flüchtlingen zugute" kommen sollten. Im Klütviertel am „Ostpreußenweg" entstanden winzige Reihenhäuser mit kleinen Gärten. Die Stadt achtete bei der Wohnungsvergabe auf die Mischung mit der einheimischen Bevölkerung. Aber die Wohnungsnot der Flüchtlinge war damit längst nicht beseitigt.

Welche Wut die Flüchtlinge wegen ihrer Benachteiligung bei der Vergabe von Wohnungen hatten, zeigte sich 1951, als bekannt wurde, dass die Stadt für über eine Million DM den Bau eines Kulturhauses, der späteren Weserbergland-Festhalle, plante. In massiven Protesten und persönlichen Drohungen gegenüber Ratsmitgliedern äußerte sich das völlige Unverständnis der Flüchtlinge darüber, dass die Stadt bereit war, über eine Million DM in einen Theaterbau zu stecken, statt davon Wohnungen zu bauen.

Einen Durchbruch bedeutete das Lastenausgleichsgesetz vom August

„Arbeite und strebe - aber lebe." Inschrift zu einem Wandgemälde im Eingangsbereich einer Baracke an der Werftstraße – Zeugnis des Arbeits- und Aufstiegswillens der neuen Bürger.
Die Baracke hatte dem Rüstungswerk Kaminski bis 1945 zur Unterbringung von Zwangsarbeitern gedient, nach 1945 wurden hier Flüchtlinge untergebracht. Heute stehen auf diesem Gelände die Gebäude der Firma „Holz-König".
(Quelle: Gelderblom)

1952. Es sah vor, dass zwischen den nicht geschädigten Bevölkerungsteilen und jenen, die durch Krieg, Flucht, Vertreibung oder Evakuierung Nachteile gehabt hatten, ein „Lastenausgleich" stattfinden sollte. Vom Volumen her bedeutete das Gesetz die größte Wirtschafts- und Finanztransaktion der deutschen Geschichte, die es vor der Wiedervereinigung 1989 gegeben hat. Obwohl das Ziel, ein tatsächlicher Ausgleich der Lasten, letztlich verfehlt wurde, da die Leistungsempfänger günstigstenfalls eine Entschädigung in Höhe von 30 Prozent ihres ehemaligen Besitzes erhielten, während die effektive Belastung der abgabepflichtigen Vermögen zehn Prozent kaum überschritt, trug das Gesetz als Geste des guten Willens zur sozialen Integration der Nachkriegsgesellschaft bei.

Den Lastenausgleich gab es in Form von Eingliederungshilfen, also materieller Unterstützung. Vor allem aber wurde der Wohnungsbau in großem Umfange angekurbelt.

Von 1950 bis 1959 wurden aus Mitteln des Lastenausgleichs vom städtischen Ausgleichsamt insgesamt 37 Millionen DM an Hamelner Geschädigte zur Verfügung gestellt, u. a. 12 Millionen DM Aufbaudarlehen, davon 5,5 Millionen DM für 1.379 Wohnungen, 11,4 Millionen DM an Kriegsschadenrenten, 9,2 Millionen an Hausratsentschädigungen u.a.m.

Der allmählich verbesserte Lebensstandard und finanzielle Zuschüsse aus dem Lastenausgleich bewirkten, dass der Vergleich zur alten Heimat trotz der großen Anfangsschwierigkeiten mehr und mehr positiv ausfiel. Entgegen der anfangs vorherrschenden Erwartung, Deutschland würde nach dem Kriege noch Jahre niedergehalten und verarmt bleiben, ging es bald aufwärts.

Fleiß und Aufstiegswille

Auf dem heimischen Arbeitsmarkt waren Flüchtlinge nicht leicht zu vermitteln. Gefragt waren Facharbeiter für Handwerk und Industrie; gekommen waren hauptsächlich Frauen mit Kindern.

Vorbehalte einheimischer Arbeitgeber gegenüber arbeitssuchenden Flüchtlingen waren nicht selten. So war die Arbeitslosigkeit unter den Flüchtlingen anfangs besonders groß.

Als Glücksfall stellte sich heraus, dass der Arbeitsmarkt in den 1950er Jahren hochgradig aufnahmefähig war. Ein bedeutender Arbeitgeber war die Besatzungsmacht, bei der zahlreiche

Diese kleinen eingeschossigen Läden in der Zentralstraße wurden vor allem von Flüchtlingen geführt. (Quelle: Stadtarchiv Hameln)

Flüchtlinge – besonders auch ungelernte Frauen – Arbeit fanden.

Eine Erfolgsgeschichte stellte die Wäschefabrik König K.G. in Hameln dar. Ihr Besitzer Hans Kreibich hatte seinen Besitz im Sudetenland aufgeben müssen. Es gelang ihm, einige seiner ehemaligen Fachkräfte nach Hameln zu holen; die Stadt stellte Wohnraum zur Verfügung. 1949 arbeiteten in dem prosperierenden Unternehmen ca. 100 Personen, unter ihnen zahlreiche Flüchtlinge.

Etliche Flüchtlinge versuchten, durch Erlangung von Aufbau-Darlehen den Schritt in die Selbstständigkeit zu vollziehen. Für die zahlreichen Anträge reichten die zur Verfügung stehenden Mittel von zunächst 71.000 DM jedoch bei weitem nicht aus; nur ein geringer Bruchteil der 150 Antragsteller konnte berücksichtigt werden. Hätte man alle Anträge berücksichtigen wollen, wären noch einmal 800.000 DM benötigt worden.

Die grundsätzlichen Beschäftigungsprobleme für die Flüchtlinge waren nicht kurzfristig zu lösen. Noch 1951 machten die Flüchtlinge einen überdurchschnittlichen Anteil an den Arbeitslosen aus. Aber bereits Mitte der 1950er war in Niedersachsen die Arbeitslosigkeit unter ihnen niedriger als unter Einheimischen.

Weil sie alles verloren hatten, waren sie ideale Konsumenten. Und weil sie sich mit ihrer sozialen Deklassierung nicht abfinden wollten, waren sie außerordentlich leistungsbereit. Am Ende profitierten die Flüchtlinge von der Leistungskraft der Wirtschaft, die ihnen Arbeitsplätze gab.

Umgekehrt war aber die Arbeitskraft der Flüchtlinge in vielen Branchen und Regionen auch eine Voraussetzung für den lang andauernden ökonomischen Aufschwung.

Sie wurden zum Motor des Wirtschaftswachstums und veränderten das Gesicht der Stadt.

Schwierigkeiten mit den etablierten Parteien

19. Juni 1947: Große Flüchtlingskundgebung der SPD im Gasthaus „Goldener Stern" und in der Mittelschule. Wenige Tage später, am 27. Juni 1947, warb die CDU um die Ostvertriebenen.

Die Flüchtlinge taten sich jedoch schwer mit den etablierten Parteien. Viele wollten überhaupt nichts mehr mit Politik zu tun haben und engagierten sich politisch noch weniger als die Einheimischen. Sie verstanden die Vertreibung als Buße für die Verbrechen des Nationalsozialismus – und zwar für alle Deutschen – nach dem Motto: „Wir mussten für alle Deutschen den Kopf hinhalten."

Dass von Seiten der Flüchtlinge eine Radikalisierung und Bedrohung der Demokratie durchaus möglich gewesen wäre, beweist der große Erfolg des BHE. Der „Bund der Heimatvertriebenen und Entrechteten" – 1950 in Schleswig-Holstein gegründet – war auf Länder- und Bundesebene sehr erfolgreich und nach 1953 für zwei Jahre an der Bundesregierung beteiligt.

Der BHE war vorwiegend eine Partei der Flüchtlinge und Vertriebenen. Das Wort „Entrechtete" jedoch verwies auch auf „Opfer der Entnazifizierung", also ehemalige NSDAP-Anhänger. Ab Mitte der 1950er, mit dem Fortschreiten des wirtschaftlichen Aufbaus, als die Flüchtlinge unerwartet schnell in die Gesellschaft der Bundesrepublik hineinwuchsen, zerfiel der BHE allmählich und wurde hauptsächlich von der CDU aufgesogen.

1952, als der BHE zum ersten Mal in Hameln kandidierte, erreichte er mit 15.504 Stimmen und knapp 20 Prozent der Wählerstimmen ein herausragendes Ergebnis.

Niedersachsenweit waren es nur 15 Prozent gewesen. Im Rat war die Partei mit 6 Sitzen vertreten und stellte mit dem Ratsherrn Hermann Götze sogar für ein Jahr den stellvertretenden Oberbürgermeister. Bei der nächsten Kommunalwahl 1956 hatte sich der Stimmenanteil des BHE bereits auf 8.818 Stimmen und 3 Sitze halbiert, Hinweis auf eine fortgeschrittene Integration der Flüchtlinge.

Neumarkter Heimattreffen in Hameln (undatiertes Foto) (Quelle: Archiv der Dewezet)

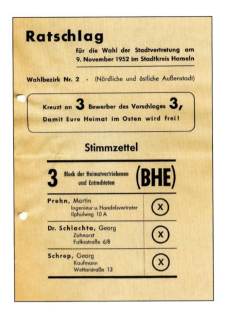

Straßenschilder, hier aus dem Klütviertel, erinnern an die verlorene Heimat. (Quelle: Gelderblom)

Links: Wahlzettel des BHE für die Wahl der Hamelner Stadtvertretung am 9. November 1952 (Quelle: Privat)

Die Neubürger selbst waren keine homogene Gruppe. Durch Flucht und Vertreibung waren in Hameln Menschen aus den unterschiedlichsten Gebieten zusammengeführt worden. Mit 30 Prozent stammte die Mehrzahl aus dem teils katholischen Schlesien, die übrigen aus Ostpreußen, Westpreußen, Pommern, dem Sudetenland, dem östlichen Brandenburg und weiteren mittel- und osteuropäischen Ländern.

Willkürlich hineingeworfen in eine ihnen fremde, zum Teil auch ablehnend gegenüberstehende Umgebung schlossen sie sich zur Wahrung ihrer kulturellen Identität zu Landsmannschaften zusammen. Diese organisierten Gemeinschaftsfeiern mit Heimatliedern und Heimattänzen, Vortragsreihen über ostdeutsche Geschichte und Kultur, Dichterlesungen, u. a. mit der Ostpreußin Agnes Miegel, sorgten für die Erhaltung tradierter Bräuche und gaben eigene Zeitschriften wie „Der Schlesier" und das „Ostpreußenblatt" heraus.

Es gab groß angelegte, von mehreren Tausend Menschen besuchte Heimattreffen, wie das Treffen der Hirschberger im Juli 1947 oder das Treffen der Breslauer im Mai 1949.

Am 15. August 1954 übernahm die Stadt Hameln in einer Feierstunde in der Weserbergland-Festhalle für Kreis und Stadt Neumarkt/Schlesien die Patenschaft. Etwa 1.500 ehemalige Bewohner dieses Kreises, auf halbem Wege zwischen Liegnitz und Breslau gelegen, lebten in Hameln. Seitdem wurden hier regelmäßig Heimattreffen der Neumarkter veranstaltet.

So erschienen zur „Treuekundgebung" mit dem niedersächsischen Vertriebenenminister Schellhaus anlässlich des vierten Neumarkter Heimattreffens am 11.-12. Juni 1960 über 5.000 Teilnehmer. Die Kulturarbeit diente der Stärkung des widder alle politische Vernunft von Bundesregierung und Opposition geförderten – Rückkehrwillens in die Heimat.

Am Ende steht die Integration

Am Ende lebten sich die neuen Bürgerinnen und Bürger in Hameln ein. Die Verbindungen mit der eingesessenen Bevölkerung nahmen zu, durch kollegiales Zusammentreffen am Arbeitsplatz, gemeinsames Vereinsleben, die Begegnung in der Kirchengemeinde und durch Heirat.

Auch die eingesessene Bevölkerung hatte ja teil an der Erfahrung der Not, musste sich neuen Lebensumständen anpassen, so dass man zu einem guten Teil vor gemeinsamen Aufgaben stand. Für die Alten unter den Flüchtlingen war der Neuanfang besonders schwer, während die Jungen weniger Probleme mit der Integration in die neue Gesellschaft hatten.

Erinnert sei daran, dass auch viele Einheimische schlimme Verlusterfahrungen gemacht hatten – durch Ausbombungen, Dienstverpflichtungen, Evakuierungen, Kriegsdienst und Verluste von Angehörigen, allerdings ohne die Heimat verloren zu haben. Insofern gab es durchaus Gemeinsamkeiten zwischen beiden Gruppen, den Flüchtlingen und den Einheimischen.

Beide Seiten mussten sich in eine neue Welt integrieren, in eine Gesellschaft, die nicht mehr die gleiche war wie vor dem Krieg. Flüchtlinge hatten in besonderer Weise zu dieser neuen Welt beigetragen. Insofern kann man von Flüchtlingen als „Modernisierungsfaktoren" in der Nachkriegszeit sprechen, zumal nicht wenige von ihnen aus großstädtischem Milieu wie z. B. Breslau kamen.

Das neue Hameln hatte nur noch begrenzt Ähnlichkeit mit dem Hameln vor dem Zweiten Krieg. Die Durchmischung der Hamelner Gesellschaft auf allen Ebenen, konfessionell, sozial, habituell usw., war enorm. Trotz aller anfänglichen Schwierigkeiten gelang es den Flüchtlingen, einen Status zu erreichen, der sich dem früheren annäherte oder ihn sogar überstieg, wenn auch um einige Jahre verspätet gegenüber den Einheimischen. Schon die erste hier geborene Generation ist voll integriert, ein Unterschied zu Einheimischen nicht mehr erkennbar.

Das anfängliche Verbot der eigenständigen Parteibildung hatte möglicherweise insofern positive Auswirkungen, als Flüchtlingsvertreter nun in den unterschiedlichsten Parteien saßen.

Heute gibt es in fast jeder niedersächsischen Stadt einen Ostpreußenweg mit winzigen Reihenhäusern oder Wohnblocks aus den fünfziger Jahren. In Hameln ist es das Viertel aus Neumarkter Allee, Ostpreußen- und Schlesierweg sowie Breslauer Allee, in dem inzwischen längst nicht mehr nur Nachkommen von Flüchtlingen leben.

Von Männern und Frauen

Männer und Frauen hatten im Krieg und auf der Flucht zum Teil ganz unterschiedliche Erfahrungen machen müssen. Wände des Schweigens waren dadurch zwischen den Geschlechtern entstanden, die Erwartungen an das andere Geschlecht zugleich besonders groß. Daher können die sehr hohen Scheidungsraten der ersten Nachkriegsjahre nicht erstaunen, auch wenn man in Rechnung stellt, dass Scheidungen „nachgeholt" wurden angesichts der vielen Kriegsehen, die keinen gemeinsamen Alltag kannten.

Es herrschte „Männermangel". Sieben Millionen Männer hatten im Krieg ihr Leben verloren. Viele Millionen Witwen, die meisten noch im heiratsfähigen Alter, suchten potenziell einen neuen Mann – ganz zu schweigen von den Millionen, die bisher keinen Ehemann gefunden hatten. 1950 kamen auf 100 Frauen der Altersgruppe zwischen 25 und 45 Jahren nur 77 Männer. Nicht selten umwarben mehrere Frauen einen Mann mit allen Tricks der weiblichen Verführung.

Hameln hatte 1950 bei einer Bevölkerung von gut 50.000 einen Frauenüberschuss von 4.742 Personen. Kinder und Kleinkinder, bei denen das Verhältnis männlich-weiblich sich ausgeglichen gestaltete und die circa 500 männlichen Insassen des Zuchthauses, die für den „Heiratsmarkt" nicht zur Verfügung standen, waren mitgezählt. Zahlreiche Frauen waren dazu „verurteilt", ein Leben allein, ohne Mann, zu führen, darunter viele Kriegerwitwen, die ihre Kinder allein erziehen mussten.

„Besatzungsmütter" und „Besatzungskinder"

Manche Frauen suchten sich Beschützer, nicht selten waren es britische Soldaten, die sie mit lebensnotwendigen Lebensmitteln oder Waren zum Tauschen versorgen konnten.

Die Grenze zur Prostitution verschwamm – pragmatische Überlegungen standen im Vordergrund. Um Moral konnte man sich wieder kümmern, wenn genügend zu essen auf dem Tisch stand.

Aus zahllosen gewollten und ungewollten Verbindungen gingen Kinder hervor. Die Zahl der unehelichen Kinder stieg nach 1945 stark an (von 640 Lebendgeburten waren 1954 in Hameln 50 unehelich), auch die der Abtreibungen.

Die Dewezet[28] widmete dem Thema unter dem Titel „'Besatzungsmütter' dürfen nicht klagen" im Jahre 1952 einen langen Artikel, der unverhohlen das Unverständnis zeigt, das der Autor mit dem Problem hat. Der moralische Zeigefinger des Journalisten ist hoch erhoben.

10 % uneheliche Geburten im Durchschnitt gelten heutzutage als „normal"; in Hameln waren es über 12 %. Ein Teil von ihnen sind sogenannte Besatzungskinder. Insgesamt verzeichnet Hameln 82 Kinder, deren Väter der Besatzungsmacht angehören – ein recht lebhafter kleiner Bevölkerungsbeitrag! Die Unterhaltskosten trägt meist das Sozialamt, das heißt der Hamelner Steuerzahler.

Läge Hameln im amerikanischen Besatzungsbereich, so wäre das Bild bunter. Dort nämlich laufen nicht weniger als 3.000 kleine Mulatten herum. Die Kosten gehen freilich auch meist zu Lasten der Gemeinden, da sich die farbigen Väter um ihre Nachkommenschaft in Deutschland ebensowenig zu kümmern pflegen wie die Mehrzahl der weißen Besatzungsväter. Die Lebensaussichten jener bedauernswerten mischfarbigen Wesen deutscher Nationalität sind natürlich trübe.

Den unehelichen Müttern von Besatzungskindern bringt ihr Leichtsinn oder ihre Vertrauensseligkeit noch empfindlichere Schwierigkeiten als den ledigen Müttern im allgemeinen. Eine Vaterschaftsklage kann vor deutschen Gerichten nur dann erfolgen, falls der Vater in privater Eigenschaft in Deutschland weilt. Für Besatzungsangehörige hingegen ist die deutsche Gerichtsbarkeit laut Kontrollratsgesetz ausgeschlossen.

In Hameln waren bis 31.12.1951 75 Geburten registriert, bei denen als Väter Besatzungsangehörige angegeben wurden. Das sind im Durchschnitt elf je Jahr. In den ersten zweieinhalb Monaten des Jahres 1952 waren es aber bereits sechs. Wir sehen also keine Abnahme.

Die Gesamtzahl aller Vormundschaften für uneheliche Kinder beträgt beim Sozialamt Hameln 663. Man lasse diese Zahl für sich sprechen, um sich jenes hier Unausgesprochene denken zu können, das aus den Zeitverhältnissen hierzu zu sagen wäre. Trotzdem — bei weitem nicht jeder darf für sein vom Kurs abweichendes Lebensschicksal die Zeitumstände verantwortlich machen.

Ehe und Familie als ausschließliches Lebensmodell

Die äußerliche Stabilität der Ehe stellte sich in den 1950er Jahren rasch wieder ein, die Scheidungsziffer sank deutlich ab. Ehe und Familie wurden vorherrschende Leitbilder und es wurde fleißig geheiratet. Man lebte nach dem Muster „verliebt verlobt verheiratet". Individualität wurde argwöhnisch beobachtet und nicht selten offen angefeindet. Hierarchien und Lebensmodelle, die Verhältnisse zwischen den Generationen wie zwischen den Geschlechtern erschienen unerschütterlich.

Damals sank das Heiratsalter, bei Frauen von 25,4 auf 23,7 Jahre, bei Männern von 28,1 auf 25,9 Jahre. Das lag zum einen an der miserablen Lage auf dem Wohnungsmarkt, zum anderen am „Kuppeleiparagraphen". Ein unverheiratetes Paar erhielt keine eigene Wohnung. Ein vor- bzw. außereheliches Zusammenleben war angesichts rigider moralischer und gesetzlicher Vorschriften kaum möglich. Wer als Eltern dem unverheirateten Nachwuchs erlaubte, zusammen in der Wohnung zu übernachten, machte sich der Kuppelei verdächtig und wurde nicht selten von Nachbarn angezeigt. Das konnte ein gerichtliches Nachspiel haben. Erst 1972 wurde dieser so genannte „Kuppeleiparagraph" abgeschafft. Aber auch die Heirat garantierte noch nicht die sofortige Gründung eines selbstständigen Haushalts. Etwa die Hälfte aller Neuverheirateten musste 1950 zunächst noch bei Eltern oder Schwiegereltern wohnen.

„Männer und Frauen sind gleichberechtigt"?

Während des Krieges und in den unmittelbaren Nachkriegsjahren hatten die Frauen in vielen Berufen die fehlenden Männer ersetzt. Die Doppelbelastung durch Kindererziehung und Berufsarbeit hatten sie klaglos durchgestanden, waren aber häufig völlig erschöpft.

Viele Männer kamen spät aus der Gefangenschaft nach Hause. Sie fanden ein verwandeltes Deutschland vor und nicht selten sich selbst zunächst abhängig von ihren Frauen. Es gab Väter, die ihre zehnjährigen Kinder noch nie gesehen hatten. Und jetzt sollten diese abgehärmten Gestalten diejenigen sein, die den Ton angeben wollten!

In den 1950er Jahren schufteten die Männer durchschnittlich 50 Stunden und mehr pro Woche, die Samstage wie bisher inklusive. Sie waren zur grauen Eminenz im Hintergrund der Familien geworden, die morgens das Haus verließ und erst abends zurückkehrte. Das machte sie zu abwesenden Vätern und Ehemännern.

Der Vater galt offiziell, nach außen und innerhalb der Familie, als das Oberhaupt, saß bei den Mahlzeiten an der Kopfseite des Esstisches und bekam die größte Portion. Nicht nur die Männer, sondern auch die Frauen vertraten einhellig die Auffassung, es sei nicht die Aufgabe des Mannes, im Hause mitzuhelfen.

Erst 1957 wurden mit dem Gleichberechtigungsgesetz nach zähen parlamentarischen Verhandlungen einige Vorgaben des Grundgesetzes über die Gleichberechtigung in der Ehe eingelöst. Der Mann konnte nicht mehr allein Wohnort und Wohnung bestimmen, die Frau bedurfte nicht mehr der Zustimmung ihres Gatten für die Annahme einer Arbeit: allerdings war sie nur „berechtigt, erwerbstätig zu sein, soweit das mit ihren Pflichten in Ehe und Familie vereinbar" sei. Aber erst die Eherechtsreform von 1976 setzte die Gleichberechtigung weitgehend durch.

Kinderzahlen

Bereits Mitte der 1950er Jahre ging die Zahl der Geburten deutlich zurück. „Mutterglück" schien nun doch nicht allen Frauen das größte Glück zu sein. Der Geburtenüberschuss hatte in Hameln 1948 noch 208 betragen, 1954 nur noch 107.

Im Jahre 1954 erreichte Hameln eine Einwohnerzahl von 51.872 und war damit die zweitgrößte Stadt des Regierungsbezirks Hannover. Der Geburtenüberschuß ist mit 107 im Jahre nur noch gering – im Jahre 1948 betrug er trotz des Mangels noch 208. Dabei wird noch fleißig geheiratet: im gleichen Jahr wurden 445 Ehen geschlossen, von denen allerdings 70 wieder zerbrachen. Von 640 Lebendgeburten waren 50 unehelich. Beeinträchtigt werden

Damals war es noch nicht üblich, dass eine Frau in der Öffentlichkeit rauchte. Gleichwohl hatte die Zigarettenindustrie die Frauen im Jahre 1950 schon als Zielgruppe im Visier. (Quelle: Archiv der Dewezet)

Selbst in der SPD war die Gleichberechtigung der Frauen umstritten. Eine energische Befürworterin war die Kasseler SPD-Abgeordnete Elisabeth Selbert, nach der später in Hameln eine Schule benannt wurde. (Quelle: Privat)

die Aussichten des Klapperstorchs auch durch den Frauenüberschuß. Es gibt in Hameln 4.256 Frauen mehr als Männer, wobei noch zu berücksichtigen ist, daß 492 Männer als Anstaltsinsassen „unter Verschluß" saßen und keine Heiratsobjekte darstellten.[29]

Mit steigendem Wohlstand sank auch die Zahl der Kinder. Typisch ist die Haltung einer jungen Frau, die sich in einem Artikel der Dewezet[30] unter der Überschrift „Ich möchte keine Kinder haben!" folgendermaßen äußert:

„Ich möchte aber keine Kinder oder doch jedenfalls nicht in den ersten drei Jahren", erklärte das junge Mädchen seinem Bräutigam, noch bevor sie heirateten. „Ich möchte endlich einmal von meinem Leben etwas haben und nicht gleich anfangen, Windeln zu waschen und einen Kinderwagen zu schieben!"

Der junge Mann war etwas ratlos, er hatte sich über diese Probleme noch nicht den Kopf zerbrochen, aber er liebte seine zukünftige Frau, und es schien ihm zunächst nicht wichtig, schon Kinder zu haben. Natürlich wünschte er sich welche, ohne viel darüber nachzudenken, was sie kosten würden.

Man wird den Willen zum Kinde bei der so skeptisch eingestellten jüngeren Generation sicher nicht durch schöne Reden und Versprechungen stärken, sondern allein durch die Aussichten, die sich diesen Menschen im Beruf, im Verdienst und in den Wohnungsmöglichkeiten bieten. Je mehr

Die Geburtenzahlen gingen schon in den 1950er Jahren zurück. Frauen wollten erstmals ihr Leben auch genießen. Trotzdem war dieses Wunschbild mancher Frau und vieler Männer von der Realität der 1950er noch weit entfernt.
(Quelle: Archiv der Dewezet)

Wohnungen gebaut werden, je mehr Arbeits- und Verdienstmöglichkeiten entstehen, und je höher damit der Lebensstandard wird, desto mehr wird auch die Anzahl der Kinder steigen und damit die Aussicht, daß sich das Lebensniveau weiter hebt.

Die Erwartung des Redakteurs, dass ein steigender Lebensstandard die Zahl der Kinder wieder steigen lassen würden, sollte allerdings trügen.

Warum arbeiten diese Mütter? – Über die Notwendigkeit von Kindergärten

In der Stadt herrschte 1954 großer Mangel an Kindergärten. Es gab den städtischen Kindergarten in der Alten Marktstraße mit maximal 150 Plätzen und mehrere Kindergärten der Kirchen und der Wohlfahrtsverbände. Aber etwa der ganze Bezirk ostwärts der Koppenstraße einschließlich des Großen Osterfeldes war unversorgt. Da gerade in diesem Bezirk eine verstärkte Bautätigkeit zu verzeichnen war, hielt es das Jugendamt für erforderlich, hier zwei Kindergärten zu errichten, einen auf einem Grundstück der Paul-Gerhardt-Gemeinde auf dem Basberg, einen weiteren am Ilphulweg.

In einem Bericht des Jugendamtes der Stadt Hameln über Kindergärten heißt es:

Wir wollen den Müttern die Sorge um ihre Kinder und die Aufsicht abnehmen und es ermöglichen, daß sie ihre Kinder einer sozialen Einrichtung anvertrauen, wo die Kleinen gut aufgehoben sind, wo sie im Verein mit anderen Kindern spielen und dabei auch lernen, sich gegenseitig anzupassen und sich zu verstehen.

Es ist bekannt, daß gerade in den Lebensjahren vor der Schulpflicht sich die charakteristische Haltung des Kindes entscheidend zu formen beginnt und daß sich die in dieser Zeit empfangenen Eindrücke auf die künftige Entwicklung auswirken. Von dieser Erkenntnis sind wir ausgegangen und wollen mit gut geleiteten Kindergärten dazu beitragen, das Kind schulreif zu machen und ihm den Übergang in die eigentliche Lernschule zu erleichtern. Im übrigen werden durch die Erziehung in der Gemeinschaft dem kindlichen Gemüt wertvolle Eindrücke zur Sauberhaltung und Reinhaltung vermittelt.[31]

Aber die Zeit war dem Bau von Kindergärten nicht günstig; es gab ideologische Sperren. Die allgemeine Meinung war, das Kind gehöre von Natur aus nirgendwo anders hin als zur Mutter. In einem Bericht des Jugendamtes der Stadt Hameln, der das Fehlen von Kindergärten beklagt, heißt es fast entschuldigend:

Wir haben nicht die Absicht, durch den Kindergarten die häusliche Kinderstube zu ersetzen. Sie soll der eigentliche Kindergarten sein, wo die Kinder unter der Liebe der Mutter erblühen. Wir betrachten daher den

Kindergarten nur als eine die Familie ergänzende Einrichtung, als eine Hilfe für die Familie in denjenigen Fällen, wo das Kind in seiner Entwicklung leidet, weil die häufige Berufsarbeit der Mutter, die drückende Enge oder Unfreundlichkeit der Wohnung oder andere Belastungen des Familienlebens den notwendigen Lebensraum für die erste Entfaltung des Kindes versagen.[32]

Eine im Verlauf der 1950er Jahre immer stärker werdende konservative Grundhaltung propagierte Familie und Hausfrauenehre als allein selig machendes Lebensmodell. Außerhäusliche Arbeit von Frauen war nicht mehr gern gesehen.

Immerhin wurde 1952 ein städtischer „Kinderhort" an der Fischbecker Straße eröffnet.

84 Kinder vom 8. bis 14. Lebensjahr aus allen Schulen Hamelns bis zur Oberschule und aus den verschiedensten Stadtvierteln haben hier Aufnahme gefunden. Es sind sogenannte „Schlüsselkinder", die ohne diesen Kinderhort oft sich selbst überlassen bleiben, weil die Mutter oder beide Eltern den ganzen Tag berufstätig sind. Mutter hängt dann ihren Sprößlingen zum Spielen auf der Straße den Wohnungsschlüssel an einem Bindfaden um den Hals – daher der Name „Schlüsselkinder".[33]

Seit der Währungsreform war der Anteil der arbeitenden Frauen mit Kindern unter 14 Jahren ständig gewachsen. Viele Familien waren auf den Zuverdienst dringend angewiesen. Aber die gesellschaftliche Reputation der arbeitenden Mütter war vor allem in konservativen Kreisen denkbar schlecht. Sie wurden als „Dazuverdiener", als „Doppelverdiener" diskriminiert und beschuldigt, nur dem schnöden Mammon zu huldigen. So ging der Ausbau von Kindergärten und Kinderkrippen nur schleppend vor sich.

Übrigens: Beliebteste Namen waren 1952 Wolfgang und Brigitte, danach Bernhard und Michael, sowie Angelika und Gabriele.

Von Kindern und Jugendlichen

Viele Kinder und Jugendliche wuchsen ohne Vater auf. Es gab Mitte der 1950er Jahre 1,7 Millionen Halb- oder Vollwaisen. Die Kinder und Jugendlichen hatten in der unmittelbaren Nachkriegszeit die materielle Not der gesamten Bevölkerung geteilt. Unterernährung, Wohnungsnot, Flüchtlingselend und Vaterlosigkeit kennzeichneten die Situation in den Familien. Der dafür geläufige Begriff der „Jugendnot" wurde auch um 1950 noch häufig benutzt.

Vor allem die Wohnverhältnisse waren sehr beengt. Wer einen Raum für sich hatte und nicht im Zimmer der Eltern oder mit Geschwistern untergebracht war, schätzte sich glücklich. „Jugendnot" schloss Anfang der fünfziger Jahre die unter Jugendlichen besonders hohe Arbeitslosigkeit ein. Es wurde der Vorschlag gemacht, die Schulzeit zu verlängern, um den Arbeitsmarkt zu entlasten.

Nur wenige Jahre später hatte der wirtschaftliche Aufschwung dafür gesorgt, dass statt hoher Arbeitslosigkeit die frühe Berufstätigkeit typisch für die Lebenssituation der Jugendlichen geworden war. Mehr als vier Fünftel der Jugendlichen teilten den langen Arbeitstag der Erwachsenen. Nach den bis 1960 gültigen Regelungen des Jugendarbeitsschutzes war für 14 bis 18jährige eine wöchentliche Arbeitsdauer von maximal 48 Stunden zulässig. Ein großer Teil der Jugendlichen arbeitete länger.

Spielen auf den Straßen

Kinder spielten auf der Straße, auf den Höfen. Die Straße gehörte ihnen, und die wenigen Autos mussten sich den Weg bahnen. Gruppen führten die Kinder einer ganzen Straße oder eines Viertels zusammen. Die Spiele

Kinderspielplätze waren selten im Hamelner Stadtbild; hier der Ende der 1950er Jahre neu geschaffene Spiel- und Bolzplatz am Hammelstein.
(Quelle: Stadtarchiv Hameln)

Bild Seite 63:
„Spielplatz. Kein Fußballplatz. Benutzung auf eigene Gefahr." – Schild aus den 1950er Jahren (Quelle: Gelderblom)

waren denkbar einfach und brauchten nicht viel: Kreisel, Fangen, Verstecken, Völkerball usw.

Der Besitz eines „Ballonrollers" machte schon selig.

„Wie spät ist es, Onkel?" fragte uns eine ganze Schar „rollernder" Buben und Mädel, als wir den Sedanplatz überquerten, und als wir es ihnen sagten, hieß es: „Oh, dann können wir ja noch zehn Minuten fahren." Und erklärend fügte einer hinzu, „Wir haben nämlich die Roller gemietet, für eine Stunde kostet es zwei Groschen!"

Ganz in der Nähe, in der Waterloostraße, fanden wir dann die Ausleihstelle und sprachen ihre Inhaberin. Oft sah sie, wie sehnsüchtig manche Kinder vor den Schaufenstern standen, in denen bunte Roller mit Ballonbereifung oder gar mit einer Wippe zum Antrieb ausgestellt waren, für die Vaters Geldbeutel leider nicht ausreicht. So kam sie auf den Gedanken, diesen für Hameln neuen „Taxi"-Roller-Betrieb zu eröffnen.

Für eine Stunde, für drei Stunden oder auch für einen ganzen Tag kann sich nun jedes Kind ein „Fahrzeug" ausleihen und damit fahren, wohin es will. Auf dem nahen Sedanplatz freilich geht es besonders schön und ist es wohl am ungefährlichsten. Auch Rollschuhe gibt es zu mieten und für die ganz Kleinen Dreiräder.

Ein Pfand brauchen die Kinder nicht zu hinterlegen, nur der Name wird aufgeschrieben.

„Die Kinder kennen sich ja auch meistens untereinander", meint die Vermieterin. Hoffentlich wird niemand das Vertrauen mißbrauchen!

Schon am ersten Tag waren ständig alle zunächst vorhandenen zwanzig Roller unterwegs. Immer wieder kamen neue Kunden. Die Eröffnung weiterer Verleihstellen an der Linsingenkaserne und am Hastenbecker Weg ist geplant.

Mancher Dreikäsehoch wird nun wohl vor die „Gewissensfrage" gestellt werden, ob er lieber ein Eis essen oder Kipp-Roller fahren soll![34]

Aus Amerika kam das „Seifenkisten"-Rennen; es wurde als Wettbewerb von der amerikanischen Besatzungsmacht eingeführt. In Hameln organisierte den Wettbewerb der ADAC. Die Rennen fanden zuerst 1950 auf der Betonbahn bei der alten Brauerei oberhalb des Reimerdeskamp, seit 1953 auf einem Teilstück der Holtenser Landstraße statt. Weil die Fahrzeuge gut 35 Stundenkilometer erreichten, war die Rennstrecke mit Strohballen abgetrennt und die Jungen mussten Schutzhelme tragen.

Eine Seifenkiste, die mit Ballonrädern ausgerüstet war, durfte nur außer Konkurrenz teilnehmen. Die Siegerehrung fand auf dem Pferdemarkt statt. Mädchen hatten bei diesem Sport keine Starterlaubnis.

Betriebe wie Tankstellen und Autofirmen gewährten Patenschaften und Anleitungen zur technischen und fi-

Die Zeitung machte Vorschläge, wie in den kleinen Neubauwohnungen Möglichkeiten zum Spielen der Kinder „raumsparend" geschaffen werden konnten. (Quelle: Archiv der Dewezet)

Die Sandhaufen der Baustellen waren herrliche Spielplätze.
(Quelle: Archiv der Dewezet)

Selig, wer einen Ballonroller fahren konnte – und wenn er nur geliehen war. (Quelle: Archiv der Dewezet)

Eine „Seifenkiste" am Start
(Quelle: Archiv der Dewezet)

nanziellen Hilfe beim Bau der Seifenkisten. Die Rennen fanden unter großer öffentlicher Aufmerksamkeit regelmäßig bis in die 1960er Jahre hinein statt.

Mit zunehmendem Autoverkehr und den vielen auf die grüne Wiese gestellten Neubauten wurde das Fehlen von Kinderspielplätzen bewusst.

„Es fehlt an Kinderspielplätzen." „Kinderspiel vorerst noch auf Straßen." [35]

Schule und Ausbildung

Von den 13jährigen – dem letzten schulpflichtigen Altersjahrgang – besuchten 1952 etwa 80 Prozent Volksschulen, sechs Prozent Realschulen, zwölf Prozent Gymnasien. Die Abiturientenquote stagnierte zwischen vier und fünf Prozent (1950), bei Mädchen lag sie deutlich darunter. Sie stellten in den 1950er Jahren ein Drittel der Schüler in den gymnasialen Oberstufen.

Ostern 1950 verließen wegen des ersten geburtenreichen Jahrgangs 30-40 Prozent mehr Jugendliche die Volks- und Mittelschulen. Gleichzeitig ging die Zahl der Lehrstellen bedrohlich zurück. Auf dem Ausbildungsmarkt bahnte sich eine Katastrophe an.

„Den 2.000 männlichen und 2.000 weiblichen Schulabgängern, die ratsuchenden älteren Jahrgänge, Heimkehrer und Ostflüchtlinge nicht mitgerechnet, stehen bisher nur 374 bzw. 223 durch sie besetzte Lehrstellen gegenüber," so der Leiter des Arbeitsamtes, Regierungsrat Steinborn. Er richtete an die Arbeitgeber den „dringenden Appell, jede Möglichkeit auszuschöpfen, um unserer Jugend das bittere Los der Arbeitslosigkeit zu ersparen.

Viele hundert Jugendliche werden zu Ostern 1950 ohne Lehr- bzw. Arbeitsstellen bleiben, wenn nicht in letzter Minute weitere Stellen seitens der Wirtschaft und der Behörden zur Verfügung gestellt werden. Die beteiligten Stellen richten an alle verantwortungsbewußten Arbeitgeber den dringenden Appell, jede Möglichkeit auszuschöpfen, um unserer Jugend das bittere Los der Arbeitslosigkeit zu ersparen. Der Krieg hat große Lücken in die Reihen der jüngeren Facharbeiter geschlagen, es sind aber jene, die Deutschlands wirtschaftlichen Wiederaufstieg gewährleisten. Darum: Schafft Lehr- und Arbeitsstellen für die Jugend."

Einleitend stellte der Leiter des Arbeitsamtes, Regierungsrat Steinborn, das Absinken der Arbeitsgesinnung, das Anwachsen der Gesetzlosigkeit und damit die Gefahr der Radikalisierung bei den Jugendlichen fest. In erster Linie seien diese Mängel durch Schaffung von Lehr- und Ausbildungsstellen zu beheben.[36]

Bei den Jungen entspannte sich die Lage auf dem Lehrstellenmarkt in den folgenden Jahren rasch. Die Hamelner Industrie stellte Lehrlinge in großer Zahl ein. Alles drängte zu den „Modeberufen" des Auto- oder Maschinenschlossers, des Feinmechanikers, Werkzeugmachers und Elektrikers. Wer bereit war, in den Ruhrbergbau zu gehen, dem winkten glänzende Aussichten.

Mancher junge Berufsanwärter des Arbeitsamtsbezirkes Hameln konnte schon im Ruhrbergbau untergebracht werden, und wer von ihnen sich erst einmal in dem vorbildlichen Lehrlingsheim der Hamelner Patenzeche der Gelsenkirchener Bergwerks A. G. eingelebt hatte, holte durch zufriedene, ja begeisterte Schilderungen noch so manchen Hamelner Jungen nach. Schon nach drei Monaten sind diese jungen Menschen finanziell vom Elternhaus unabhängig, kleiden sich nicht nur selbst, sondern kommen bald mit erspartem Fahrrad oder gar mit einem neuen Motorrad auf Wochenend-Urlaub.[37]

Aber bei den Mädchen bessert sich die Lage lange nicht. Von den Berufsschulen wurden sie wegen Überfüllung häufig zurückgestellt. 1953 heißt es unter der bezeichnenden Überschrift „Haushaltslehre, die beste Grundlage für junge Mädchen" in der Dewezet[38]:

Die Lage für die schulentlassenen Mädchen hat sich gegenüber den Vorjahren kaum geändert. Es ist unmöglich, für jede einen Lehrberuf zu finden, es sei denn, Mütter und Töchter kämen mehr zu der Einsicht, daß die Hauswirtschaftslehre, beginnend mit einem oder mehreren Lehrjahren in überprüften Lehrbetrieben, die allerbeste Grundlage für jedes weibliche Wesen darstellt. Viele bäuerliche Betriebe unseres Bezirkes suchen weibliche Lehrlinge, und zwar lediglich für Küche und Haus, Geflügel und Garten, nicht also für Kuhstall und Feldarbeit. Die Furcht vor dem Ungewohnten, allzu Schweren ist also unberechtigt.

Ein Herumbummeln nach der Schulentlassung, bis vielleicht über Jahr und Tag doch noch eine Lehrstelle gefunden werden sollte, werden einsichtige Eltern bestimmt nicht zugeben und ihren Töchtern vernünftigerweise die hauswirtschaftliche Grundausbildung geben lassen, die sie später nur allzu gut gebrauchen können.

Auf weitergehende berufliche Wünsche der Mädchen gingen damals offenbar weder die Berufsberatung noch die Eltern ein, stand doch fest, dass sie ohnehin Hausfrau werden würden.

Mehr als 800 schulentlassene Mädchen im Arbeitsamtsbezirk Hameln bemühen sich zur Zeit noch um Lehrstellen. Noch haben sie Hoffnung, im letzten Augenblick angenommen zu werden. Ihre Anträge liegen griffbereit in der großen Kartei des Arbeitsamtes. Und wenn dort, wo viele noch auf Erfüllung ihres Berufswunsches warten, plötzlich die Frau eines Friseurmeisters erscheint und „gleich zum 1. April einen netten Lehrling" anfordert, geht ein Aufatmen durch die Anwesenden. Jeder freut sich, weil wieder einem jungen strebsamen Menschen geholfen werden kann.

Unsere Mitarbeiterin hatte Gelegenheit, sich einen Vormittag in der Abteilung „Berufsberatung für Mädchen" im Arbeitsamtsgebäude aufzuhalten. Es erscheint da zum Beispiel in Begleitung des Vaters, der jedoch kaum zu Wort kommt, eine recht selbstbewußte Achtzehnjährige. Sie hat zwei Jahre Hausarbeitslehre auf einem Hof hinter sich. „Ich will nun aber endlich mehr verdienen!" ist ihr Begehren. „Und an den Herd habe ich überhaupt nicht gedurft!" schmollt sie weiter. Nach und nach wird ihr klargemacht, daß sie ausharren muß und daß es das Verkehrteste für sie wäre, sich durch einen höheren Barlohn, wie etwa den der Fabrikarbeiterin, blenden zu lassen und umzusatteln. Diese Vorhaltungen machen sichtlich Eindruck auf Vater und Tochter.

Auch Berufswünsche sind wandelbar, und es bedarf oft nur der richtigen Lenkung, um junge Menschen von einem falschen Weg zu bewahren und ihnen doch ein Höchstmaß an Daseinserfüllung zu vermitteln.

Die Unterbringung schulentlassener Mädchen aus dem Landkreis in Lehrstellen gilt von jeher als schwierig. Nicht nur in Hameln legen die Lehrmeister Wert darauf, daß ihre Lehrlinge am Ort wohnen. Wie häufig muß sonst Halbfertiges des Abends hingeworfen werden, weil der Autobus bzw. der Zug zur Heimfahrt nicht verpaßt werden darf. Bei der Einzelberufsberatung wird die körperliche Eignung ebenso bedacht wie die soziale Lage der Eltern. Man versucht festzustellen, ob der Wunsch von einer echten Neigung diktiert wurde, denn bei der Berufsberatung handelt es sich nicht um eine „Rekrutierung von Arbeitskräften", sondern um das Hinlenken zu wahrem Berufsethos und damit zu befriedigender Lebensgestaltung.

Übergroß ist auch dieses Jahr wieder die Nachfrage nach Lehrstellen im Schneider-

handwerk. Auch als Friseurlehrling anzukommen ist schwer, und wer Verkäuferin in einem Fachgeschäft werden will, muß gesteigerten Ansprüchen genügen. Nicht nur die Schulleistungen sind ausschlaggebend, auch die äußere Erscheinung, das höflich-verbindliche Wesen sprechen mit.[39]

Die Verbesserung der beruflichen Qualifikation der Schulabgänger verlief in den 1950er Jahren eindrucksvoll. Die Lehrlingsquote, das heißt die Zahl der Lehr- und Anlernlinge je 100 der Gleichaltrigen, stieg von 46 (1950) auf 64 (1966) Prozent. In der zweiten Hälfte des Jahrzehnts konnten auch die Mädchen weitgehend in die berufliche Ausbildung eingegliedert werden.

Die Freiheiten des Jungseins – Über die „Halbstarken"

Seit der Mitte der 1950er Jahre betrat eine Jugendgeneration die Bühne, die den Krieg nur als Kind erlebt hatte und im Wiederaufbau aufgewachsen war. Arbeitszeitverkürzungen und höhere Löhne hatten mittlerweile die Möglichkeiten zur Freizeitgestaltung vermehrt, Film, Musik und Mode aus den USA führten zu neuen Leitbildern. Damals begannen die Kämpfe zwischen Jung und Alt um provozierende Frisuren, Jeans-Hosen und um Rock'n Roll-Musik von Elvis Presley und anderen. Die Eltern, Lehrer, Lehrherren und Pastoren drohten die Kontrolle über die Jugendlichen zu verlieren.

Am 27. September 1956 hatte ein Film in Deutschland Uraufführung, der das Lebensgefühl einer ganzen Generation auf den Punkt brachte: „Die Halbstarken" nahm eine aufsässige Jugend in den Blick, die sich nicht um Autoritäten scherte und auf Provokation setzte.

Sie rasten mit knatternden Mopeds durch die Straßen und Gassen der Großstädte, trugen Jeanshosen und schwarze Lederjacken. In einer Zeit, die messerscharf gescheitelte Haare als Norm empfand, war die Elvis-Tolle ein „provokatorischer Haarschnitt".

Wie James Dean lungerten sie lässig an Straßenecken herum – eine Abkehr von der nach wie vor virulenten männlich-soldatischen Körperhaltung. Dazu machten sie bei Rock'n' Roll-Konzerten und in Kinosälen lautstark Radau und Randale. Die Ikonen dieses Aufbegehrens hießen Marlon Brando und James Dean, deren Film „Denn sie wissen nicht, was sie tun" das Lebensgefühl schon im Titel prototypisch verdichtete. „Halbstarke" nannte man die Jugendlichen, die in den fünfziger Jahren die Autoritäten der Adenauer-Republik provozierten.

Die Halbstarken kamen aus dem Arbeitermilieu. Man schmierte sich Brisk ins Haar, traf sich mangels Jugendkneipen in Eisdielen und Milchbars, besaß vielleicht ein Kofferradio und, als höchstes der Gefühle, ein Moped. Das Moped war eine Kreidler Florett oder eine NSU Quickly, die rund 500 Mark kostete, oder, im besten Falle, eine Victoria Avanti mit durchgehender Sitzbank. „Cruisen" kam in Mode, das Lärm verbreitende Herumkurven in den Innenstädten.

Die Reaktionen des Staates auf Krawalle waren hart. Als am 13. August 1956 200 Jugendliche randalierend durch Hannover zogen, kam es zu einer dreistündigen Straßenschlacht mit der Polizei. Im „Krawall"-Prozess wurden 33 Jugendliche zu Jugendarrest bzw. Haftstrafen bis zu zwölf Monaten verurteilt. Von Krawallen in Hameln berichten die Zeitungen übrigens nichts.

Mit ihrem Gebaren sorgten die Halbstarken zwischen 1955 und 1958 für eine Fülle hysterischer Schlagzeilen.

Der Film „Die Halbstarken" mit Horst Buchholz und Karin Baal aus dem Jahre 1956 brachte das Lebensgefühl der jungen Generation auf den Punkt. Älteren Menschen schien die gesamte Jugend in die Kriminalität abzugleiten.
(Quelle: Archiv der Dewezet)

Die Erwachsenen mochten das „Ami-Gejaule" nicht hören und legten deutsche Schlager auf, von Freddy Quinn bis Caterina Valente. Gegen das „Cruisen" ließ sich der Gesetzgeber eine Vorschrift einfallen, die das Fahren, das „nicht zur Erreichung eines Verkehrsziels" diente, unter Strafe stellte. Ältere Bundesbürger sahen die öffentliche Sicherheit und Ordnung, ja, die Zivilisation im Ganzen gefährdet. Eine ganze Generation schien für sie in Kriminalität und Anarchie abzugleiten.

Worauf lässt sich das Verhalten der „Halbstarken" zurückführen? Die 1950er Jahre waren ebenso eine Zeit rasanter Modernisierung in Wirtschaft, Technik und Konsum wie auch der Beharrung und Rückbesinnung auf traditionelle Autoritäten.

Die „Restauration traditioneller Autoritäten" zielte besonders auf die Jugend. Danach galt Jugend nicht als selbstbestimmte Lebensphase, sondern als ein unter der Kontrolle von Erwachsenen stehender Schutzraum, als Phase des Lernens und an sich Arbeitens zur Vorbereitung auf das Erwachsenenleben. Jugendliche waren unfertige Erwachsene. In den Augen der Erwachsenen waren die Jugendlichen vor allem durch negative Einflüsse aus den USA, besonders durch die „Schmutz- und Schundliteratur", gefährdet.

Dem wollte man mit Bevormundung und Bestrafung entgegentreten. Gegen diese Gängelungen rebellierten die „Halbstarken".

Im Gegensatz zu den „68ern" waren die „Halbstarken" keinesfalls Verächter und Kritiker der Konsumgesellschaft, sondern verlangten geradezu eine Beteiligung am Konsum.

Sie profitierten von der expandierenden Kultur- und Freizeitindustrie, die Jugendliche erstmals als Verbraucher entdeckte, und von den sich verbessernden Lebensbedingungen und waren damit letzten Endes Vorreiter der jugendlichen Emanzipation. Sie lebten vor, die Freiheiten des Jungsein zu nutzen.

Kein Jugendzentrum in Hameln

In einer Gegenwart, die vom Jugendwahn bestimmt ist, fällt die Vorstellung schwer, dass es in den 1950er Jahren keine eigenständige Jugendkultur gab. Kneipen für Jugendliche, Discos, Cafes suchte man in Hameln vergebens – geschweige denn ein Jugendzentrum, einen von Jugendlichen selbst bestimmten Ort. Aber als ein Vorzeichen einer neuen Zeit erschien am 26. August 1956 die erste Ausgabe der „Bravo" zum Preis von 50 Pfennig an den Kiosken.

Ein mehr oder weniger eigenständiges Jugendleben entfaltete sich begrenzt in Vereinen, denen damals mit 20 Prozent ein relativ großer Teil der Jugendlichen angehörte. Als im Jahre 1952 das behelfsmäßige Krankenhaus III das Haus in der Sandstraße räumte und ins Krankenhaus an der Weser übersiedelte, wurden dort die Räume im 1. Stock verschiedenen Jugendgruppen zur Verfügung gestellt. Vertreten waren der Bund deutscher Pfadfinder, die Falken, die katholische Jugend, die christlichen Pfadfinder, die evangelische Jungenschaft, die deutsche Jugend des Ostens, der Wandervogel, die Adventjugend, die St. Georg-Pfadfinder, die Gefährtenschaft und der Aquarien- und Terrarienverein.

Für alle Hamelner Jugendgruppen reichte der Raum allerdings nicht aus. Bei denen, die hier vertreten waren, fällt der hohe Anteil christlicher Jugendgruppen auf. Politisch waren die damaligen Jugendgruppen nicht. Als 1958 die Gewerkschaftsjugend eine gemeinsame Aktion des Hamelner Stadtjugendrings gegen die atomare Ausrüstung der Bundeswehr forderte, scheiterte sie.

Aus einem Bericht der Dewezet[40] erfahren wir Näheres über die Gestaltung der Räume.

Besonders geschmackvoll erschien uns der Raum der Deutschen Jugend des Ostens. Da sehen wir an einer Wand selbstgefertigte Städte- und Länderwappen, die den „Deutschen Adler" umrahmen. Damit soll

Das Luftbild aus den frühen 1960er Jahren zeigt den gesamten Gebäudebestand der Strafanstalt. (Quelle: Stadtarchiv Hameln)

die Zusammengehörigkeit der deutschen Lande von Ostpreußen bis zur Saar symbolisiert werden.

Sehr originell fanden wir zwei Räume, die von Pfadfindern eingerichtet worden waren. Da fehlten nicht Totempfahl, Schädel und Felle an den Wänden sowie einige Masken, Speere, Dolche und vor allem natürlich die „stilechten" Möbel, die aus deutscher Birke selbst zurechtgezimmert wurden.

Geschmackvoll waren auch die Zimmer der verschiedenen christlichen Jugendgruppen und Pfadfindereinheiten ausgestaltet. In ihnen fehlten nicht das Christenkreuz, der Heilige St. Georg und eine aufgeschlagene Bibel."

1958 forderte der Stadtjugendring statt des „provisorischen und unzureichenden Jugendheims in der Sandstraße" ein „Haus der Jugend", ein „Haus der offenen Tür" auch für die nicht organisierten Jugendlichen.

„Es muss ein Haus in Hameln geben, in dem der Jugendliche ohne Verzehrung und ungestört seinem Hobby nachgehen kann."[41]

Um einen Grundstock für die Finanzierung zu legen, verzichtete der Stadtjugendring für zwei Jahre auf 12.000 DM Jugendpflegemittel. Es dauert bis 1962, bis die Stadt als Ersatz für die Etage in der Sandstraße einige Räume für Jugendliche in der an der Kaiserstraße gelegenen Walkemühle schuf.

Wer im Zuchthaus saß, war auch moralisch verfemt – Die Insassen der Strafanstalt

Mit Ablauf des Monats April 1950 übergaben die Briten die Strafanstalt Hameln (heute Hotel Stadt Hameln und Rattenfängerhalle) den deutschen Behörden. Sie trug nun die Bezeichnung „Straf- und Sicherungsanstalt Hameln" und hatte den Charakter eines Zuchthauses, das sie seit 1935 gewesen war. Anstaltsvorstand war damals Regierungsrat Nienhaus, für den in Abkehr vom Strafvollzug des Dritten Reiches der Erziehungsgedanke und nicht der Vergeltungsgedanke das Primäre im Strafvollzug darstellte.

Von der Bestrafungsmöglichkeit solle sehr wenig Gebrauch gemacht werden. Es würden Räume eingerichtet werden, in denen die Erzieher (Gruppenleiter) Gelegenheit hätten, mit den Gefangenen einzeln zu sprechen.[42]

Wie weit solche Ziele angesichts der Realitäten in der Anstalt überhaupt realistisch waren, kann man nur fragen. 300 und mehr Zuchthäusler, die in blaue und weiße Drillichanzüge oder braun gefärbte Uniformen gesteckt waren, bevölkerten die Anstalt, darunter etwa achtzig Mörder, Sicherheitsverwahrte oder „Lebenslängliche".[43] Unter dem Anstaltspersonal gab es kaum ausgebildete Erzieher. Die baulichen Zustände waren katastrophal.

Die Straf- und Sicherungsanstalt für Männer

Ein Beispiel, wofür man 1950 ins Zuchthaus kommen konnte, liefert der folgende Bericht der Dewezet.[44]

Zuchthaus für Fahrraddieb – Dem Besitzer in die Arme gelaufen

Man kann nicht behaupten, daß der Lebensweg des 25 Jahre alten Gottfried M. mit Rosen bestreut gewesen wäre. Er behauptete, sich dauernd vergeblich um Arbeit bemüht zu haben. Aus den Akten geht jedoch hervor, daß sich unter seinen sechs Vorstrafen ein Delikt befindet, das mit dem eigenmächtigen Verlassen seiner Arbeitsstelle zusammenhängt.

Zweimal hat er schon wegen Fahrraddiebstahls im Gefängnis gesessen. Kaum vier Wochen nach seiner Entlassung konnte er der Versuchung abermals nicht widerstehen. Als er durch die Bahnhofstraße kam, bemerkte er ein nicht angeschlossenes Fahrrad. Kurze Zeit darauf traf er auf dem Arbeitsamt mit dem früheren Besitzer zusammen, der sein Eigentum sofort wiedererkannte.

Das Schöffengericht Hameln verurteilte ihn dem Antrag des Staatsanwalts gemäß wegen Rückfalldiebstahls zu einem Jahr Zuchthaus.

Wer im Zuchthaus saß, war auch moralisch verfemt. Die Anstalt war ein Fremdkörper in der Stadt und Besuchergruppen eine absolute Ausnahme. So fällt der Bericht der Dewezet[45] über den Besuch des Männergesangvereins Glocke-Germania in der Straf- und Sicherungsanstalt Hameln im Jahre 1951 ganz aus dem Rahmen.

Lieder hinter Zuchthausmauern – 48 Männer brachten einen Gruß von draußen

Abweisend und verschlossen, durch eine kaum übersteigbare Mauer von uns getrennt, liegen die Gebäude der Strafanstalt am Rande der Altstadt. Niemand möchte dort drinnen sein und niemand hat das Verlangen mit den Insassen, die sich durch ihre Tat außerhalb der bürgerlichen Gesellschaft stellten, in nähere Berührung zu kommen.

Aber dürfen wir so hart sein und können wir nicht alle einmal schuldig werden? Darf man nicht Menschen. die durch jahrelangen Freiheitsentzug schon genug bestraft sind, auch einmal eine bescheidene Freude gönnen?

Am Mittwochabend öffnete sich einmal das Tor hinter den Säulen des Empfangsgebäudes und ließ 48 Männer auf einmal ein, junge und alte, und auch ein Beinamputierter war darunter. Dann stand man schon wieder vor einem hohen Gitter. Nur eine Katze, die vor den Männern durch einen schmalen Spalt auf den dahinterliegenden Hof huschte, brauchte nicht abzuwarten, bis der Strafanstaltsbeamte mit seinem großen Schlüsselbund die 48 genau abgezählt hindurchließ.

„Hoffentlich kommen wir wieder hinaus", meinte einer und ließ die Augen über das langgestreckte Quergebäude mit seinen vergitterten Fenstern wandern. Es sollte ein Scherz sein, aber die Umgebung legte sich wie ein Alp auf alte Gemüter. Durch ein weiteres Tor kam man in den Wirtschaftshof, aus dunkler Ecke von scharfen Hunden wütend angekläfft, und dann trat man in einen langen Flur, in dem es trotz peinlicher Aufgeräumtheit und Sauberkeit etwas säuerlich roch. „So ist es nun einmal bei ‚Vater Philipp'"! meinte wieder einer der Besucher, aber es war kaum anzunehmen, daß er diesen Geruch schon aus eigener Anschauung kannte.

Aus einem Raum am Ende des Ganges ertönte Händeklatschen. Nach wenigen Schritten stand man in der hohen, schmalen Zuchthauskapelle, Auge in Auge mit etwa 300 Zuchthäuslern, Sicherheitsverwahrten und „Lebenslänglichen", die in blauen und weißen Drillichanzügen oder braun gefärbten Uniformen die Bänke füllten. Niemand konnte hinter ihren Stirnen lesen, niemand sah in ihren Gesichtern anderes als Erwartung. Denn die 48 Männer, die sich nun neben der Kanzel aufstellten, waren Mitglieder des Männergesangvereins Glocke-Germania, die unter ihrem Chormeister Lindemeyer vor diesem ungewöhnlichen Auditorium ihren Liederschatz ausbreiten wollten. Strafanstaltslehrer Falk begrüßte sie im Namen des Anstaltsleiters Regierungsrat Nienhaus und Herr Fischer sagte in einigen schlichten Worten, was die Sänger hierher geführt habe: Sie sind einfach als Menschen zu Menschen gekommen, um einmal das Schwere, das jeden Insassen dieses Hauses belastet, vergessen zu machen.

Dann gab Chormeister Lindemeyer das Zeichen und schöne deutsche Weisen erfüllten fast eine Stunde lang den Raum. Der erste Teil des Programms war mehr auf Lyrik und Empfindsamkeit gestellt, beginnend mit dem „Einsiedler an die Nacht" von Eichendorff, dann kamen Heimatlieder wie „Mein Weserland" und „Rosemarie" von Hermann Löns und als muntere Einlage „Lustig sieht der Spielmann aus". Der Chor, der über ausgezeichnete Bässe und Tenöre und auch Solostimmen verfügt, brachte jede Gabe ausdrucksstark und in gewohnter Vollendung – dennoch mögen Sänger und Dirigent überrascht gewesen sein von dem gewaltigen Widerhall, bei dem keiner der Zuhörer seine Handflächen schonte. Dankbarkeit und Begeisterung standen in allen Gesichtern. Hatte man auch Rührung erwartet? Vielleicht kommt das nachher, wenn jeder in der Zelle noch einmal an das Erlebnis denkt. Der Beifall bei dem Spielmannsliedchen zeigt aber, daß etwas Humorvolles doch am willkommensten war.

„Kommt bald wieder!" wurde den Sängern oft nachgerufen, als sie sich durch enge Bankreihen wieder zur Tür drängten, und bei dem humanen Strafvollzug, der heute das Leben hinter Zuchthausmauern wieder bestimmt, ist das nicht ausgeschlossen. Wir erfuhren, daß auch die Insassen einen dreißig Mann starken Chor und ein Mundharmonika-Orchester haben. Vor kurzem wurde auch ein Literaturkreis gebildet und an Diskussionsabenden werden Gegenwartsfragen besprochen. Kurse für Englisch und Kurzschrift dienen der Weiterbildung, soweit sich die Strafgefangenen nicht schon handwerklich in den verschiedenen Werkstätten bilden und beschäftigen können.

Denn Arbeit und ein wenig „Freizeitgestaltung" helfen am ehesten, das Dasein hinter diesen Mauern einigermaßen erträglich zu machen.

Wegen einer erheblichen Unterbelegung der niedersächsischen Strafanstalten wurde das Zuchthaus Hameln 1955 aufgelöst.

Die Insassen kamen nach Celle. Weil die Justiz abwarten wollte, wie sich die Belegung der Strafanstalten entwickeln würde, wurde die Anstalt aber betriebsfähig erhalten.

In Hameln herrschte Freude, war doch in der Hamelner Öffentlichkeit immer wieder der Wunsch nach einer Verlegung der Strafanstalt laut geworden. Sie wurde „als Vergewaltigung der Weserlandschaft" empfunden.[46] Noch mehr hatte die Tatsache, dass die Briten die Anstalt in den Jahren 1945-1949 für Hinrichtungen von Kriegsverbrechern genutzt hatten, die Gebäude bei vielen Bürgern verhasst gemacht. Der Rat[47] hatte deswegen „einmütig beschlossen, alles zu tun, um die Stilllegung der Strafanstalt zu erreichen". Er war bereit, das Gelände auch zu einem hohen Preis zu kaufen. Die Pläne gingen dahin, die alten Gefängnisgebäude abzureißen und dort Wohnungen zu errichten.

Strafvollzug für Jugendliche im ehemaligen Zuchthaus

Eine neue Belegung wollte die Stadt nicht, aber sie konnte sie auch nicht verhindern. Die erste konkrete Nachricht über eine neue Nutzung der Anstalt für jugendliche Strafgefangene fand sich am 27. Juni 1958 in der Dewezet.

Strafanstalt wird instandgesetzt 200 Jugendliche aus Vechta sollen hier einziehen Belegung nur vorübergehend?

Die Hoffnungen auf eine Freigabe des Geländes der Hamelner Strafanstalt sind geschwunden. Es ist vielmehr damit zu rechnen, daß der größte Teil des Geländes noch in diesem oder zu Anfang des nächsten Jahres wiederbelegt wird, und zwar werden 200 Jugendliche aus dem zur Zeit überfüllten Jugendstrafgefängnis Vechta hier einziehen. Immerhin kann man aus den Vorbereitungen schließen, daß nur eine „vorübergehende" Belegung geplant ist. Wie lange diese dauert, dürfte ganz von der Entwicklung der Kriminalität bzw. der Häftlingszahlen abhängen.

Instandgesetzt werden das dreigeschossige Hauptgebäude, der Ostflügel und der rückwärtige Zellenflügel. Der untere Teil des ehemaligen Lazarettgebäudes soll die Verwaltung aufnehmen, der obere Teil wird weiter als Lazarett dienen.

Das Hauptgebäude soll innen etwas freundlicher gestaltet werden. da es ja nicht mehr „Lebenslängliche", sondern jugendliche Strafgefangene beherbergen wird. Auch wird die Belegung aufgelockert, da man ja genügend Räume zur Verfügung hat.

Noch konnte die Stadt hoffen, dass es sich nur um eine vorübergehende Belegung handeln würde. Tatsächlich wird das ehemalige Zuchthaus 22 Jahre lang – bis 1980 – als Jugendstrafanstalt dienen.

Am 1. Oktober 1958 wurde die „Jugendstrafanstalt Hameln" eröffnet. Hameln diente nun zur Unterbringung für jugendliche Straftäter im Alter von 14 bis etwa 24 Jahren. Wenige Tage später trafen die ersten 53 Jungen aus der Jugendstrafanstalt Vechta in Hameln ein. Als Vorstand der neuen Anstalt war Oberlehrer Bernhard Knappe bestellt worden.

Die Berichte über den Strafvollzug, die in der Dewezet erschienen, verklären offensichtlich die Zustände, die in der Anstalt herrschen, denn wie sollte

Blick auf die Gebäude der Strafanstalt von der westlichen Weserseite
(Quelle: Archiv der Jugendanstalt)

Der berüchtigte Zellenflügel – von außen und von innen
(Quelle: Archiv der Jugendanstalt)

der Vorstand, Oberlehrer Knappe, der lediglich „von drei Fürsorgern und dem erforderlichen Wachpersonal unterstützt"[48] wurde, für knapp 200 Jugendliche einen „Erziehungsvollzug" durchführen? Der ausführlichste Zeitungsbericht[49] stammt aus dem Jahre 1959.

Die Freiheit muß verdient werden!
Strafvollzug in der Jugendstrafanstalt Hameln eine Sache der Erziehung

Das nun ist seine Welt: ein Klappbett mit blau-kariertem Bettzeug, ein Tischchen, ein Schemel, ein Wandschränkchen und vier eng, sehr eng zusammengerückte Wände. Der Frühling schickt seine Sonnenstrahlen lockend durch ein vergittertes Fensterchen herab und vergoldet geradezu unwirklich sogar diese uns fremdartige Behausung, deren wuchtige Tür schwer ins Schloß fällt. Hier also ist der siebzehnjährige Hubert jetzt „zu Hause". Hier bietet sich ihm lange, lange Monate hindurch Gelegenheit, mit sich selbst ins Reine zu kommen und nachzudenken über das, was er getan hat. Hubert ist einer von den 187 Jungen, die mindestens sechs Monate oder längstens fünf Jahre in der Jugendstrafanstalt Hameln zubringen und hier ihre Schuld abtragen müssen.

Eigentlich ist Hubert ein recht sympathischer Bengel, und man glaubt es kaum, *daß er zu den gestrauchelten Jugendlichen gehört, die mancherlei Rätsel aufgeben und Erwachsenen und Gerichten nicht wenige Kopfschmerzen bereiten können.*

Gewiß, ohne Disziplin geht's nicht. Sie beherrscht vorbildlich auch den Tagesablauf in der Jugendstrafanstalt Hameln, die seit dem 1. Oktober 1958 in dem einstigen Zuchthaus an der Weser untergebracht ist. Trotz aller Disziplin aber ist jeder „Kommißbetrieb" verpönt, der den jungen Menschen zur bloßen Nummer stempelt.

Nein, hier wird der Strafvollzug zur Sache der Erziehung, die die meisten allerdings bitter notwendig haben. Sie richtet sich individuell aus und bezweckt, den straffällig Gewordenen lebenstüchtig zu machen. Und dazu hilft Arbeit. Die Anwendung einer gesunden Arbeitstherapie beherrscht darum das gesamte Anstaltsleben.

Vielleicht ist es auch das erste Mal in Huberts siebzehnjährigem Leben, daß er sich mit einer geregelten Arbeit anfreundet, anfreunden muß. Zur Zeit nietet er nämlich in seiner einsamen Zelle kleine Werkteile, die zu elektrischen Kabeln gehören. Damit verdient er sich nicht nur sein Geld, das er nach einiger Zeit der Bewährung für kleine Einkäufe (Tabak, Butter oder auch eine Konserve) verwenden darf oder am Schluß seiner Haft „auf der hohen Kante"

Ein Ausflug aus der Mitte der 1960er Jahre. Die Jugendlichen tragen die für Arbeits- und Freizeit vorgeschriebene einheitliche Anstaltskleidung.
(Quelle: Archiv der Jugendanstalt Hameln)

vorfinden wird. Damit verdient er sich auch den Zugang zu Hafterleichterungen, wie seine Umsiedlung in eine Drei-Mann-Zelle oder in einen großen Schlaf- und Aufenthaltsraum für mehrere Häftlinge oder zu einer der Werkstätten, in denen uns das Gros der Jungen begegnet.

Hier sind die einen beim Nähen von Fußbällen, die anderen bei der Herstellung von Auto-Fußmatten. Wieder andere arbeiten in der Bauschlosserei, und in der Tischlerei kommen wir eben zurecht, als eine Kirchenbank fertig geworden ist. Diese Bänke sind für die eigene Anstaltskirche bestimmt, deren Inneres noch der Einrichtung bedarf.

Über blitzende Flure, Treppen und Gänge gelangen wir unter anderem auch in die Anstaltsbücherei, die immerhin schon über siebenhundert Bände zählt. An pieksauberen Zellen und Unterkunftsräumen vorbei kommen wir schließlich auch in die Küche, wo wir uns von der Schmackhaftigkeit des Mittagsgerichts (Nudeln mit Gulasch) überzeugen können. Und für die Freizeit stehen den Gefangenen Bastel- und Unterrichtsräume zur Verfügung. Sportliche Neigungen können an Tischtennisplatten oder am Wochenende im Vorhof bei Handball- oder Völkerballspielen, auch bei der Leichtathletik, befriedigt werden. Sinn der Freizeit ist gleichermaßen, die Jugendlichen zu beschäftigen. Für ärztliche Betreuung ist ebenfalls jederzeit gesorgt, und in einem kleinen Lazarett können Kranke „aufs Revier" genommen werden.

„Sie werden sicher erstaunt sein zu hören", erklärt uns Oberlehrer Knappe, dem die Jugendstrafanstalt als Vorstand anvertraut ist – er wird in seiner Arbeit von drei Erziehungsgruppenleitern (Fürsorgern), davon einem Lehrer, und dem erforderlichen Wachpersonal unterstützt –, „daß die Jungs aus allen Schichten kommen. Die meisten von ihnen kann man", so erklärt er uns weiter, „als milieugeschädigt ansehen. 49 waren bereits in Fürsorge-Erziehung, 72 haben keinen Vater mehr, bei acht Jungen ist die Mutter tot, elf sind Vollwaisen und in 33 Fällen sind die Eltern geschieden. Die meisten der Jugendlichen haben Eigentumsdelikte auf dem Kerbholz, und auffallend wenige haben überhaupt einen Beruf erlernt". Wenn uns Oberlehrer Knappe abschließend sagte, daß es wichtig für ihn sei, zu jedem Jungen Kontakt zu be-

Die von den Häftlingen zu leistenden Arbeiten waren an Stumpfsinn kaum zu überbieten. (Quelle: Archiv der Jugendanstalt Hameln)

kommen, dann fanden wir des auf unserem Rundgang mit ihm immer wieder bestätigt.

Alle Jugendlichen, die in Hameln eine kürzere oder längere Haftstrafe verbüßen, unterstehen einem Strafvollzug in vier Stufen, wobei das durch gutes Verhalten erwirkte Aufrücken in eine höhere Stufe weitere Vergünstigungen, wie besser ausgestaltete Räume oder längere Freizeit, mit sich bringt. So fanden wir in dem Gemeinschaftsraum der vierten Stufe, dessen Insassen kurz vor der Entlassung stehen, Blumen auf dem Tisch, Bilder und ein Aquarium in der Ecke. In dem Freizeitraum hängen Tageszeitungen und Zeitschriften aus, es kann Tischtennis oder Schach gespielt werden, und eine Bastelgruppe ist freiwillig dabei, Musikinstrumente zu bauen.

„Wir haben den unbändigen Glauben, die Jungen wieder auf den rechten Weg zu bringen", sagte Oberlehrer Knappe im Laufe der Führung. Und die Tatsachen sprechen dafür, denn 80 v. H. der Insassen kehren nie wieder in die Strafanstalt zurück.

Selbstverständlich ist man auch um die Weiterbildung der Häftlinge bemüht, wobei auf Gemeinschaftskunde großer Wert gelegt wird. Die Bücherei der Jugendstrafanstalt hat etwa 1000 Bände. Am Ende der Besichtigung dankte ein Häftlingschor durch ein paar Lieder, wovon das munter gesungene „Ännchen von Tharau" besonders ergreifend wirkte.

Weil in den späten 1950er Jahren die Kriminalität Jugendlicher massiv anstieg, musste bald auch der bisher ungenutzte Westflügel instand gesetzt werden. Damit wurde die Aufnahmefähigkeit der Jugendstrafanstalt auf 333 Häftlinge erhöht.

Ein und dieselbe Frage begleitete die Verantwortlichen der Anstalt in den nächsten Jahren ständig: Kann eine Unterbringung von Jugendlichen in der düsteren und bedrückenden Atmosphäre der Anstalt überhaupt vertreten werden? Der Gesetzgeber schrieb für jugendliche Straftäter einen Erziehungsvollzug vor. Der Jugendliche sollte durch Unterricht gefördert, auf eine Berufstätigkeit vorbereitet werden und durch das Zusammenleben in Gruppen lernen, „einen rechtschaffenen und verantwortungsbewussten Lebenswandel zu führen".[50]

Die knapp 90 Kräfte des Aufsichtsdienstes trugen Uniform mit Schulterstücken, am Gürtel hing ein Gummiknüppel, der auch benutzt wurde. Sie grüßten den Anstaltsvorstand in militärischer Haltung. Neben der Wachmannschaft und dem Anstaltsleiter gab es anfangs nur drei Fürsorger, von denen einer Lehrer war, später drei Fürsorger und zwei Lehrer.

Die sanitären Verhältnisse waren katastrophal. Geduscht wurde teilweise kalt, zu 30 in einem Raum und nur einmal pro Woche. Einzige Kleidung der Jugendlichen war der Blaumann, der zur Arbeit und in der Freizeit getragen werden musste und – ebenso wie die Unterwäsche – einmal wöchentlich gewechselt wurde. Zahlreiche Häftlinge waren in engen Gemeinschaftszellen (bis zu zehn Mann, z. T. noch mit „Kübelsystem") mit häufig dreistöckigen Betten untergebracht. In den unzumutbarsten Zellen lebten jeweils drei Häftlinge auf 9,5 qm. Diese Art der Unterbringung schaffte Raum für „die kleinen Erpressungen, den Druck und die Einflüsterungen" durch Mithäftlinge, mehr noch für Gewalt und mafiöse Strukturen.

Für vernünftige Erziehungsarbeit fehlten Gruppenräume und Erzieher. Für die Freizeit gab es einige wenige „Bastelräume", Tischtennisplatten etc.

Aus Mangel an Freizeiträumen herrschte an Sonntagen faktisch ständiger Einschluss. Für die Ernährung eines Häftlings standen täglich 1,80 DM zur Verfügung.

Alleiniges Vollzugskonzept war die Erziehung durch Arbeit. Die meisten Jugendlichen mussten „Hilfsarbeiten" für fremde Firmen leisten – ohne Möglichkeiten zur beruflichen Qualifizierung. In den Zellen wurden z. B. Fußbälle genäht oder Elektrostecker genietet. Das war nun an Eintönigkeit kaum zu überbieten. Die berufliche Ausbildung in der Anstalt war lange auf die Tischlerlehre beschränkt. Mangels Arbeit konnten längst nicht alle Gefangenen beschäftigt werden; sie saßen dann „arbeitslos" auf ihren Zellen. Für Unterricht stand nur der Sonnabend zur Verfügung.

Dabei kamen viele der jugendlichen Straftäter aus schwer gestörten Familien, hatten vor ihrer Verurteilung bisweilen mehrere Heime durchlaufen und waren sozial schwer geschädigt, oft aggressiv. Nahezu alle waren ohne abgeschlossene Berufsausbildung.

Die Spannungen zwischen dem gesetzlichen Auftrag und den desolaten Gegebenheiten in Hameln waren extrem. Die ersten Jahre gestaltete sich der Jugendstrafvollzug als reiner Verwahrvollzug. Die bundesdeutsche Gesellschaft sah sich seit Mitte der 1950er Jahre zum ersten Male dem massenhaften Phänomen unangepasster Jugendlicher konfrontiert und reagierte auf die jugendlichen Abweichler mit Härte. Aus den Worten des niedersächsischen Justizministers Dr. von Nottbeck[51] klingt Ratlosigkeit, wenn er anlässlich eines Besuches der Hamelner Anstalt über das Konzept eines Strafvollzugs für Jugendliche formulierte:

Strafvollzug bleibt dennoch eine harte Sache, weil man sonst das Ziel nicht erreicht. Er ist freilich heute etwas eintönig geworden, weil wir für die verschiedensten Vergehen nur den Freiheitsentzug kennen, und wir suchen uns hiervon zu lösen. Einen anderen Weg hat man jedoch noch nicht gefunden.

5 Die lokale Politik

Die ersten Schritte unter britischer Aufsicht

Auf politischem Gebiet bestimmten lange die Briten als Besatzungsmacht. Sie wollten die Deutschen kontrolliert und schrittweise an die Demokratie heranführen.

Nach britischem Vorbild wurde zunächst die Gemeindeordnung geändert. Anstelle des 1935 festgeschriebenen NS-Führerprinzips und der Entmachtung der Gemeinderäte und statt der zuvor praktizierten Eingleisigkeit kehrten die Briten zur kommunalen Selbstverwaltung zurück und schufen eine Gemeindeverfassung, deren bestimmendes Merkmal die Zweigleisigkeit war. Danach wurden Politik und Verwaltung strikt getrennt. Dem entscheidenden und beschließenden Rat unter Leitung des ehrenamtlich tätigen Oberbürgermeisters stand als ausführendes Organ die Stadtverwaltung mit dem Oberstadtdirektor an der Spitze gegenüber. Beamte der Stadtverwaltung durften nicht Mitglied der Stadtvertretung sein.

Der erste von Stadtkommandant Lynden-Bell ernannte Rat der Stadt Hameln stellte sich nach seiner ersten Sitzung vor der Garnisonskirche dem Fotographen.
(Quelle: Privat)

Damit war die Souveränität des Rates wieder hergestellt und der Verwaltung die Rolle eines ausführenden Organs zugewiesen. Der Bürgermeister als Vorsitzender des Rates hatte keine größeren Machtbefugnisse als die übrigen Gemeinderäte.

Am 26. August 1946 überreichte der leitende Kommandant der Hamelner Militärregierung, Lt. Col. Fullbrock, dem Rat der Stadt die von der Provinzmilitärregierung in Hannover genehmigte „Hauptsatzung des Stadtkreises Hameln". Diese zweite Hauptsatzung der Stadt verlieh der Trennung von Rat und Verwaltung die gesetzliche Grundlage und war ein Meilenstein auf dem Weg des demokratischen Neubeginns.

Aber immer noch hieß es in Paragraph 49 der neuen Hauptsatzung:
In allen Funktionen und Gewalten der Stadtvertretung muß es ganz klar verständlich sein, daß die Militärregierung eine überspringende Vollmacht besitzt. Politische Angelegenheiten und Entschlüsse unterliegen zu jeder Zeit der vorherigen Genehmigung der Militärregierung[52]

Die Politik der Re-Demokratisierung Deutschlands sollte nach dem Willen der britischen Besatzungsmacht zunächst in sehr kleinen Schritten geschehen, da das Misstrauen gegenüber den Deutschen hinsichtlich ihrer Fähigkeiten zur Entnazifizierung und ihrer Bereitschaft, zur Demokratie zurückzukehren, stark ausgeprägt war. Die vorsichtige Politik der Besatzungsmacht sollte sich erst in dem Moment ändern, als im Zuge der zunehmenden Ost-West-Spannungen die westlichen Besatzungszonen ihre Funktion als „Bollwerk gegen den Kommunismus" bekamen und die Bundesrepublik im Gegenzug eine begrenzte Souveränität erhielt.

Die Briten gestalteten aber nicht nur die politischen Strukturen, sondern bestimmten auch die politischen Akteure. Die beiden ersten Nachkriegs-Oberbürgermeister, Wilhelm Grote und Dr. Walter Harm, wurden beide von der Militärregierung eingesetzt. Auch den ersten Rat hatten die Briten berufen. Am 1. Dezember 1945 trat dieser zu seiner ersten öffentlichen Sitzung im Stadtsaal der Garnisonskirche zusammen.

Eine weitreichende personelle Entscheidung traf der Militärkommandant, als er Georg Wilke (SPD) im Dezember 1945 zum vorläufigen Oberstadtdirektor ernannte. Wilke reorganisierte die Stadtverwaltung und erntete für seine Arbeit auch von den Vertretern der bürgerlichen Parteien Anerkennung. Am 14. Mai 1946 wählte ihn der Stadtrat einstimmig zum Oberstadtdirektor. Georg Wilke sollte der Stadt Hameln bis zum Jahre 1965 als Oberstadtdirektor erhalten bleiben.

Der erste Oberbürgermeister von Hameln, der nicht von den Briten ernannt, sondern vom Rat der Stadt in freier und geheimer Wahl gewählt wurde, war Heinrich Löffler (SPD). Am 7. Juni 1946 wählte ihn der von den Briten ernannte Rat.

Alte und neue Parteien

Erst seit Frühjahr 1946 regten sich die örtlichen Parteien. Am 27. März 1946 fand die erste Mitgliederversammlung der SPD nach dem Krieg statt. Die CDU hielt am 14. Mai eine öffentliche Kundgebung ab. Am 2. April fand sich im Anzeigen-Aushang ein Hinweis auf die Geschäftsstelle der FDP. Die KPD hielt eine öffentliche Versammlung am 14. April ab, die NLP (Niedersächsischen Landespartei) am 12. Mai.

Ab Juli 1946 hielten die Parteien öffentliche Veranstaltungen ab, denn am 13. Oktober 1946 sollten die ersten Wahlen zur Stadtvertretung stattfinden. Die Hamelner konnten das erste Mal seit vielen Jahren wieder frei ihre Stimme abgeben. Aufgrund britischer Auflagen waren allerdings Bürger mit NS-Vergangenheit aus dem Wahlregister gestrichen worden.

Die Wahlbeteiligung lag bei bescheidenen 74,7 Prozent. Die Bevölkerung hielt sich in politischer Hinsicht noch sehr zurück. Um nicht noch einmal „reinzufallen", war die Bereitschaft, sich politisch zu engagieren, zunächst sehr gering.

Am Anfang der fünfziger Jahre waren auch die politischen Kenntnisse der Bevölkerung noch gering und autoritäre Einstellungen weit verbreitet. Der Umgang mit der Vergangenheit des Dritten Reiches wies schwere Defizite auf. Wenn Bonn dennoch nicht Weimar wurde, wie der Schweizer Publizist Fritz Rene Allemann 1956 erleichtert feststellte, lag dies zunächst vor allem an der guten wirtschaftlichen Entwicklung, die von den Menschen mit der parlamentarischen Demokratie in Zusammenhang gebracht wurde.

Die Sozialdemokratische Partei Deutschlands

Die SPD konnte sich in Westdeutschland sehr schnell reorganisieren und wurde in den ersten Nachkriegsjahren zur führenden politischen Kraft. Zahlreiche Mitglieder hatten bereits vor 1933 der Partei angehört.

Die Partei versuchte, neben den Industriearbeitern verstärkt die Mittelschichten anzusprechen. Sie propagierte einen patriotisch gefärbten demokratischen Sozialismus. Nationale Einheit, parlamentarische Demokratie, Sozialisierung und Planwirtschaft waren Eckpunkte ihrer Programmatik, wobei sie eine Verbindung zu den Kommunisten, nicht zuletzt wegen der brutalen Unterdrückung oppositioneller Sozialdemokraten in der Sowjetzone, strikt abgelehnte.

Es gelang der SPD zunächst nicht, über ihre Stammwählerschaft hinaus neue Schichten zu integrieren. Sie erhielt bei den ersten drei Bundestagswahlen jeweils lediglich um die 30 Prozent. Im Bund verfolgte die Partei beharrlich ihren Oppositionskurs gegen die Politik der Adenauer-Regierung in den Fragen der Deutschlandpolitik, der Wiederbewaffnung und der Westinte-

Dies ist der Wahlvorschlag, der im

Hamelner Wahlbezirk I

Ihr ganzes Vertrauen verdient

1 Sozialdemokratische Partei Deutschlands **SPD**

Meyer, Wilhelm Siloverwalter, Zehnthofstr. 7	○
Urbaniak, Josef Werkzeugschleifer, Wangelist, Im Berkeler Feld 12	○
Dr. Berger, Karl-Robert Fachschriftsteller, Ostertorwall 37	○
Jerschor, Alfred Arbeiter, Bürenstr. 10	○
Lange, Richard Angestellter, Bäckerstr. 39	○
Hauschild, Kurt Gewerkschaftsangestellter, Wettorstr. 4	○
Leunig, Friedel Gewerkschaftsangestellter, Osterstr. 31	○
Loges, Ludwig Former, Am Entengang 25	○
Mund, Fritz Dreher, Wangelist, Stiftsweg 12	○
Körfer, Peter selbstand. Konditormeister, Deisterstr. 57	○
Nürge, Friedrich Kreisangestellter, Königstr. 59	○
Latzel, Hermann Bolzenpresser, Wiesenstr. 4	○
Bartels, Georg Bauunternehmer, Klütstr. 93	○
Lehmann, Rolf Kraftfahrer, Breiter Weg 27	○

3 Namen ankreuzen!

Vorhergehende Seite und oben:
Zwei Wahlzettel der SPD zur Kommunalwahl von 1952. Die SPD warb in Hameln mit Erfolgen im Schul- und Krankenhausbau. (Quelle: Privat)

gration. Die prinzipielle Opposition im Bund stach deutlich ab von der pragmatischen Politik in sozialdemokratisch geführten Bundesländern. Auch als Oberbürgermeister amtierten in den fünfziger Jahren zahlreiche populäre Sozialdemokraten.

Erst mit ihrem Godesberger Programm (1959) löste sich die SPD endgültig von marxistischen Vorstellungen und beschrieb sich als moderne Volkspartei des „demokratischen Sozialismus". Die Partei schloss ihren Frieden mit der Bonner Außenpolitik. Am Ausgang der Ära Adenauer erschien sie als moderne Alternative zur CDU, personifiziert in ihrem jugendlich wirkenden Kanzlerkandidaten, dem Berliner Regierenden Bürgermeister Willy Brandt.

In Hameln erzielte die SPD 1946 bei der ersten Wahl zur Stadtvertretung mit großem Abstand die Mehrheit und stellte mit Heinrich Löffler den Oberbürgermeister. Bei der Wahl 1948 blieb die SPD mit 45,6 Prozent der Stimmen stärkste Partei, jedoch konnte das bürgerliche Lager im Stadtrat ein Gleichgewicht zur SPD herstellen. Aufgrund der Stimmengleichheit zwischen SPD und NLP/CDU/FDP kam es zur informellen Übereinkunft, dass für die eine Hälfte der Legislaturperiode Heinrich Löffler als Oberbürgermeister amtieren sollte, für die andere Hälfte jedoch Karl Schütze von der DP (Deutsche Partei, Nachfolgeorganisation der NLP). 1952 ging der Stimmenanteil der SPD auf 12 Sitze (von 35) zurück.

Bei der Wahl von 1956 konnte die SPD 15 Sitze erringen, und es kam zu einer Absprache wie schon 1948. Nach Dr. Janssen (DP) übernahmen die SPD-Vertreter Robert Denzler (1958) und nach dessen Tod Helmut Greulich (1959) das Amt des Oberbürgermeisters.

Die Kommunistische Partei Deutschlands

Die Kommunistische Partei Deutschlands (KPD) hatte sich in den ersten Nachkriegsjahren als antifaschistisch-demokratische Kraft präsentiert und beträchtlichen Einfluss gewonnen. Sie war bis 1948 mit Ministern in den Koalitionsregierungen vieler Länder vertreten, wandte sich dann aber im Parlamentarischen Rat gegen das Grundgesetz und die Bildung eines westdeutschen Teilstaats. Nachdem sie bei der ersten Bundestagswahl nur 5,7 Prozent erhalten hatte, verfolgte sie verstärkt einen von der stalinistischen SED-Führung der DDR vorgegebenen Kurs.

Die Bundesregierung beantragte 1951 das Verbot der Partei vor dem Bundesverfassungsgericht. In der zunehmend antikommunistisch geprägten Atmosphäre Westdeutschlands erhielt die KPD bei der Bundestagswahl

> **Hamelner Gemeindewahl**
>
> **am 9. November 1952**
>
> Das sind Deine Kandidaten im Wahlbezirksvorschlag I
>
> Du kennst sie
>
> Wähle drei von ihnen aus und setze Dein (x) in den Kreis hinter ihren Namen
>
> Auf Deine Stimme kommt es an
>
> | 2a | Christl. Demokrat. Union (CDU)
Deutsche Partei (DP)
Freie Demokr. Partei (FDP) | |
> |---|---|---|
> | Witte, Karl, Kaufmann, Bäckerstr. 22 | DP | ○ |
> | Dörries, Ludwig, Tischlermeister, Stubenstr. 14 | DP | ○ |
> | Dr. Elbrächter, Alexander, Prokurist, Klütstr. 113 | | ○ |
> | Dr. Janssen, Heinz, Fabrikant, Klütstr. 15 | DP | ○ |
> | Beckmann, Wilhelm, Elektromeister, Osterstr. 17 | | ○ |
> | Kaune, Heinrich, Elektromeister, Zehnthofstr. 6 | | ○ |
> | Becker, Alfred, Zollobersekretär, Flössergang 17 | | ○ |
> | Hoppe, Fritz, Obersteuerinspektor, Deisterstr. 40 | | ○ |
> | Ellerbrock, Julius, Kaufmann, Finkenborner Weg 8 | CDU | ○ |
> | Lischke, Elfriede, Behörden-Angestellte, Klütstr. 26 | CDU | ○ |
> | Lüdke, Franz, Studienrat, Centralstr. 6 | CDU | ○ |
> | Engel, Helene, Witwe, Wettorstr. 21 | FDP | ○ |
> | Pracht, Rudolf, Breiter Weg 12, Architekt | FDP | ○ |
>
> **Geh am 9. November zur Wahl!**

1953 nur noch 2,2 Prozent der Stimmen und scheiterte an der Fünf-Prozent-Hürde. Als die Partei nach fünfjährigem Prozess am 17. August 1956 verboten wurde, befand sie sich längst im Niedergang.

Noch am selben Tag wurden landesweit alle 199 Parteibüros der Kommunisten geschlossen. Kommunist zu sein, galt fortan in der Bundesrepublik als Straftat. Die Folge waren unzählige absurde Urteile. So standen offizielle Kontakte in die DDR unter Strafe, Beziehungen zum Sportbund der DDR

> | Hier spricht die **Wählergemeinschaft** von **CDU/DP/FDP** und **Mittelstandsblock** | Gehe am 9. November 1952 zur Wahl und wähle die Bewerber aus der Gemeinschaftsliste **2a** |
> |---|---|

Zwei Wahlzettel der Wählergemeinschaft aus CDU, DP und FDP 1952. Zur Kommunalwahl 1952 trat das bürgerliche Lager gemeinsam an. (Quelle: Privat)

wurden bestraft. Selbst das Tragen einer roten Nelke am 1. Mai konnte bestraft werden. Insgesamt wurden mindestens 150.000 Ermittlungsverfahren wegen politischer Vergehen eingeleitet; zwischen 7.000 und 15.000 Personen wurden verurteilt. In den Prozessen standen sich nicht selten ehemalige Nazi-Richter, die in der Bundesrepublik ihre Karriere ungehindert fortsetzen konnten, Angeklagten gegenüber, die schon die NS-Justiz verurteilt hatte.

Die Kommunistenhatz endete erst 1968, als im Rahmen der Großen Koalition Justizminister Heinemann das politische Strafrecht reformierte und die Deutsche Kommunistische Partei (DKP) gegründet werden durfte.

In Hameln hatte die KPD mit einem Vertreter im ersten von den Briten ernannten Rat gesessen, 1946 aber kein Mandat erringen können. Bei der Wahl 1948 gelangte Karl Hölscher in den Stadtrat, der sein Mandat 1951 an Georg Schröter weitergab. Die Hamelner KPD wurde im Stadtrat von sämtlichen übrigen Parteien boykottiert. Alle Anträge der Ratsherrn Hölscher bzw. Schröter wurden grundsätzlich abgelehnt. Bei der Wahl 1952 scheiterte die KPD mit nur 1.219 Stimmen erneut. 1956 konnte sie wegen des Parteiverbots nicht mehr antreten.

Die Deutsche Partei (bis 1946 Niedersächsische Landespartei)

Die Niedersächsische Landespartei (NLP) wurde 1945 gegründet und trat das Erbe der welfischen bzw. hannoverschen Parteien des Kaiserreiches und der Weimarer Republik an. Nachdem im November 1946 von der britischen Militärregierung das Land Niedersachsen gebildet worden war, nannte sie sich „Deutsche Partei" (DP) und dehnte sich auf die Länder Schleswig-Holstein, Hamburg und Bremen aus.

Die Deutsche Partei wollte erklärtermaßen eine konservative Partei sein und stand rechts. Sie profitierte von Übertritten prominenter Mitglieder der „Deutschen Konservativen Partei" (DKP) und der „Deutschen Rechtspartei" (DRP). Die Partei hatte eine Vorliebe für die schwarz-weiß-rote Fahne der Kaiserzeit und organisierte Kundgebungen mit Vorbeimärschen und Militärmusik.

Die DP hatte anfänglich große Erfolge und bedeutete innerhalb des bürgerlichen Lagers lange eine starke Konkurrenz für die neu gegründete CDU. In Niedersachsen stellte die DP in der zweiten Hälfte der fünfziger Jahre mit Heinrich Hellwege sogar den Ministerpräsidenten. Bis 1960 war sie an allen Regierungskoalitionen im Bund unter Führung der CDU beteiligt. Mit Heinrich Hellwege, Hans-Joachim von Merkatz und Hans-Christoph Seebohm stellte sie mehrere Bundesminister, bis 1960 neun ihrer Abgeordneten zur CDU wechselten, darunter auch die Minister Seebohm und von Merkatz.

In Hameln war der „alte Welfe" Karl Witte maßgeblich am Aufbau dieser Partei beteiligt.

Die NLP erreichte 1946 mit 9 Sitzen (bei 2 Sitzen für die CDU und einem für die FDP) den Löwenanteil der Stimmen des bürgerlichen Lagers und war lange die zweitstärkste Fraktion hinter der SPD.

1948 konnte sie ihren Stimmenanteil (9 Sitze) halten und stellte in Koalition mit CDU und FDP im Wechsel mit der SPD in Person von Karl Schütze für zwei Jahre den Oberbürgermeister.

1952 trat das bürgerliche Lager aus DP, CDU und FDP gemeinsam an und konnte die SPD deutlich überflügeln, wobei auf CDU und FDP je 4, auf die DP aber 9 Sitze entfielen. Karl Schütze wurde erneut Oberbürgermeister. Nach dessen Tod übernahm dann Heinrich Janssen (DP) für fünf Jahre den Posten des Oberbürgermeisters.

1956 zog die CDU zum ersten Mal mit der DP gleich (je 8 Sitze). Noch bei der Wahl des Jahres 1961 errang die DP beachtliche 4 Sitze. 1964 hatte sich die Partei aufgelöst.

Die Christlich-Demokratische Union

Während SPD und KPD auf Organisationsstrukturen aus der Weimarer Zeit zurückgreifen konnten, musste die CDU zumindest in evangelischen Gebieten mühevoll eigene Strukturen aufbauen. Von der britischen Militärregierung wurde sie als konservative Partei genauer unter die Lupe genommen.

Die Aussichten für die CDU waren im Bundesland Niedersachsen wegen der Parteienzersplitterung im bürgerlichen Lager alles andere als günstig. Vor allem durch die Niedersächsische Landespartei (NLP) bzw. deren Nachfolgerin, die Deutsche Partei (DP), und durch die FDP erwuchs der CDU eine große Konkurrenz.

Dennoch war auf Dauer das Konzept der CDU dem der NLP/DP überlegen. Die NLP sprach eine enge Zielgruppe an, die mit dem welfischen Gedanken den Plan eines eigenständigen Landes Hannover verfolgte. Der welfische Geist war bald überholt. Die CDU wandte sich konfessionsübergreifend an breite Bevölkerungsschichten und hatte den Rückenwind der Bundespolitik unter Konrad Adenauer als Bundeskanzler.

Programmatisch hob die CDU auf der Basis eines christlichen Menschenbildes die Soziale Marktwirtschaft, die parlamentarische Demokratie und die außenpolitische Westbindung hervor. Aber wichtiger als alle Programmformulierungen war die Verkörperung des Kurses durch den Kanzler Adenauer. Die „Kanzlerpartei" profitierte ebenso von der Popularität des Wirtschaftsministers Ludwig Erhard als dem „Vater der Sozialen Marktwirtschaft" und Begründer des „Wirtschaftswunders".

Im Laufe des Jahrzehnts gelang es der CDU zunehmend, bürgerlich-konservative Milieus sowie die Wählerschaft der Vertriebenen und Flüchtlinge zu integrieren. Die DP, aber auch der BHE gerieten in den Sog der CDU.

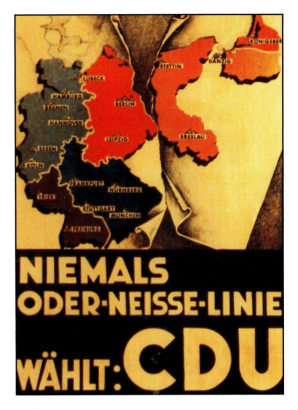

Wahlplakat der CDU „Oder-Neiße-Linie niemals" von 1957. In der Ablehnung der Vertreibung und der Abtrennung der Ostgebiete waren sich die Parteien in den 1950er Jahren weitgehend einig. Eine Ausnahme machte allein die KPD. (Quelle: Privat)

In Hameln hatte die CDU einen mühevollen Start. Nachdem sie in dem von den Briten berufenen Rat noch 6 Sitze hatte, erreichte die Partei bei der Wahl 1946 nur 2 Sitze, 1948 und 1952 jeweils 4.

Ohne ein Zusammengehen mit der mehr als doppelt so starken DP wäre sie im Rat ohne Bedeutung gewesen. Erst 1956 konnte sie nach Stimmen mit der DP gleich ziehen und erst 1961 mit Dr. Friedrich Sander zum ersten Male einen Oberbürgermeister stellen.

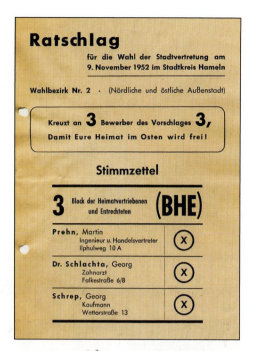

Auf dem Wahlzettel des BHE zur Kommunalwahl 1952 wurde gereimt: „Kreuzt an 3 Bewerber des Vorschlages 3, damit Eure Heimat im Osten wird frei!" (Quelle: Privat)

Die Freie Demokratische Partei

Die neu gegründete Freie Demokratische Partei (FPD) bündelte die in der Weimarer Republik noch gespaltenen liberalen Kräfte.

Sie vereinte nationalistische Richtungen auf der einen Seite mit linksliberalen Strömungen auf der anderen. Mit Theodor Heuss als erstem Bundespräsidenten stellte sie einen hervorragenden Repräsentanten der jungen Bundesrepublik.

Die FDP behauptete sich als eigenständige Koalitionspartnerin der Union. In wirtschafts- und sozialpolitischen Fragen bestand häufig eine Gemeinschaft mit mittelständischen Vertretern der CDU, aber in Fragen der Kultur-, Rechts- und Bildungspolitik setzten sich die Liberalen bisweilen von den Positionen der Kanzlerpartei ab. Nach 1957, als die Partei durch die absolute Mehrheit der CDU im Bund in die Opposition verwiesen wurde, nutzte sie den Verfall der Autorität Adenauers zur Profilierung.

Im Hamelner Rat war die FDP 1946 mit einer Stimme vertreten. 1948 (3 Sitze) und 1952 (4 Sitze) erreichte sie beachtliche Ergebnisse und hatte Teil an der bürgerlichen Koalition mit DP und CDU. 1956 verfehlte sie allerdings die für einen Ratssitz nötige Stimmenzahl und kehrte 1961 mühsam mit einem Sitz in die Stadtvertretung zurück.

Der Gesamtdeutsche Block/Block der Heimatvertriebenen und Entrechteten

Weil die Alliierten den Flüchtlingen verboten hatten, sich zusammenzuschließen, gab es bei den Wahlen von 1949 noch keine Partei, die die spezifischen Interessen der Flüchtlinge vertreten wollte. Der Gesamtdeutsche Block/Block der Heimatvertriebenen und Entrechteten (GB/BHE) wurde 1950 in Schleswig-Holstein gegründet und erreichte dort auf Landesebene auf Anhieb 23,4 Prozent. Die Vertriebenen stellten im nördlichsten Bundesland 36 Prozent der Bevölkerung.

Die Partei wandte sich aber nicht nur an die Heimatvertriebenen, sondern auch an die „Entrechteten", worunter man wohl die „Opfer" der Entnazifizierung verstehen muss. Vorsitzender auf Bundesebene war ein ehemaliger SS-Sturmbannführer. In Niedersachsen war der BHE von 1951-55 zusammen mit der SPD an der Regierung, danach mit der DP gegen die SPD. Nach der raschen Eingliederung der Flüchtlinge kämpfte der BHE seit 1955 für Wiedervereinigung und Rückgabe der Ostgebiete einschließlich des Sudetenlandes.

In Hameln kandidierte der BHE zum ersten Male 1952 und erhielt auf Anhieb 6 Sitze. Mit Hermann Götze stellte die Partei den Stellvertreter des Oberbürgermeisters. 1956 war der Stimmenanteil des BHE bereits auf 3 Sitze halbiert. 1961 erreichte die Partei dasselbe Ergebnis. 1966 war sie aus dem Stadtrat verschwunden.

Die Deutsche Reichspartei und die Sozialistische Reichspartei

Seit 1949, als nicht mehr die Besatzungsmächte über die Zulassung von Parteien entschieden, erhielten rechtspopulistische und rechtsextreme Gruppierungen in Westdeutschland einen starken Zulauf.

Die nationalistisch-konservative, zum Teil rechtsextremistische Deutsche Rechtspartei ging 1950 in der Deutschen Reichspartei (DRP) auf, deren Mitgliedschaft später den Kern der Nationaldemokratischen Partei Deutschlands (NPD) bildete.

Die Sozialistische Reichspartei Deutschlands (SRP) entstand 1949 als Abspaltung von der DRP um Otto Ernst Remer, einen ehemaligen Generalmajor der Wehrmacht, und den „völkischen" Schriftsteller Fritz Dorls. Die Führung der SRP lag in den Händen überzeugter Nationalsozialisten. Die Partei wollte die Demokratie beseitigen und predigte Antisemitismus im Stile der NS-Propaganda.

Die SRP rekrutierte ihre Gefolgschaft vor allem aus ehemaligen NSDAP-Angehörigen und verstand sich als Nachfolgeorganisation der NSDAP. Auch ihr Parteiprogramm basierte in wesentlichen Teilen auf dem der NSDAP. Die Partei hatte ihr Hauptverbreitungsgebiet in Niedersachsen und erzielte bei den niedersächsischen Landtagswahlen im Mai 1951 11,0 Prozent der Stimmen.

Wegen ihres offenen Bekenntnisses zur NSDAP wurde die SRP 1952 vom Bundesverfassungsgericht in Karlsruhe verboten. Das war ein Novum in der deutschen Parteiengeschichte. Anders als die Weimarer Republik wollte die „wehrhafte" Demokratie der Bundesrepublik ihre Feinde nicht mehr groß werden lassen.

In Hameln traten SRP und DRP bei der Landtagswahl 1951 getrennt auf und erreichten vergleichsweise wenige Stimmen (SRP: 1.808, DRP: 1.661). Bei der Wahl der Stadtvertretung im November 1952 kandidierte die DRP nicht, 1956 erhielt sie bei 2.388 Stimmen einen Sitz.

Ein offenkundig singuläres Ergebnis erzielte die Deutsche Rechtspartei (DRP) bei der Bundestagswahl 1949 in Hameln mit dem Kandidaten Franz-Joachim Meder-Eggebert: glänzende 25,4 Prozent der Stimmen (nach der SPD die zweithöchste Zahl). Weil die Partei im Bund chancenlos blieb, hatte dieses Ergebnis keine Folgen.

Nach anfänglicher Überlegenheit der SPD: Gleichgewicht der Lager im Hamelner Rat

In den Wahlkämpfen ging es außerordentlich emotional und aggressiv zu. Man fühlte sich an „Weimarer Verhältnisse" erinnert. Die einen warnten in düsteren Tönen vor Untergang und Ruin, falls die anderen gewinnen sollten – und umgekehrt. Die Parteien waren viel stärker als heute Weltanschauungsparteien und an feste, deutlich unterschiedene Milieus gebunden. Die Entwicklung hin zu den späteren „Volksparteien" war noch nicht in Sicht.

Trotz unversöhnlicher Worte im Wahlkampf arbeiteten die Parteien im Rat doch auf weite Strecken gedeihlich und konstruktiv zusammen. Die offensichtliche Not zwang zu einer pragmatischen Politik. Bei wichtigen Entscheidungen wie dem Bau der Weserbergland-Festhalle, als Proteste der Flüchtlinge laut wurden, achteten sie auf Einstimmigkeit.

Auffällig für Hameln war, dass nach anfänglicher Überlegenheit der SPD sich bürgerliches und sozialdemokratisches Lager in den 1950er Jahren weitgehend die Waage hielten. Das führte

Ratssitzung unter Leitung von Oberbürgermeister Dr. Janssen (Quelle: Stadtarchiv Hameln)

Scharfe Polemik unter den Parteien beherrschte den Wahlkampf. Als Wahlzettel tarnte sich dieser Angriff der Wählergemeinschaft aus DP, CDU und FDP gegen die SPD aus dem Jahre 1952. (Quelle: Privat)

dazu, dass sich die Lager in zwei Ratsperioden bei der Wahl des Oberbürgermeisters nach dem Rotationsprinzip abwechselten. Dabei war im bürgerlichen Lager nicht die CDU, sondern die DP tonangebend. Während sich andernorts Ende des Jahrzehnts das Drei-Parteien-System aus SPD, CDU und FDP durchgesetzt hatte, spielten in Hameln sowohl die DP wie der BHE noch in den 1960er Jahren eine nicht unbedeutende Rolle.

1945–1946

In dem von den Briten berufenen Rat saßen unter den 31 Mitgliedern 12, die kein Parteibuch hatten. Die SPD war mit 7 Mitgliedern stärkste Fraktion, es folgten CDU 6, NLP 5 und KPD 1.

1946–1948

Am 13. Oktober 1946 fand die erste freie und geheime Wahl der Stadtvertretung statt. Bei 74,7 Prozent Wahlbeteiligung wurden 30 Ratsherren für eine drei Jahre dauernde Legislaturperiode gewählt.
Davon entfielen auf die SPD 18, die NLP 9, die CDU 2 Sitze und auf die FDP ein Sitz. Die KPD errang keinen Sitz. Der Rat bestätigte Oberbürgermeister Löffler (SPD) im Amt.

Die SPD war nicht nur stärkste Fraktion, sondern besaß mehr Sitze als das ganze bürgerliche Lager zusammen. Zweitstärkste Partei war die NLP mit 9 Sitzen. Die CDU, die mit 2 Sitzen schlecht abgeschnitten hatte, bildete deswegen in den Folgejahren mit der NLP und der FDP eine Wahlgemeinschaft.

1948–1952

Im Rahmen der Kreistagswahl 1948 wurde bei kümmerlichen 66,48 Prozent Wahlbeteiligung ein neuer 33-köpfiger Rat auf vier Jahre gewählt. Die Sitzverteilung: SPD 16, DP (bisher NLP) 9, CDU 4, FDP 3, KPD 1. Die KPD errang ihren ersten und einzigen Sitz in den 1950er Jahren. Gegenüber dem Vertreter der KPD (zunächst Karl Hölscher und später Georg Schröter) praktizierten alle übrigen Ratsmitglieder so etwas wie eine „Große Koalition" und lehnten seine Anträge pauschal ab.

Das Kräfteverhältnis hatte sich verschoben. Die SPD blieb mit Abstand stärkste Partei, doch das bürgerliche Lager aus DP, CDU und FDP konnte ein Gleichgewicht zur SPD herstellen. Beide Lager vereinbarten, die Posten von Oberbürgermeister und Stellvertreter zwischen Heinrich Löffler (SPD) und Karl Schütze (DP) zu wechseln. Löffler amtierte im ersten und letzten Jahr, Schütze im zweiten und dritten.

1952–1956

Die Gemeindewahl vom 9. November 1952 brachte bei 80 Prozent Wahlbeteiligung der DP/CDU/FDP 17, der SPD 12 Ratssitze. Unter dem Einfluss der Bundespolitik hatte die SPD Einbußen hinnehmen müssen. Der BHE erreichte „aus dem Stand" 6 Sitze.

Das bürgerliche Lager wählte zusammen mit dem BHE erneut Karl Schütze (DP) zum neuen Oberbürgermeister. Sein Stellvertreter wurde Hermann Götze (BHE). Ab 7. Juli 1953 übernahm dieser für den erkrankten Karl Schütze die ständige Vertretung. Am 4. Dezember 1953 wählte der Rat den Chemie-Fabrikanten Dr. Heinrich Janssen (DP) zum neuen Oberbürgermeister und zu seinem Stellvertreter Robert Denzler (SPD).

1956–1961

Die Gemeindewahl vom 28. Oktober 1956 erbrachte Zuwachs für die SPD und Verluste für BHE und FDP. Erstmals errang die Deutsche Reichspartei einen Ratssitz. Im Rat erhielten DP/CDU 16, SPD 15, BHE 3 und DRP 1 von insgesamt 35 Sitzen. Der Rat kehrte zum Rotationsverfahren bei der Besetzung des Oberbürgermeisteramtes zurück. Am 29. November wurde Ratsherr Dr. Heinrich Janssen (DP) bei 4 Enthaltungen durch BHE und DRP erneut zum Oberbürgermeister der Stadt Hameln gewählt. Bürgermeister wurde erneut Ratsherr Robert Denzler (SPD).

Am 3. Dezember 1958 legte Oberbürgermeister Dr. Heinrich Janssen das fünf Jahre ausgeübte Amt nieder. Gleichzeitig wählte der Rat Robert Denzler (SPD) einstimmig zum neuen Oberbürgermeister. Stellvertreter wurde Dr. Lothar Ganser (CDU). Als Robert Denzler nach nur dreimonatiger Amtszeit am 2. März 1959 starb, wurde der Gewerkschaftssekretär Helmut Greulich (SPD) zum neuen Oberbürgermeister gewählt.

Sie prägten Hamelns Politik nach dem Kriege – Politische Porträts

Heinrich Löffler

Oberbürgermeister Heinrich Löffler (Quelle: Spanuth)

1890 in Freiburg geboren, kam der gelernte Buchdrucker nach Stationen in der Schweiz, Frankreich, Italien und Österreich 1930 nach Hameln. Hier übernahm er die Geschäftsführung der „Niedersächsischen Volksstimme", der Parteizeitung der SPD.

1933 wurde er von den Nationalsozialisten verhaftet, saß im Hamelner Gefängnis am Münsterwall in Schutzhaft, war bis 1939, als er zum Kriegsdienst eingezogen wurde, zur Arbeitslosigkeit verurteilt und musste politische Repressalien erdulden. Ständig schwebte er in Gefahr, abgeholt und verhaftet zu werden, war jedoch nie bereit, seine Gesinnung zu verleugnen.

Nach Kriegsende beteiligte sich Heinrich Löffler in Hameln in führender Position am demokratischen Wiederaufbau.

Er wurde Gewerkschaftssekretär, Kreisvorsitzender der SPD, Mitglied des ersten von der Militärregierung ernannten Rates und später Vertreter Hamelns im ersten gewählten Niedersächsischen Landtag.

1946 wählte ihn der erste freie Rat der Stadt zum ersten frei gewählten Oberbürgermeister Hamelns nach dem Ende des zweiten Weltkriegs. Es waren harte Zeiten für die Stadt. Fast 18.000 Flüchtlinge und Evakuierte waren unterzubringen und zu versorgen. Heinrich Löffler stand oft am Bahnhof, wenn die Transporte mit Flüchtlingen ankamen.

Heinrich Löffler war Oberbürgermeister von 1946-1949 und noch einmal von 1951-1952. Sein Amtszimmer stand jedem Bürger offen. Er besaß den Mut zu unpopulären und harten Entscheidungen. 1966 verstarb Heinrich Löffler in Hameln.

Karl Schütze

Karl Schütze stammte aus Elbingerode im Harz. Von 1919 bis 1935 war er Bürgermeister der Stadt Lüchow. Nach Hameln war er gekommen, um hier seinen Ruhestand zu verbringen, arbeitete jedoch während des zweiten Weltkrieges in der Hamelner Stadtverwaltung.

Bei den Kommunalwahlen im Herbst 1946 wurde er für die NLP (später DP) in den Rat der Stadt Hameln gewählt. Oberbürgermeister wurde er im hohen Alter von 70 Jahren und bekleidete das Amt in den Jahren 1949-1951 und 1952-1953.

Karl Schütze, ein Mann von ausgeglichenem Wesen und hohem Pflichtbewusstsein, war ein erfahrener Verwaltungsbeamter und hat in den Jahren des Aufbaus gute Arbeit geleistet.

Oberbürgermeister Karl Schütze
(Quelle: Kalvelage)

Oberbürgermeister Dr. Heinrich Janssen
(Quelle: Spanuth)

1953 musste er aus Krankheitsgründen seine Tätigkeit aufgeben und starb ein Jahr später.

Dr. Heinrich Janssen

Dr. Heinrich Janssen stammte aus Hameln und wurde hier am 4. Dezember 1900 geboren. Im Alter von 23 Jahren – vor Abschluss seiner Studienjahre in Marburg und Würzburg – übernahm er nach dem frühen Tode seines Vaters die Leitung der chemischen Fabriken Dr. Koch und Janssen GmbH. Während des zweiten Weltkrieges war er Offizier. Seine besondere Liebe zur Landwirtschaft konnte er 1932 mit dem Kauf des Rittergutes Behrensen verwirklichen.

Als Ratsherr der DP zog Dr. Janssen 1952 in den Rat der Stadt Hameln ein. Nach dem Tode des Oberbürgermeisters Schütze wählte ihn der Rat im Dezember 1953 zum Oberbürgermeister. Janssen gehörte zu den ausgleichend wirkenden Persönlichkeiten. Ihm gelang es, das Vertrauen zwischen den zeitweilig in starker Konfrontation verharrenden Ratsfraktionen wieder herzustellen.

Heinrich Janssen war Oberbürgermeister in den Jahren 1953-1958, als sich Hameln weit über seine Siedlungsgrenzen hinaus ausdehnte und Straßen, Abwasserkanäle und andere Infrastruktur-Einrichtungen ausgebaut werden mussten. Mit großer Energie widmete er sich, der auch Vorsitzender der Hamelner Kleinwohnungsbaugesellschaft war, dem sozialen Wohnungsbau. Rund 2.000 Wohnungen entstanden in seiner Amtszeit und bei zahlreichen Richtfesten war er als Oberbürgermeister und Aufsichtsratsvorsitzender anwesend. Ende 1958 zog sich Janssen nach fünf Jahren aus beruflichen Gründen aus dem politischen Leben zurück. Dr. Janssen verstarb 1979.

Georg Wilke

Oberstadtdirektor Georg Wilke
(Quelle: Spanuth)

Georg Wilke, am 5. Dezember 1899 in Hameln geboren, absolvierte eine Buchdruckerlehre bei einem Hamelner Zeitungsbetrieb, bevor er als Soldat am ersten Weltkrieg teilnehmen musste. Das Erleben des Krieges veranlasste ihn, im Jahre 1919 der SPD beizutreten und sich auf kommunalpolitischer Ebene zu engagieren. 1929 wurde Georg Wilke in den Hamelner Stadtrat gewählt. Ein Jahr später übernahm er den Vorsitz der sozialdemokratischen Ratsfraktion. Von den Nationalsozialisten verhaftet und seiner Ämter enthoben, war Wilke wieder als Drucker tätig, bevor er 1943 noch einmal Soldat werden musste.

Nach seiner Rückkehr aus der russischen Kriegsgefangenschaft im September 1945 wurde Wilke engster Mitarbeiter von Oberbürgermeister Dr. Harm.

Er leitete zunächst das Flüchtlings- und das Wohnungsamt und dann die gesamte Verwaltung. Für die Reorganisation der Stadtverwaltung erntete er Anerkennung auch von den Vertretern der bürgerlichen Parteien.

Nachdem ihn die britische Militärregierung im Dezember 1945 zum kommissarischen Oberstadtdirektor bestellt hatte, wurde er am 14. Mai 1946 in Anerkennung der von ihm geleisteten Arbeit vom Rat der Stadt einstimmig zum Oberstadtdirektor auf Lebenszeit gewählt. Georg Wilke blieb der Stadt Hameln 19 Jahre lang – bis zu seiner Verabschiedung 1965 – als Oberstadtdirektor erhalten.

Nach der Sorge um die Vertriebenen, die Arbeitsplätze und Wohnungen verlangten, um die Alten und Kranken, die Altenheime und bessere Krankenhäuser brauchten, galt Wilkes besonderes Interesse dem Schulbau. Neun Schulen wurden in seiner langen Amtszeit gebaut – eine große Leistung. Er selbst sah darin „das schönste Friedenswerk". Unter dem Motto „Der Mensch lebt nicht vom Brot allein" war auch die Weserbergland-Festhalle vor allem sein Werk. Georg Wilke starb am 3. März 1973.

Rosa Helfers

Rosa Helfers, geb. Boye, stammte aus traditionell sozialdemokratischem Milieu. Als Tochter eines Arbeiterführers und Mitarbeiters von August Bebel wurde sie 1885 in Bergedorf bei Hamburg geboren. Die gelernte Kindergärtnerin heiratete 1903 den Glasmacher Ludwig Helfers und trat 1907 zunächst noch unter einem männlichen Pseudonym der Partei bei. 1911 kam sie nach Hameln und war hier in der gewerkschaftlichen Jugendarbeit und der Gefangenenfürsorge tätig.

Rosa Helfers
(Quelle: Stadtarchiv Hameln)

Gerade Witwe geworden, war Rosa Helfers 1918/19 die einzige Frau im Hamelner Arbeiter- und Soldatenrat und anschließend bis 1928 Stadtverordnete. 1919 gehörte sie zu den Mitbegründerinnen der SPD-Frauengruppe und der Arbeiterwohlfahrt. Sie engagierte sich darüber hinaus bei den „Naturfreunden" und im „Zentralverband proletarischer Freidenker". Schwerpunkt ihrer Arbeit war die Sozial- und Jugendfürsorge. Als Abgeordnete des Preußischen Landtags von 1921 konnte sie dieses Interesse in größerem Rahmen verfolgen. Neben ihrer politischen Tätigkeit absolvierte sie eine Ausbildung als Fürsorgerin. Nach dem Examen vertraute man ihr 1929 den Posten der Direktorin des Berliner Frauengefängnisses in der Barnimstraße an, das einzige ausschließlich von Frauen verwaltete Gefängnis Deutschlands.

Als die Nationalsozialisten sie 1933 aus allen Ämtern entließen, kehrte Rosa Helfers nach Hameln zurück. Hier half sie den Familien von Zuchthaus-Inhaftierten und nutzte ihre Kontakte zu Aufsichtsbeamten, die sie aus ihrer Tätigkeit in den 1920er Jahren kannte, zur Verbesserung der Lage der politischen Häftlinge.

Ab 1935 stand sie durch die Berichte eines V-Mannes im Visier der Gestapo. Im Rahmen der „Aktion Gitter" vom Sommer 1944, als reichsweit zahlreiche Mitglieder der SPD und des Zentrum eingesperrt wurden, wurde sie verhaftet und bis Anfang März 1945 im Arbeitserziehungslager Buchholz festgehalten. Dort zog sie sich ein Nierenleiden zu.

1945 baute Rosa Helfers in Hameln die SPD und die Arbeiterwohlfahrt mit auf, wurde Mitglied im Bezirksvorstand Hannover, saß im durch die Briten berufenen Stadtrat und in der ersten frei gewählten Stadtvertretung von 1946, war Mitglied des Niedersächsischen Landtages und hier Vorsitzende des Wohlfahrtsausschusses.

1952 musste sie aus gesundheitlichen Gründen alle politischen Ämter niederlegen. In ihren letzten Jahren galt ihr besonderes Engagement der Hamelner Jugend, zum Beispiel durch den Bau der Jugendherberge und des Hallenschwimmbades, und der Arbeit der Volksbühne. Rosa Helfers starb am 1. März 1965.

Die „Nachbarschaften" – Ein Modell der direkten Demokratie

Im März 1949 wurde in Hameln die „Nachbarschaft Mitte" ins Leben gerufen. Schon nach einem Vierteljahr gruppierten sich um diese erste Nachbarschaft vier weitere Zusammenschlüsse. Im Mai 1950 war bereits die zehnte Nachbarschaft gegründet, im September 1951 die 19. Vereinigung dieses Namens.[53]

Frischer Wind in Hameln

durch die Tätigkeit der überparteilichen „Nachbarschaften", in denen sich **alle** Einwohner – Männer und Frauen, Einheimische wie Neubürger – zusammenfinden.

In eigenem Interesse müßten Sie mitmachen

bei der Verwirklichung dieser neuen Form einer „Demokratie von unten".

Ueberzeugen Sie sich und besuchen Sie mit Ihren Angehörigen und Bekannten die nächste Versammlung der „Nachbarschafts-Vereinigung Hameln" am **Montag, den 20. Juni 1949, abends 8 Uhr**, im Saale des Gasthauses „Zum Kronprinzen", Hameln, Emmernstraße.

Ueber kommunale Angelegenheiten spricht Oberstadtdirektor Wilke.

Nachbarschafts-Vereinigung Hameln.

Schubert   Koch   Schmidt

Eintritt frei!

Liebe Nachbarn!

Einheimische und Neubürger — Männer und Frauen

der Straßenzüge:

**Osterstraße, Emmernstraße, Baustraße
Kastanienwall, Heiligegeiststraße, Am Pferdemarkt,
Am Markt, Ritterstraße, Neuetorstraße**

kommt vollzählig zur Gründungs-Versammlung der überparteilichen

Nachbarschaft „Am Markt"

am **Freitag, den 8. April 1949, abends 8.15 Uhr**,

im Saale des Gasthauses „Zum Kronprinzen", Emmernstraße.

Eintritt frei!   **Die Einberufer:**

Hermann Schubert,   Gerhard Harnisch,
Osterstr. 11   Pferdemarkt 8

Albert Matzow, Hameln, CDB 294.

Zwei Einladungen zu Nachbarschaftsversammlungen aus dem Jahre 1949
(Quelle: Privat)

Die Nachbarschaften waren ein Element der direkten Demokratie.[54] Sie veranstalteten Versammlungen, hatten einen jederzeit abwählbaren Vorstand, der durch Handzettel oder per Mitteilung in der Zeitung zu den Treffen einlud, die Versammlung leitete und die von den Nachbarn beratenen Vorschläge an die Stadtverwaltung weiterzugeben hatte. Jeder wahlberechtigte Einwohner gehörte automatisch seiner Nachbarschaft an, die einen überschaubaren Kreis von etwa 500 Menschen umfassen sollte. Es gab weder Mitgliedslisten noch -beiträge. Anfallende Kosten wurden mit Spenden ausgeglichen – ein Hut ging in den Versammlungen herum. Jede einzelne Nachbarschaft war ein selbstständiges Gebilde und unterstand keiner Dachorganisation.

Begründer der Nachbarschaftsbewegung war ein Mann namens Arthur Mahraun (geb. 1890). Mahraun schuf

1920 den Jungdeutschen Orden, eine der Organisationsstruktur des Deutschen Ritterordens nachgebildete, politisch konservativ ausgerichtete Organisation. Seine Staats- und Gesellschaftsauffassung legte er 1927 im Jungdeutschen Manifest nieder. Er strebte die „Volksgemeinschaft" an und als ihre Vorstufe ein bruderschaftliches Zusammenleben in kleineren Gruppen. Parteien und Parlamentarismus, die bürgerlich-kapitalistische Ordnung, aber auch die Monarchie lehnte er ab. Auch von der NSDAP grenzte sich Mahraun deutlich ab und im Juni 1933 wurde der Jungdeutsche Orden von den Nationalsozialisten verboten.

Nach dem Krieg wurde dieser „originär deutsche Ansatz zur direkten Demokratie" von Mahraun und seinen Anhängern wieder aufgenommen und zum Konzept der praktischen Nachbarschaftsarbeit weiterentwickelt. Die Nachbarschaften setzten sich das Ziel, in der engsten, natürlichen Gemeinschaft einen freien Meinungsaustausch herbeizuführen. Der Schwerpunkt der Nachbarschaftsbewegung lag im norddeutschen Raum mit Hochburgen in Hameln und Holzminden. Hameln wird sogar als Geburtsstadt des Nachbarschaftsgedankens[55] bezeichnet. Lokaler Motor und Ideengeber war der Möbelkaufmann Paul Koch.

Entscheidend war, das Verhältnis der Nachbarschaften zum System der parlamentarischen Demokratie zu bestimmen. Die Nachbarschaften beteuerten, das parlamentarische System nicht ersetzen zu wollen.

Sie verstanden sich aber als „ergänzende Gegenspieler zu den Parteien" und wollten die parteipolitisch-parlamentarischen Entscheidungsgremien kritisch beobachten. Sie wollten selbst keine Parteien werden, aber zu einer besseren Verständigung zwischen den „Mächtigen" und der Bevölkerung beitragen. Sie beanspruchten neben den Parteien eine beratende Funktion, wollten Organe der „ausgleichenden Gewalt" sein.

Paul Koch, „Motor" der Nachbarschaftsbewegung in Hameln (Quelle: Privat)

Aufgrund dieses Selbstverständnisses hätten beide Organe der politischen Willensbildung eigentlich friedlich neben einander existieren können. Allein, die Nachbarschaften hielten sich nicht immer an die selbst gesteckten Grenzen. Tatsächlich war ihre Kritik an den Parteien häufig massiv.

So äußerten sie durchaus berechtigte Zweifel daran, ob die Parteien überhaupt in der Lage seien, die „Massen" politisch zu beteiligen und eine demokratische Willensbildung zu gewährleisten. Als Interessenvertreter einzelner Gruppen repräsentierten sie nicht das Volk. Es sei ihnen auch nicht gelungen, eine Beziehung zwischen Wählern und Gewählten zu schaffen. Fraktionszwang, Verhältniswahlrecht und nichtöffentliche Beratungen verhinderten eine wirkliche, demokratische Willensbildung. Stattdessen verlangten die Nachbarschaften die Einführung des imperativen Mandats, also die Möglichkeit, einen Abgeordneten, der sich von den Beschlüssen der Basis entfernte, abzuberufen, und lehnten die Fraktionsdisziplin ab.

Einen ersten Versuch, die Grenzen zu erforschen, machten die Hamelner Nachbarschaften einen Tag nach der Wahl zum ersten deutschen Bundestag. In einem Schreiben[56] vom 15. August 1949 an den Oberstadtdirektor heißt es:

Die gestern stattgefundenen Wahlen haben unsere eigene Anschauung zu diesen Wahlen in vollem Umfang bestätigt und haben uns zugleich mit erschreckender Deutlichkeit speziell hier in Hameln bewiesen, wohin der Weg führt. ... Nur aus ernster Sorge um die weitere Entwicklung machen wir den Vorschlag, eine Zusammenkunft aller Parteiführer, aller Stadträte und aller sonstigen führenden Persönlichkeiten einzuberufen, um die Vorzüge der nachbarschaftlichen Gliederung darzulegen und in einer anschließenden Aussprache die Meinungen über die Möglichkeit der Einführung dieser Gliederung zu klären.

Dieses Angebot der Nachbarschaften an Rat und Parteien, von den Nachbarschaften zu lernen und deren Organisationsform und – damit unlösbar verbunden – deren theoretisch-ideologische Konzeption zu übernehmen, ging nun doch zu weit. In seiner Sitzung vom 6. September 1949 behandelte der städtische Hauptausschuss[57] das Thema und fasste folgenden Beschluss:

Von einer Zusammenkunft aller Parteiführer, Stadtväter und sonstiger führender Persönlichkeiten will der Rat Abstand nehmen, sich aber mehr als bisher an der Arbeit der Nachbarschaftsvereinigung beteiligen.

Der Oberstadtdirektor[58] wurde in seinem Antwortschreiben an die Nachbarschaft Bäckerstraße noch deutlicher.

Der Hauptausschuß setzte sich mit Ihrem Schreiben vom 15. 8. 1949 auseinander. Keineswegs verkennt der Rat Ihre Besorgnis, sieht jedoch durch die von Ihnen vorgeschlagene Form keine Lösung. Träger der politischen Willensbildung sind stets Parteien gewesen und diese Parteien werden auch in Zukunft die Spielregeln des Parlamentarismus beherrschen.

Damit waren die Fronten eigentlich geklärt. Die Nachbarschaften sollten weiterhin ihre Versammlungen abhalten, über kommunale Fragen diskutieren und gelegentlich von Seiten der Stadtverwaltung informiert werden, aber sie sollten nicht versuchen, „die Spielregeln des Parlamentarismus", d. h. die Spielregeln der Parteiendemokratie beeinflussen zu wollen. Ein konkretes Mitwirkungsrecht an der Stadtvertretung wurde ihnen nicht eingeräumt.

Trotz der beschränkten Wirkungsmöglichkeiten wuchs die Zahl der Nachbarschaften stetig an und sie schafften es, das Netz ihrer Organisation über das gesamte Stadtgebiet auszubreiten. 1951 war Hameln „nachbarschaftlich durchorganisiert"[59].

Wie sah die praktische Arbeit der Nachbarschaften aus? Die Themen in den Versammlungen waren fast ausschließlich lokaler Natur. So ging es in der Versammlung der Nachbarschaft „Kaiserstraße" im Januar 1950[60] um den Bau eines Kinderspielplatzes, um die Herrichtung zweier Bürgersteige an der Zentralstraße und um die Umwandlung eines für Bauzwecke vorgesehenen Grundstücks in eine Grünfläche. Andere Themen waren z.B. Ladenschluss, neues Theater, Straßenbeleuchtung, Zahl der Verkehrsschilder, Fahrradständer etc.

Mit der steigenden Bedeutung der Nachbarschaften wuchs aber auch die Zahl der Anträge und Beschwerden bei der Verwaltung. Und bald reagierten Parteien und Verwaltung mit zunehmender Skepsis auf die Nachbarschaften und sahen in ihnen einen ernsthaften Konkurrenten.

Aber noch waren die Nachbarschaften stark und die Parteien konnten sie nicht ignorieren. Ihre Bedeutung hielt die gesamten 1950er Jahre hindurch ungebrochen an.

Noch einmal – für den Kommunalwahlkampf 1952 – schlugen die Nachbarschaften vor, auf Listen der Parteien und einen kostspieligen Wahlkampf zu verzichten und stattdessen eine einheitliche Liste sämtlicher Parteien herauszugeben. Von den Hamelner Parteien wurde dies kühl abgelehnt.

Latent stand bei vielen Nachbarschaftsversammlungen auch die Frage nach einer möglichen Aufstellung einer eigenen unabhängigen Liste bei den Kommunalwahlen im Raum. Paul Koch[61] sparte nicht mit Kritik, wenn er den Vorwurf erhob, dass unsere junge Demokratie auf dem besten Wege sei, zur „Demokratur" zu werden.

Weil sie unterschiedliche Demokratiemodelle repräsentierten, die Nachbarschaften ein direktes und der auf vier Jahre gewählte Rat ein repräsentatives, waren sie letztlich nicht miteinander vereinbar und mussten notwendig kollidieren. Weil sie institutionell bevorzugt waren, saßen die Parteien letztlich am längeren Hebel. Trotzdem ist die Bedeutung der Nachbarschaften für die Nachkriegsjahre gar nicht hoch genug einzuschätzen.

Sie brachten Menschen aus allen Schichten, aus allen Parteien, Einheimische und Flüchtlinge, in absoluter Gleichberechtigung zusammen und waren damit ein ganz wesentlicher Integrationsfaktor der sehr zerklüfteten Nachkriegsgesellschaft. Ihre Versammlungen, die durch Toleranz und Sachlichkeit gekennzeichnet waren, verkörperten praktisch angewendete Demokratie und trugen ganz wesentlich dazu bei, die gegenüber allem Politischen verdrossene Bevölkerung wieder an der Politik zu interessieren. Die Hamelner Nachbarschaftsbewegung ist heute zu Unrecht in Vergessenheit geraten.

Aus Siegermächten wurden Verbündete – Das Ende der britischen Besatzungszeit

Am 5. Mai 1955 wurde die Bundesrepublik souverän, und damit endete die Besatzungszeit auch in Hameln. Die britischen Streitkräfte blieben in Hameln, aber nun nicht mehr als „Besatzer", sondern als „Freunde" und Verbündete, nachdem am 12. November 1955 die ersten 101 Freiwilligen der neuen Bundeswehr ihre Ernennungsurkunden als Soldaten ausgehändigt bekamen. Die bisherigen Residenzoffiziere verloren ihre Funktion, behielten aber als Verbindungsoffiziere der britischen Streitkräfte zu den deutschen Behörden ihre Posten. Oberst C. R. Bankart, der sechs Jahre „British Resident" in Hameln gewesen war, nannte sich nun „Service Liaison Officer" und amtierte nach wie vor im Goltzhaus, Bennigsenstraße 5.

Der britische Verbindungsoffizier erklärte, dass beabsichtigt sei, so bald wie möglich alle beschlagnahmten Besitztümer zurückzugeben. Bei den Wohnhäusern werde dies geschehen, sobald die neuen Wohnungen für die Angehörigen der verbündeten englischen Streitkräfte fertig gestellt seien. In Hameln liefen damals fünf verschiedene Wohnungsbauprogramme für britische Soldaten und ihre Familien. Neue Beschlagnahmungen von Wohnungen und Möbeln waren nicht mehr möglich und auch in den letzten Jahren in Hameln nicht mehr vorgekommen.

Tatsächlich waren Ende 1956 nur noch zwei deutsche Wohnhäuser in britischer Hand, davon eines für die Unteroffiziersmesse; alle übrigen Häuser waren inzwischen freigegeben. Die Verhandlungen über das einzige in Hameln noch beschlagnahmte Hotel „Unter den Linden" schwebten 1955 noch. Der „Pipers Club", eine Betreuungseinrichtung der Truppe, war jedoch keine militärische Einrichtung und hatte schon seit Jahren Miete bezahlt.

Hinsichtlich der Veranstaltung von Manövern war seit dem 1. März 1955 eine enge Zusammenarbeit mit den deutschen Behörden vorgeschrieben. Danach mussten diese von einer beabsichtigten Übung einen Monat vorher unterrichtet werden. Sie hatten Gelegenheit dazu Stellung zu nehmen und Gegenvorschläge zu machen. Für die Regulierung von Manöverschäden mussten nun deutsche Gutachter zugezogen werden.

Das Zusammenleben von Deutschen und ihren britischen „Freunden" musste sich langsam entwickeln. Die englische Seite bemühte sich zunächst, bessere Beziehungen zu den Repräsentanten der Stadt herzustellen. Oberbürgermeister und Oberstadtdirektor wurden mehrfach vom britischen Offizierskorps zu internen Veranstaltungen eingeladen.

Auch die Stadt Hameln sprach Einladungen an die Offiziere der Hamelner Garnison aus. In einem Bericht der Dewezet vom 28. April 1959 heißt es darüber:

In Erwiderung der Einladungen veranstaltete die Stadt Hameln kürzlich eine Cocktail-Party im Rattenfängerhaus, wozu der rangälteste englische Offizier, der Kommandeur des Middlesex-Regiments, Lieutenant Colonel Nolda, der englische Verbindungsoffizier Mr. Vaughn sowie die Kommandeure der Pionier-Einheiten mit ihren Adjutanten erschienen waren. Es gab Whisky mit Soda in der jeweils gewünschten Mischung und leckere Häppchen aus der Küche des Rattenfängerhauses, denen lebhaft zugesprochen wurde. Die Zwanglosigkeit des Beisammenseins wurde betont durch den Verzicht auf offizielle Ansprachen, man stand in kleinen Gruppen beisammen und stellte überrascht fest, wie gut auch die sprachliche Verständigung klappte. Einige Hamelner Ratsherren und Dezernenten hatten ihre Sprachkenntnisse auf Reisen vervollständigt, und wo dies nicht ausreichte, sprangen zwei Dolmetscher hilfreich ein.

Die englischen Offiziere sind viel in der Welt herumgekommen – unser Gesprächspartner war zuletzt in Hongkong, Singapur und Australien gewesen –, und so ergaben die Weltweite des Commonwealth, Kriegserinnerungen und das heutige Leben in Hameln genügend Gesprächsstoff. Nach anderthalb Stunden verabschiedeten sich die Engländer sehr korrekt, und man schied im besten Einvernehmen.

Die britischen Streitkräfte luden die Hamelner Bevölkerung zu verschiedenen Veranstaltungen ein und veranstalteten auch Platzkonzerte auf dem Pferdemarkt. Unter der Überschrift „Engländer spielen beim Zapfenstreich auch das Deutschlandlied" berichtete die Dewezet[62] von zwei besonderen Konzerten, zunächst auf dem Exerzierplatz der Linsingen-Kaserne und zwei Tage später im Stadion an der Deisterallee. Dem Berichterstatter der Zeitung schlug angesichts des militärischen Gepränges neidvoll das Herz im Halse.

Ausführende sind die Kapelle und der Spielmannszug des 1. Middlesex-Regiments, das Ende vorigen Jahres von Zypern nach Hameln verlegt wurde. Der Zapfenstreich dauert etwa 40 Minuten und verspricht ein militärisches Schauspiel, wie es deutsche Augen lange nicht mehr gesehen haben.

Die fünfzig Mann unter Bandmaster Jackson und Tambour-Major Lewis übten zwar noch in ihren Felduniformen, während der Zapfenstreich am Freitag und Sonntag in der blauen Paradeuniform ausgeführt wird. Es klappte aber alles vorzüglich, und besonders die englischen Paradeschritte sind für uns sehr eindrucksvoll. Das Karree bewegte sich mal im Quickstep", mal im „Slow-step", es wendete auf der Stelle und formierte sich immer wieder neu. Bei einigen Musikstücken traten die Pfeifer rechts und links neben das erste Glied und verwandelten sich in Hornisten. Die Trommler erwiesen sich als Meister auf ihren Instrumenten und in der Handhabung ihrer Schlegel. Man hörte nur wenig Kommandos, und dennoch wußte jeder auf ein Zeichen das Tambour-Majors, was er zu tun hatte.

Der Zapfenstreich besteht aus zehn Musikstücken, wobei wir den „River-Kwai-Marsch" wiedererkennen, nach dem es sich sehr „zackig" marschieren lässt. Den Beschluß bilden die deutsche und englische Nationalhymne sowie der Regiments-Marsch.

Dann marschiert das Musikkorps quer über das Feld und unter den Klängen des deutschen Marschs „Alte Kameraden" in die Quartiere. Schon von Nr. 7 des Programms werden die Zuhörer gebeten, die weitere Folge stehend und barhäuptig anzuhören, was bei den Nationalhymnen

Der Musikzug der britischen Garnison spielt in der Bäckerstraße auf. Anlass war die Einweihung des Holzmodells des Bäckerscharren im Jahre 1961. (Quelle: Privat)

wohl ohnehin eine Selbstverständlichkeit ist.

Bei wichtigen städtischen Ereignissen spielte der Spielmannszug der britischen Garnison auf. So geschah es zum Beispiel anlässlich der Einweihung des Holzmodells des Bäckerscharren auf der Hochzeitshausterasse im Jahre 1961. Die Stadtverwaltung vermittelte zum Weihnachtsfest englische Soldaten in deutsche Familien und fand dabei ein erfreuliches Echo. Umgekehrt versprach der britische Kommandant ein schnelles und wirksames Eingreifen der Militärpolizei bei Übergriffen englischer Soldaten gegen Deutsche, zu denen es immer wieder kam. Englische Soldaten durften Lokale, die mit dem Schild „out of bounds" gekennzeichnet waren, nicht betreten.

Seit Gründung der Bundeswehr stand die Frage im Raum, ob wieder deutsche Soldaten in die Hamelner Kasernen einziehen würden. Die Dewezet[63] hatte hier eine klare Position.

Nach der Errichtung der Bundeswehr hätten wir es am liebsten gesehen, wenn in die Hamelner Kasernen wieder deutsche Einheiten eingezogen wären. Diese Hoffnung hat sich leider nicht erfüllt, da Hameln weiterhin als NATO-Übungsplatz ausersehen ist. Immerhin sollten wir uns mehr daran gewöhnen, auch die Bundeswehr als einen Teil der NATO und die in Hameln stationierten Engländer als befreundete Streitkräfte, und nicht mehr als Besatzung zu betrachten.

Die britische Garnison blieb in Hameln, weil hier günstige Ausbildungsmöglichkeiten für Pioniere bestanden.

6 Die wirtschaftliche Entwicklung

Die Voraussetzungen des „Wirtschaftswunders"

Das westdeutsche „Wirtschaftswunder" begann 1951/52 und nicht bereits mit der Währungs- und Wirtschaftsreform 1948. Mit der D-Mark existierte zwar wieder eine vertrauenswürdige Währung, doch die marktwirtschaftliche Ordnung, mit deren Aufbau Ludwig Erhard ohne vorherige Zustimmung der Militärregierung begonnen hatte, brachte zunächst nicht die angekündigte grundlegende Wende zum Besseren.

Die neue Wirtschaftsordnung stand in den Anfangsjahren der Bundesrepublik mehrfach auf dem Prüfstand. Das durch die Währungsreform stimulierte Wirtschaftswachstum verlangsamte sich bald wieder, während die Preise und insbesondere die Arbeitslosigkeit bedrohlich stiegen.

Der Durchbruch zum „selbsttragenden" Wachstum gelang in der ersten Hälfte des Jahres 1952. Zwischen 1950 und 1960 stieg der Index des Bruttosozialprodukts von 100 auf 215. Die jährlichen Steigerungsraten betrugen durchschnittlich 7,6 Prozent; ein Rekordergebnis mit 11,5 Prozent wurde 1955 erreicht.

Berühmt waren die Erhardschen „Maßhalteappelle". Von den Gewerkschaften forderte er Zurückhaltung bei den Löhnen, von den Unternehmern bei den Preisen, von den Verbrauchern beim Konsum.

1956 und 1961 waren diese Versuche einer „antizyklischen" Konjunkturpolitik „mit erhobenem Zeigefinger" erfolgreich.

Eine wichtige Voraussetzung für die wirtschaftliche Stabilisierung und den Aufschwung bildete die „Sozialpartnerschaft". Das nach heftigen Auseinandersetzungen im Mai 1951 von Regierung, Unternehmern und Gewerkschaften verabredete Mitbestimmungsgesetz garantierte die Parität im Aufsichtsrat, blieb aber auf die Montanindustrie beschränkt. Dagegen bescherte das für die übrige Industrie geltende Betriebsverfassungsgesetz vom Oktober 1952 den Arbeitnehmern lediglich in personal- und sozialpolitischen Fragen gewisse Mitwirkungsrechte und blieb deutlich hinter den Erwartungen der Gewerkschaften zurück.

Beide Gesetze bildeten die Basis für die partnerschaftliche Form der Konfliktregulierung, die für die junge Bundesrepublik charakteristisch war. Während einer Aufschwungsphase hätten Streiks leicht den Aufwärtstrend verzögern oder stoppen können. Dass in der Bundesrepublik dergleichen nicht passierte, war nicht zuletzt der Mitbestimmung der Arbeitnehmer in den Unternehmen der Montanindustrie zu verdanken. Nicht der Konflikt, sondern die Gemeinsamkeit der „Sozialpartner" bildete das dominierende Leitbild, wobei der Begriff „Partnerschaft" eine Gleichrangigkeit suggerierte, die natürlich nie existiert hat. Wirtschaftliche Prosperität und sozialer Frieden bedingten sich wechselseitig.

Ein weiterer Faktor für das außergewöhnliche Wachstum waren die Exporterfolge der westdeutschen Industrie während des Korea-Krieges (1950–1953). Sie konnte die Auslandsnachfra-

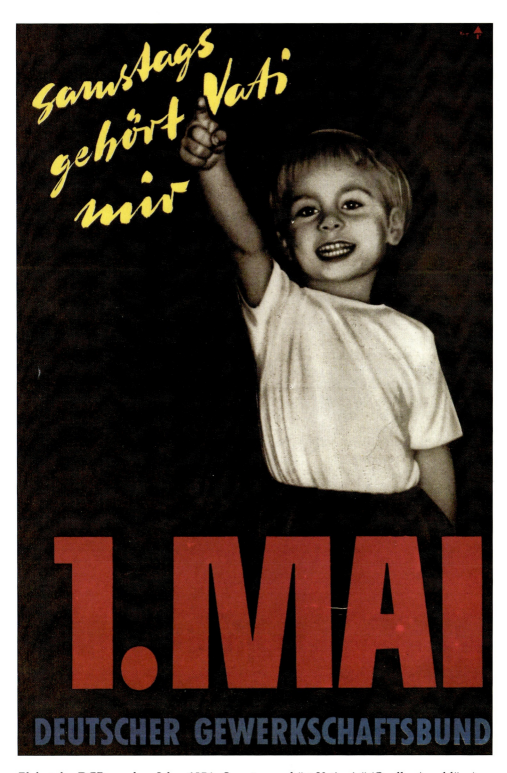
Plakat des DGB aus dem Jahre 1954 „Samstags gehört Vati mir" (Quelle: Anschläge)

ge nach Investitions- und Konsumgütern befriedigen, während die USA ihre Rüstungsproduktion ausbauten. Hohe Investitionen verliehen dem Wirtschaftswachstum Beständigkeit.

Der emsige Fleiß der westdeutschen Bevölkerung, den ausländische Beobachter immer wieder betonten, war ein weiterer Grund. Die 1950er Jahre waren eine Zeit enormer Arbeitsanstrengungen. Die Zahl der Erwerbstätigen wuchs von 1950 bis 1960 um 4,5 Millionen auf 26,5 Millionen. An der Ausweitung der Beschäftigung hatten die Frauen einen überdurchschnittlichen Anteil. 37 Prozent aller Erwerbspersonen waren 1960 Frauen. Auch die Jugendlichen waren in starkem Maße in das Erwerbsleben einbezogen. 1953 standen 69 Prozent der 15 bis 17-jährigen und 85 Prozent der 18 bis 20-jährigen im Beruf.

Die Arbeit war noch stark von körperlich anstrengender Tätigkeit bestimmt. Deshalb wurden Rationalisierungen – zumal sie selten mit Entlassungen verbunden waren – von den Beschäftigten begrüßt.

Je mehr es mit der westdeutschen Wirtschaft bergauf ging, desto länger musste zunächst gearbeitet werden. Mit 49 Stunden – in der Regel an sechs Arbeitstagen – wurden in der Industrie 1955 die längsten Arbeitszeiten nach dem Krieg gemessen. Damit stand die Bundesrepublik international an der Spitze. Teilzeitarbeit war unbekannt. Erst Mitte der 1950er Jahre setzten die Gewerkschaften Lohnerhöhungen durch, die Wochenarbeitszeit sank, und auch der Urlaub wurde auf 15 Werktage pro Jahr verlängert. 1960 lag die durchschnittliche tarifliche Wochenarbeitszeit bei 44 Stunden.

Noch wichtiger als die Arbeitszeitverkürzung war der Übergang zur Fünftagewoche. Die gewerkschaftliche Parole „Samstags gehört Vati mir!", also der Familie, gewann eine hohe Popularität. Ein Drittel aller Erwerbstätigen, die Hälfte der Arbeiterschaft, konnte am Ende der 1950er Jahre regelmäßig ein langes Wochenende genießen.

Aber es handelte sich erst um die Vorstufe der 40-Stunden-Woche. In den meisten Betrieben musste nun an den verbleibenden Werktagen länger als acht Stunden gearbeitet werden, weil der Wegfall der Samstagsarbeit durch die Arbeitszeitverkürzung nicht aufgewogen wurde. Zudem erhöhte sich die Zahl der Überstunden und auch die Schichtarbeit nahm zu. 1960 standen zwölf Prozent aller männlichen Arbeitnehmer im Schichtdienst.

Inflation (1920–1923), Weltwirtschaftskrise (1929–1933) und erneute Inflation (1946–1948) standen den Menschen damals lebhaft vor Augen. Der rasche Wechsel von Hochkonjunktur und Krise, Beschäftigung und Arbeitslosigkeit, halbwegs gutem Auskommen und bitterer Not über Generationen hinweg – gesteigert noch durch die beiden furchtbaren Kriege – bildete eine traumatische Erfahrung. Auf diesem Hintergrund war der rasche Rückgang der Arbeitslosigkeit und der starke Anstieg der Einkommen eine Erfahrung von revolutionärer Bedeutung. Im „Wirtschaftswunder" strebte gleichsam wie in einem Fahrstuhl die gesamte Gesellschaft nach oben, ohne dass deshalb freilich soziale Ungleichheiten verschwunden wären.

Der außergewöhnliche Aufschwung wurde von den Zeitgenossen als „Wunder" erlebt. Das „Wirtschaftswunder" verband sich aus ihrer Sicht mit Erhards Programm der Sozialen Marktwirtschaft und der Währungsreform. Ludwig Erhard mochte den Begriff nicht, weil er die eigentlichen Ursachen des Aufschwungs verschleierte.

Rascher wirtschaftlicher Aufschwung – Hameln wird eine prosperierende Industriestadt

Die Kriegsschäden der Hamelner Industrie hielten sich in Grenzen. Totalschaden hatte die Weizenmühle auf dem Werder erlitten, erheblich getroffen war das Teppichwerk Kuhlmann (Oka), das auf dem Hefehof-Gelände untergebracht war, stark gelitten hatten das Gummiwerk Körting und die Eisengießerei Concordia. Die übrigen Schäden waren nicht nennenswert.

Die britische Demontage hatte vor allem die riesigen Werksanlagen von Kaminski in der Werftstraße und der Domag in der Kuhbrückenstraße betroffen, die beide ausdrücklich zum Zwecke der Kriegsproduktion errichtet worden waren. Während die übrigen Hamelner Firmen, welche Rüstungsgüter hergestellt hatten, rasch auf zivile Produkte umstellten, stand mit den leeren Hallen von Kaminski und der Domag Raum für Neuansiedlungen von Firmen zur Verfügung. Besonders die Hallen an der Werftstraße entwickelten sich zur Keimzelle zahlreicher junger Unternehmen.

Die Stadt betrieb eine offensive Wirtschaftsförderung und stellte günstig Gelände für Neubauten von Werkshallen, aber auch von Werkswohnungen zur Verfügung. Als die Briten 1949 ihre Flugmotorenüberholung bei Kaminski auslaufen ließen und 600 Metallarbeiter auf die Straße setzten, konnte die Stadt auch mit einem Stamm von Facharbeitern werben. Daneben gab es durch den großen Zuzug von Flüchtlingen zahlreiche Menschen, die dringend Beschäftigung suchten.

1951 hieß es über Hameln, die Stadt sei auf dem besten Wege, sich als Industriestandort einen Namen zu machen. 1960 waren Arbeitskräfte rar geworden, und die Stadt tat sich schwer damit, den Firmen Gelände zur Erweiterung zur Verfügung zu stellen, worauf mehrere Unternehmen ins Umland abwanderten.

In Hameln ansässige Firmen

Wie bewältigten die in Hameln ansässigen Firmen den Neuanfang? Die meisten von ihnen hatten während des Krieges Rüstungsgüter hergestellt, dafür unter in der Regel schlimmen Bedingungen Zwangsarbeiterinnen und Zwangsarbeiter beschäftigt, waren nach Kriegsende teilweise demontiert worden und mussten nun ihre Produktion umstellen. „Friedensmäßige Fertigung" setzte zumeist erst ein, als der Schock der Währungsreform vom Juni 1948 überwunden war. Danach gelang es rasch, die Produktion wieder aufzunehmen und den Vorkriegsstand an Arbeitskräften und Produktion zu übertreffen.

Am 5. Januar 1949 trafen sich 20 Firmenchefs im „Bremer Schlüssel" an der Wendenstraße und gründeten „im Geiste des freien Unternehmertums" die „Arbeitsgemeinschaft der Unternehmer für Industrie, Handel und Gewerbe im mittleren Wesergebiet" (ADU). Schon im September 1949 wurde die Wirtschafts- und Leistungsschau „Hameln stellt aus" in der Alten Brauerei eröffnet. 100 Firmen präsentierten ihre Produkte. Eine kleine Auswahl von Hamelner Firmen wird im Folgenden vorgestellt, zunächst solche, die schon vor dem Krieg in Hameln ansässig waren.

DIE MODERNSTE UND GRÖSSTE MÜHLE DEUTSCHLANDS

Die auf dem Werder aufragende stattliche Weizenmühle der Wesermühlen Hameln Kurt Kampffmeyer war in den letzten Kriegstagen völlig zerstört worden. Bereits im September 1948, kurz nach der Währungsreform, wurde der Grundstein für einen Neubau am Hafen gelegt.

Im November 1949 konnte der Bau in Betrieb genommen werden, ein Hochhaus von 75 m Länge, 20 m Breite und 40 m Höhe, damals die modernste und größte Mühle Deutschlands. Ein Wasserkraftwerk, das an Stelle der alten Mühle auf dem Werder errichtet worden war, versorgte die neue Mühle mit Strom.

„Erster Eindruck bei einem Gang durch die neuen Produktionsräume: peinlichste Sauberkeit und Menschenleere! Der ganze

Die am Hafen neu errichtete Wesermühle nahm 1949 ihre Produktion auf und war damals der modernste und größte Mühlenbetrieb in Westdeutschland.
(Quelle: Stadtarchiv Hameln)

Betrieb ist vollautomatisch und die Frucht kommt vom Ausladen bis zum Einsacken des Fertigprodukts mit keiner menschlichen Hand in Berührung."[64]

Die Beschäftigtenzahl lag mit 280 Arbeitskräften im Jahre 1951 und 300 im Jahre 1960 vergleichsweise niedrig. Rationalisierung und Vollautomatisierung wurden damals als Symbole der Moderne begrüßt und der Wegfall von Arbeitsplätzen nicht als Bedrohung empfunden.

Der Vorsitzende des Gewerkschaftsbundes Kraft formulierte nicht ganz auf der Höhe der Zeit, als er bei der Einweihung die Glückwünsche der Arbeitnehmer überbrachte,

„die auch bei diesem Wiederaufbau eines zerstörten Betriebes ihrer Treuepflicht gegenüber den Arbeitgebern nachgekommen seien."[65]

DIE „TEPPICHSTADT" HAMELN

Im Gegensatz zur spät sich entwickelnden metallverarbeitenden Industrie hat die Teppichindustrie in Hameln eine lange Tradition. Mit gutem Recht wurde Hameln in den 1950ern die „Teppichstadt" genannt, galt zeitweise als bedeutendster Produktionsstandort für Teppiche in Westdeutschland.

Es gab drei Teppichwerke, die Besmer Teppichfabrik Mertens KG an der Süntelstraße, die Oka-Teppichwerke am Frettholz (heute Kuhlmannstraße) und die Vereinigten Wollwarenfabriken Marienthal, Marienthaler Straße.

Nach anfänglichen Umstellungsschwierigkeiten nahmen die drei Hamelner Teppichwerke, die sämtlich während des Krieges Rüstungsgüter hergestellt hatten, einen außerordentlich raschen Wiederaufstieg. Ursache hierfür war wesentlich der große Nachholbedarf auf Seiten der Konsumenten.

Teppichwerbung der Firma Besmer aus den 1950er Jahren (Quelle: Privat)

Der umfangreiche Gebäudekomplex der Besmer Teppichfabrik Anfang der 1950er Jahre (Quelle: Privat)

Anfang der 1950er besaßen von 16 Millionen Haushalten in der Bundesrepublik 7,5 Millionen noch keinen Teppich. Hinzu kam der Wegfall der mitteldeutschen Teppichproduktion, die ihr Zentrum in Sachsen hatte. Rasch konnte auch der Export ins Ausland beginnen.

Seit Mitte der 1950er Jahre übernahmen die Hamelner Unternehmen die in den USA erprobte neue Technik des Tufting. Sie erlaubte es, Teppiche zehn- bis zwanzigmal so schnell herzustellen wie auf dem herkömmlichen Teppichwebstuhl und ermöglichte die Wand- zu Wand-Verlegung in Form sog. Auslegeware. Damit hatte der Teppich das Potential, andere Bodenbeläge teilweise zu verdrängen.

Die drei Hamelner Teppichunternehmen bildeten mit insgesamt 2.400 Mitarbeitern einen wichtigen Bestandteil der heimischen Industrie.

Die Besmer Teppichfabrik

Das größte Unternehmen und zugleich zeitweise der größte Teppichproduzent Westdeutschlands war die Firma „Besmer Teppichfabrik Mertens KG". Sie produzierte nahe der Innenstadt in dem großen Komplex 164er Ring, untere Süntelstraße, Laaker Weg und stellte dort Teppiche, Läufer, Auslegeware und Brücken her.

1946 wurde der Firma die aus einem Unternehmen in Oelsnitz (Sachsen) hervorgegangene Teppichfabrik Tetex angegliedert. Diese stellte einen dem Orientteppich ebenbürtigen sog. „Perser aus Deutschland" her. Im aufgestockten Fabrikgebäude an der Süntelstraße nahm 1948 außerdem ein Wirkerei- und Strickereibetrieb zur Herstellung von Qualitätsunterwäsche (die Textilwerk GmbH, später Tewe) seine Arbeit auf, der rasch 200 Menschen Arbeit gab, darunter vielen ungelernten Flüchtlingen, Männern und Frauen.

1950 starb mit Wilhelm Mertens eine Unternehmerpersönlichkeit, die Hameln wesentlich den Aufstieg zur Teppichstadt zu verdanken hatte. Kurz vorher noch hatte ihn die Belegschaft anlässlich seines 70. Geburtstages durch einen großen Fackelzug gefeiert. Der Rat ehrte Mertens durch die Namengebung des nahe gelegenen Platzes. Wilhelm Mertens war 1904 als 24jähriger in die seit 1889 bestehende Teppichfabrik von Otto Kuhlmann als Teilhaber eingetreten. Im Jahre 1906, nachdem Otto Kuhlmann ausgeschieden war, trat Rudolf Bessert-Nettelbeck neben Wilhelm Mertens in die Firma ein. Aus Bessert-Nettelbeck & Mertens wurde der Firmenname „Besmer".

1950 begann ein rasanter Aufstieg der Firma. Damals zählte Besmer bereits wieder 1.000 Mitarbeiter. Die Firma erweiterte ihr Lieferprogramm ständig. Seit 1952 wurde in neu errichteten Produktionshallen am Laaker Weg der hochwertige Doppelteppich „Brussa" hergestellt. 1960 konnte man sich „Westdeutschlands größte Teppichfabrik" nennen.

Ende der 1950er Jahre traf Dr. Wolfgang Mertens, Sohn von Wilhelm Mertens, eine weitreichende Entscheidung. Auf Grund von Kapazitätsengpässen auf dem zerklüfteten und engen Firmengelände in Hameln errichtete er das neue Curlan-Teppichwerk im nahen Hess. Oldendorf. Dort wurde gleichzeitig die moderne Tufting-Produktion aufgenommen. Über die Jahre hin verlagerte Besmer mehr und mehr den Betrieb ins nahe gelegene Hess. Oldendorf. 1970 schlossen die Werkshallen an der Süntelstraße, dort, wo heute Arbeits- und Finanzamt stehen. 1994 siedelte schließlich auch die Verwaltung über.

Die Oka-Teppichwerke

1910 trennte sich Otto Kuhlmann von seinem Partner Mertens und gründete im Hastenbecker Weg zusammen mit Albert Blank die Teppichwerke O. Kuhlmann neu. Das Unternehmen wurde nach Kuhlmanns Tod 1911 von dem Mitbegründer Blank sowie Ernst

Der große Neubau der Oka-Teppichwerke. Im Hintergrund links die Gebäude des Hefehofes, vorn rechts die Anfänge des Stadionbaus. (Quelle: Stadtarchiv Hameln)

Josephs weitergeführt. Damit befand sich die Oka in jüdischem Besitz. Schwerpunkt der Produktion waren Haargarnteppiche, die zahlreich nach England exportiert wurden.

Seit 1933 litt die Firma massiv unter den Boykotten der Nationalsozialisten. Die Teppichwerke Otto Kuhlmann & Co wurden am 21. April 1934 „arisiert" (das war staatlich legitimierter Raub) und wechselten für nur 650.000 Reichsmark die Besitzer.

Neue Eigentümer wurden Hans Preiss & Söhne. Hans Preiss war seit 1918 Direktor der Vorwerk-Werke in Wuppertal gewesen. Während des Krieges verdiente Preis an der Produktion von Rüstungsgütern und unterhielt auf dem Werksgelände im Hefehof ein Lager für Zwangsarbeiter.

Nach dem Kriege, der die Fertigungsanlagen stark beschädigt zurückließ, begann der Wiederaufbau der Teppichfertigung. 1952 bauten die Söhne von Hans Preiss eine neue Fabrik, die zwischen den beiden Hamelläufen auf aufgeschüttetem Gelände im neu aufgeschlossenen Industriegebiet lag (am Frettholz, heute Kuhlmannstraße). Bereits 1953 konnte der außerordentlich große Neubau bezogen werden, der ein besonders rationales Arbeiten ermöglichte.

Im rechten Schenkel der U-förmigen Anlage befand sich das Garnlager. Von dort führte eine Transportstraße zu den Vorbereitungsabteilungen wie Spulerei, Schärerei, Färberei und Schlichterei, um dann in die Weberei zu münden. Die Weberei, das Herz des Betriebes, war eine Halle von 167 Meter Länge und einer Fabrikationsfläche von 7.500 qm. Dort standen fast 100 Teppichwebmaschinen. Der linke Schenkel enthielt die Ausrüstungsabteilungen, das Fertigwarenlager und schließlich die Packerei, von wo aus der Versand erfolgte. Das Werk erzeugte

Im Vordergrund rechts die Wollwarenfabriken Marienthal mit der 1957 neu errichteten Werkshalle, im Mittelgrund die Eisengießerei Concordia, im Hintergrund Bahnanlagen, Lokschuppen und die Richtung Hannover und Hildesheim führenden Gleise (Quelle: Stadtarchiv Hameln)

seinen Strom selbst und beschäftigte bald über 1.000 Mitarbeiter. Seit 1957 wurde das aus den USA übernommene Herstellungsverfahren des Tufting betrieben.

Typisch für die Zeit war das soziale Engagement der Firma. Auf einem Grundstück an der Hunoldstraße, das die Stadt Hameln zur Verfügung gestellt hatte, baute sie 42 Wohnungen für Werksangehörige, „alle mit Bad, Balkon und Etagenheizung", einer Gemeinschaftswaschküche auf dem Hof und – damals etwas Besonderes – mit Steckkontakten für UKW- und Fernsehempfang sowie Anschlussmöglichkeiten für Fernsprecher.[66]

„Ein großer Teil der Wohnungen ist für Teppichweber vorgesehen, die besonders schwere Schichtarbeit haben und aus ungünstigen Wohnverhältnissen erlöst werden sollen."

Seit 1968 gehörten die OKA-Teppichwerke zur Wuppertaler Firma Vorwerk.

Die Vereinigten Wollwarenfabriken Marienthal

Die Vereinigten Wollwarenfabriken Marienthal sind mit ihrem Gründungsdatum 1831 eines der ältesten Hamelner Unternehmen. Während des Zweiten Weltkrieges hatte die Firma mit Hilfe zahlreicher Zwangsarbeiterinnen und Zwangsarbeiter Rüstungsgüter produziert und diese unter schlimmen Bedingungen in ihren Kellern untergebracht, darunter viele Frauen und Kinder aus Warschau.

In den 1950er Jahren hatten sich die Wollwarenfabriken auf die Herstellung von Wolldecken und Mantelstoffen spezialisiert. Außerdem lieferten sie Teppichgarne für die Mutterfirma Besmer. 1957 beschäftigte die Firma 270 Arbeitskräfte und errichtete auf ihrem Gelände zwischen Marienthaler Straße, dem Eisen- und Hartgusswerk Concordia und der Stadthamel eine neue große Werkshalle.

Die Firma Körting Ende der 1950er Jahre (Quelle: Stadtarchiv Hameln)

Bei dem jetzt fertiggestellten Abschnitt wurde eine neuartige Hallenkonstruktion verwendet, die 35 Meter ohne Stützen überspannt. Als tragende Bauelemente dienen gebogene Fachwerkbinder aus Stahl und eine nur zwei Zentimeter starke, durch Rippen verstärkte Betonschale, die aus vorgefertigten sieben Meter langen Platten zusammengesetzt wird. So entsteht ein sogenanntes Shet-Dach (Sägeschnittdach) mit nach Norden gerichteten Glasflächen, die sehr viel Licht einlassen. Die Anlage erlaubt eine gleichmäßige schattenfreie Ausleuchtung und verhindert die im Sommer gefürchtete Treibhauswärme.[67]

DIE EISENGIEßEREI CONCORDIA

Mit ca. 350 Mann Belegschaft war das alte, angesehene Eisen- und Hartgusswerk Concordia an der Marienthaler Straße bis 1949 das größte Werk der Hamelner Metallindustrie. Es stand mit seiner Grau- und Hartgusserzeugung mengenmäßig in Niedersachsen und den benachbarten Gebieten an erster Stelle. In der Maschinenbauabteilung wurden Ziegelei- und Tonzubereitungs-Maschinen hergestellt. Auch im Export konnte die Firma früh wieder Aufträge abschließen.

DIE GUMMIFABRIK KÖRTING

Ein Unternehmen der Gummi-Industrie war die 1928 gegründete Firma Otto Körting an der Ohsener Straße. Sie lieferte Gummisohlen für Schuhindustrie und Reparaturbetriebe und technische Formteile für die Autoindustrie. In einem Regenerierwerk konnte Altgummi wieder für die Fabrikation verwendbar gemacht werden.

In den letzten Kriegstagen war die Hauptfabrikationshalle zerstört worden. Damit gingen 76 Prozent der Erzeugungskapazität verloren. Nach der Währungsreform 1948 konnten endlich die 100 kg schweren Rohkautschukwürfel aus Südostasien frei bezogen werden. Im Februar 1949 liefen die Maschinen in der neu errichteten Hauptfertigungshalle aus Stahlbeton wieder an.

Die Sohlenfertigung war in den 1950er Jahren ganz auf Mode eingestellt. Weiße, grüne, rote, gelbe und braune Gummi- und Kreppsohlen wurden damals von den Kunden bevorzugt. Die Gleitsicherheit der Gummisohle war der Trumpf der Firma.

Das Werk hatte mit seinen 210 Arbeitskräften den Vorkriegsstand weit überschritten. In besonderen Spezialitäten – Sohlen für Bergsteiger- und Skistiefel – war es gelungen, die durch den Krieg abgerissenen Exportfäden wieder anzuknüpfen.

DIE SCHUHFABRIK
PIGGE & MARQUARDT

Sie ist eine Augenweide in Hameln, die kleine Schuhparade im Empfangsraum der Schuhfabrik Pigge & Marquardt mit den neuesten Frühjahrsmodellen, den formschönen, elastischen „Weekend"-Sandaletten und „California"-Slippern oder den eleganten und reich verzierten Schuhen fürs Haus in aparten Farben.

Welche Wirkung, wenn diese Spitzenerzeugnisse verfeinerter Schuhtechnik von schmalfüßig schlanken Damenbeinen plötzlich in Bewegung gesetzt würden! Die launische Frau Mode, die mit immer neuen Einfällen, Formen und Farben ihr unberechenbares Spiel treibt, zwingt die Betriebsleitung zu vorsichtigem Planen und Disponieren.[68]

Die Schuhfabrik Pigge & Marquardt hatte ihre Fabrikationshallen an der Deisterstraße. Die Firma war lange auf die traditionellen Filzpantoffeln und Kamelhaarhausschuhe spezialisiert und hatte für ihre Herstellung auch die Arbeitskraft der Häftlinge in der Hamelner Strafanstalt genutzt. Nach der Währungsreform stellte sie ihr Sortiment um und modernisierte es im Stile der Zeit.

Neue Betriebe

Nach 1945 kam es zu zahlreichen Neuansiedlungen von Firmen in Hameln. In der Mehrzahl hatten sie ihren Stammsitz im geteilten Berlin oder in der damaligen sowjetischen Zone gehabt und wollten mit einer Verlagerung in der Westen der drohenden Enteignung zuvorkommen.

Wie schon erwähnt, betrieb die Stadt Hameln damals eine offensive Wirtschaftsförderung, stellte günstig Gelände für Neubauten von Werkshallen und Werkswohnungen zur Verfügung und warb mit einem gut ausgebildeten Stamm von Facharbeitern und freien Produktionsflächen. Durch den starken Zuzug von Flüchtlingen gab es ein Überangebot an Arbeitskräften. Die guten Eisenbahnverbindungen der Stadt bildeten damals einen weiteren Standortvorteil.

Die wirtschaftliche Entwicklung, welche die Stadt in den 1950er Jahren nahm, war außerordentlich erfolgreich und brachte hohe Steuereinnahmen. Allzu früh aber machten sich Faktoren bemerkbar, welche die Weiterentwicklung der Hamelner Industrie bremsten. 1957 baute das Elektromotorenwerk Stephan ein Zweigwerk nicht in Hameln, sondern in Detmold. Die Stahlkontor Weser Lenze KG ging nach Bösingfeld und Groß Berkel und gab den Standort Hameln komplett auf. Besmer baute einen Produktionsstandort in Hess. Oldendorf auf.

Verantwortlich für diese Entwicklung, deren nachteilige Folgen noch heute spürbar sind, waren einmal der Mangel an Arbeitskräften, sodann fehlendes Gelände für Erweiterungsbauten. Die Stadt sah sich nicht mehr im Stande, Bauland für die Erweiterung der Industrie zur Verfügung zu stellen.

Im folgenden wird der Werdegang einiger Firmen exemplarisch vorgestellt, die damals neu nach Hameln kamen.

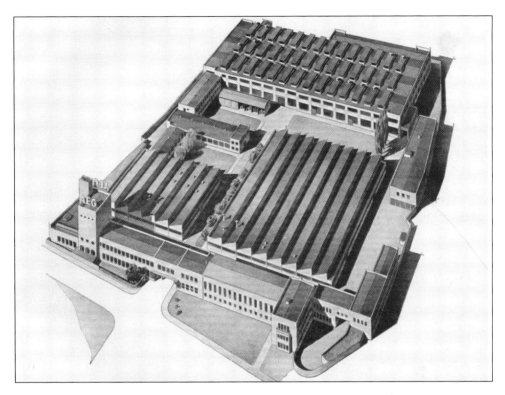

Die Werkshallen der AEG an der Kuhbrückenstraße. Die AEG war jahrelang größter Arbeitgeber in Hameln. (Quelle: Verkehrsverein)

DAS ZÄHLERWERK DER AEG

Ein neu errichteter Großbetrieb, der das Wirtschaftsleben der Stadt stark befruchtete, war die Zählerfabrik der Allgemeinen Elektrizitätsgesellschaft (AEG). Durch die Kriegsereignisse war ein Teil der Berliner Fertigungswerkstätten verloren gegangen bzw. demontiert, ein Betrieb in Annaberg (Erzgebirge) enteignet worden.

Der Entschluss, das Zählerwerk in Hameln aufzubauen, wurde im Sommer 1945 gefasst. 1946 begann ein Stammpersonal von 34 Personen mit dem Aufbau der Produktion in der ehemaligen Rüstungsfabrik Domag an der Kuhbrückenstraße.

Seit der Demontage der Domag standen die riesigen Werkshallen leer. In verhältnismäßig kurzer Zeit lief die Fabrik an und hatte sich bereits 1950 mit 950 Arbeitskräften zum größten Metallbetrieb in Hameln entwickelt.

Das Werk war nach den damals neuesten Gesichtspunkten der Fließbandfertigung eingerichtet. Neben Wechsel- und Drehstromzählern wurden auch Sicherungen, die sog. AEG-Elfa-Automaten, hergestellt. Früh ging ein Teil der Fertigung in den Export.

Mit Ausnahme von Fachkräften bestand die Mehrzahl der Beschäftigten aus ungelernten, häufig weiblichen Kräften. Damit gelang es, die am stärksten unter Arbeitslosigkeit leidenden Flüchtlingsfrauen in den Arbeitsprozess einzugliedern. Außerdem beschäftigte die AEG das Dreifache des „Solls" an Kriegsbeschädigten und bildete zahlreiche Lehrlinge aus.

Der weitere Aufstieg des Werkes vollzog sich in atemberaubendem

Tempo. Das Werk weitete seine Fertigung immer weiter aus, baute zum Beispiel blendungsfreie Straßenleuchten und Anlassrelais für Kühlschrankmotoren.

1958 stellte die AEG auf der Brüsseler Weltausstellung als Hamelner Neuentwicklung die damals kleinste Taschenlampe der Welt mit Ladegerät und einem Gewicht von nur 75 Gramm vor. Die abgerundete Form der kleinen Leuchte aus Kunststoff hatte auf der Mailänder Triennale, der Schau internationaler Industrieformen, eine Auszeichnung erhalten.

und zahlreiche Werkswohnungen, 150 Mietwohnungen, u. a. an der Ecke Koppen- und Sedemünderstraße und am Hessenanger, sowie 50 Eigenheime. Ein eigenes Ferienheim für die Betriebsangehörigen wurde 1952 in Braunlage eingeweiht.

Werkseigene Busse fuhren morgens und abends nach Bad Münder und Springe, um Arbeitskräfte ins Werk bzw. nach Hause zu bringen.

„Wir brauchen immer noch Arbeitskräfte und müssen etwas tun, damit sie hierher kommen", sagte ein leitender Mitarbeiter des Werkes im Mai 1961.

Ein großes Prüffeld im Zählerwerk der AEG (Quelle: Archiv der Dewezet)

Atemberaubend entwickelte sich auch die Zahl der Beschäftigten. Sie lag 1958 bei 2.200 Beschäftigten, hatte sich also in 8 Jahren mehr als verdoppelt. Das Werk unternahm große Anstrengungen, um die raren Arbeitskräfte durch einen hohen Standard an Sozialleistungen an den Betrieb zu binden. Es bot den Mitarbeitern eine Werksküche

Befähigte Mitarbeiter schulte die AEG in betriebseigenen Lehrgängen und auf Kosten des Unternehmens zu Technikern. 1961 hatte das Werk 2.600 Kräfte und suchte ständig weitere. Um die Produktion noch ausweiten zu können, erhielt damals die größte Halle des früheren Domag-Geländes einen Zwischenstock.

Das neu errichtete Werk der Puddingpulverfabrik Vogeley an der Kuhbrücken- und Wallbaumstraße (Quelle: Archiv der Dewezet)

DIE PUDDINGPULVERFABRIK VOGELEY

Die hannoversche Puddingpulverfabrik Adolf Vogeley nahm 1945 in Hameln ihre Produktion auf. Nach der Zerstörung des Hauptwerkes in Hannover hatte die Firma in diesem Jahr ihren Sitz nach Hameln verlegt und ihre Produktion mit einer 30-köpfigen Belegschaft begonnen. Einen Aufschwung nahm das Unternehmen 1948, als wieder Rohmaterialien in größerer Auswahl und verbesserter Qualität zur Verfügung standen. Die Belegschaft lag 1949 bei 200 Personen.

Auf dem Industriegelände an der Kuhbrückenstraße errichtete die Firma 1950 eine Lagerhalle und ein kleines Verwaltungsgebäude. Ein großer Fabrikneubau längs der Wallbaumstraße wurde 1956 eingeweiht.

DER SCHIFFSGETRIEBEHERSTELLER EUGEN REINTJES

Der in Emmerich am Rhein 1879 gegründete Betrieb für Schiffsschrauben war 1944 ausgebombt worden. Die Firma war daraufhin nach Wagenfeld im Kreis Diepholz gezogen. 1950 verlegte sie der Inhaber Eugen Reintjes ein weiteres Mal – nach Hameln, weil die Stadt, wie er sagte, „so schön im Schnittpunkt" liegt. Wie manche andere Firma bezog Reintjes zunächst Hallen im ehemaligen Motorenwerk von Kaminski an der Werftstraße. Schiffsgetriebe und Verstellpropeller des Werkes wurden sowohl von der Hochsee- wie von der Binnenschifffahrt der ganzen Welt benutzt. 1953 erhielt der Seenot-Rettungskreuzer „Bremen" zwei Verstellpropelleranlagen, die in Hameln hergestellt worden waren. Um 1960 arbeiteten bei Eugen Reintjes rund 300 Menschen.

DIE KOKOSWEBEREI OTTO GOLZE

Die Kokosweberei Golze und Söhne stammte aus Landsberg an der Warthe. Weil die Stadt 1945 an Polen fiel, baute der Inhaber Otto Golze ein neues Werk im thüringischen Gera auf. Als dort die Enteignung bevorstand, verlegte Otto Golze das Werk noch weiter nach Westen. 1946 kam er vor allem deswegen nach Hameln, weil er in der Strafanstalt billige Arbeitskräfte fand.

Mit dem Eintreffen überseeischer Rohstoffe konnte die Firma die Kokosweberei wieder aufnehmen und zählte 1961 zu einer der beiden größten Kokoswebereien in Westdeutschland.

DIE ALLGEMEINE BAUMASCHINEN-GESELLSCHAFT (ABG)

Das Stammhaus der Allgemeinen Baumaschinengesellschaft (ABG) hatte in Leipzig gestanden. Dort wurden bereits seit drei Generationen Straßenbaumaschinen, Betonmischer, die in Europa einzigartigen, gigantischen Betonstraßenfertiger für den Autobahnbau und Großmaschinen für den Straßen- und Flugplatzbau gefertigt.

Die ABG hatte der junge Kaufmann Gerhard Pottkämper 1947 in Mehle (bei Elze) neu gegründet. 1950 verlegte er die Firma nach Hameln. Aus dem Nichts heraus erlebte die Firma einen raschen Aufstieg.

1957 hatte der Betrieb etwa 400 Beschäftigte und exportierte bereits in 36 Länder.

Im selben Jahr starb der Gründer und Geschäftsführer der Firma Gerhard Lehmann-Pottkämper im Alter von 34 Jahren bei einem Flugzeugabsturz. Mit ihm kamen zwei leitende Ingenieure der Firma ums Leben.

Der Witwe Maria Pottkämper gelang es, den Betrieb erfolgreich weiterzuführen. 1959 wurde eine große neue Werkshalle an der Kuhbrückenstraße in Betrieb genommen. Mit hellen und hohen Räumen hoffte die Firma dem Mangel an Fachkräften begegnen zu können.

1964 beschäftigte die Firma rund 700 Personen, litt aber nach wie vor an fehlenden Arbeitskräften. Damals kehrte ein Teil der Firma, der aus Raummangel nach Bösingfeld ausgewichen war, nach Hameln zurück. Diese Gelegenheit ergab sich, weil gleichzeitig die Firma Stahlkontor Weser Lenze KG Werkshallen in der Werftstraße aufgab, um nach Groß Berkel zu ziehen.

DAS ELEKTROMOTORENWERK STEPHAN

40 Jahre lang war das Elektromotorenwerk Stephan bei Zwickau (Sachsen) beheimatet gewesen. 1947 konnte ein Teil der Maschinen vor der drohenden Enteignung nach Helmstedt geschafft werden. Die dort gemieteten Produktionsräume erwiesen sich allerdings rasch als zu klein.

Über die Gründe für die Verlegung der Firma nach Hameln äußerte sich Firmenchef Alfred Stephan bei der Einweihung der neuen Produktionshalle folgendermaßen: Hameln verfüge über genügend Metallfacharbeiter und die Stadtverwaltung zeige Verständnis für die aufstrebende Industrie („Hier herrscht ein fortschrittlicher Geist"). Die folgenden Sätze mögen typisch für das Selbstverständnis der damaligen Unternehmergeneration sein:

„Was wir für uns selbst brauchen, ist sehr wenig. Wir betrachten es jedoch als unsere Pflicht, unseren Mitarbeitern zu helfen und möglichst vielen deutschen Menschen Brot und Arbeit zu geben."[69]

Die neue große Produktionshalle, die Platz für etwa 300 Beschäftigte bot, war auf dem ehemaligen Sportplatzgelände an der Ohsener Landstraße errichtet worden. Für die aus Helmstedt nachgeholten Fachkräfte wurde gleichzeitig ein Zwölffamilienhaus gebaut.

Die Produktion von Elektromotoren war damals äußerst arbeitsintensiv. Auch wenn bei Stephan schon automatische Spezialmaschinen zum Einsatz kamen, war noch viel Handarbeit nötig.

Der Neubau der Stephan-Werke an der Ohsener Landstraße. Auch der dahinter gelegene Sportplatz wurde später Industriegelände. (Quelle: Archiv der Dewezet)

Bewunderung nötigt die Fingerfertigkeit der Wicklerinnen ab, die Spulen isolieren, ausrichten und die Wickelköpfe abbinden.[70]

Als 1953 der 100.000ste Motor fertig gestellt worden war, fuhr die Belegschaft mit sieben Bussen zu einem Betriebsausflug in den Harz. Nach dem Abendessen wurde der Motor samt einer Waschmaschine verlost und der Gewinner konnte seinen gerade gegründeten Hausstand damit bereichern.

Auch bei Firma Stephan erleben wir in wenigen Jahren einen gewaltigen Aufstieg. 1960 waren in drei verschiedenen Werken 1.400 Menschen beschäftigt. Bei einer Belegschaft von gut 1.000 in Hameln nahm Stephan den dritten Platz unter den Hamelner Großbetrieben ein.

Die Werkshallen an der Ohsener Landstraße waren mehrfach erweitert worden. Ein großer Teil der Produktion ging in den Export.

Um die Expansion des Werkes zu realisieren, hatte Stephan den Standort Hameln zum Teil verlassen müssen und 1957 ein Schwesterwerk in Detmold gegründet. Gründe waren die angespannte Lage auf dem Hamelner Arbeitsmarkt und noch mehr fehlendes Erweiterungsgelände im Hamelner Industriegebiet.

Für die 1959 gegründete Tochterfirma Stephan & Söhne, die Nahrungsmittelmaschinen produzierte, fand sich noch einmal ein Platz in Hameln (am Frettholz, heute Stephanplatz). Aber danach war den Söhnen von Alfred Stephan klar, dass weitere Möglichkeiten einer baulichen Ausdehnung in Hameln nicht mehr vorhanden waren.

Die soziale Betreuung der Werksangehörigen lag bei Frau Paula Stephan, der Senior-Chefin. Sie ließ am Ulmenweg, auf der Freiheit und in der Beethovenstraße über 200 Wohnungen für Werksangehörige bauen. Auch für die Urlaubsbetreuung der Werksangehörigen sorgte sie.

Das neu errichtete vierstöckige Verwaltungsgebäude des BHW im Jahre 1955
(Quelle: Archiv der Dewezet)

Als am Ulmenweg 1952 der Musterbau eines Doppelhauses gerichtet wurde, führte Alfred Stephan beim Richtfest aus:
Wo zu einem ordentlichen Arbeitsplatz nicht auch eine anständige Wohnung hinzukomme, da gedeihe der Kommunismus.[71]

DAS BEAMTENHEIMSTÄTTENWERK (BHW)

Das „Beamtenheimstättenwerk" war eine Bausparkasse speziell für Angestellte und Beamte im öffentlichen Dienst und je zur Hälfte im Besitz des Deutschen Beamtenbundes und des Deutschen Gewerkschaftsbundes.

Die Bausparkasse – 1927 in Berlin gegründet – war Ende 1947 wegen der Teilung Deutschlands in Besatzungszonen zunächst mit einer Zweigniederlassung nach Hameln gekommen. In Berlin hatte vor dem Krieg die Zahl der Beschäftigten die 50 nicht überschritten.

Da man in Hameln mit ungelernten Kräften neu beginnen musste, dauerte es einige Jahre, bis die Bausparkasse wieder voll arbeitsfähig war. 1954 war die Zahl der Innendienstangestellten bereits auf 200 angewachsen. Der Eingang von Bausparanträgen hatte sich explosionsartig vermehrt. Seit der Währungsreform 1948 und bis zum Jahre 1954 waren 55.000 Bausparverträge mit einer Sparsumme von 650 Millionen DM abgeschlossen worden. Ein weiteres deutliches Wachstum zeichnete sich ab.

Neben der Hauptstelle in der Lohstraße waren die Beschäftigten auf sechs weitere Standorte verteilt und die Raumnot brachte zunehmend unerträgliche Verhältnisse. Händeringend suchte das Unternehmen in Hameln, aber auch bereits in anderen Städten,

Das Luftbild aus dem Jahre 1959 zeigt das BHW-Gebäude mit Behelfsbaracke und die Weserbergland-Festhalle. Das Hochhaus ist gerade im Bau. Im Mittelgrund sind noch die Tennisplätze erkennbar und im Vordergrund rechts das Stadion.
(Quelle: Stadtarchiv Hameln)

nach einem Bauplatz. Um das Unternehmen zu halten, überließ die Stadt nach Zögern und langem Überlegen im Oktober 1953 dem BHW einen vorzüglichen Bauplatz. Dieser lag unmittelbar an der Peripherie der Altstadt am Sedanplatz, dort, wo gerade die Weserbergland-Festhalle eingeweiht worden war. Als Architekten beauftragte das BHW Werner Wünschmann, denselben also, der gerade die benachbarte Weserbergland-Festhalle gebaut hatte. Er errichtete einen Neubau, der mit vier Stockwerken noch unter der Höhe der Festhalle blieb und sich auch städtebaulich gut einpasste. 1955 wurde das außerordentlich gelungene Bauwerk eingeweiht. Statt ihn genau parallel zur Sedanstraße zu stellen, gab der Architekt dem Baukörper in seinem hinteren Teil einen leichten Schwung. Die Fassade war mit Dolomit-Platten verkleidet. Wie es auch für andere repräsentative Bauten im öffentlichen Raum Hamelns galt, drückte sich im Baustil des neuen Verwaltungsgebäudes die „Moderne" in einer leichten Konstruktion unter Verwendung von viel Glas und Stahl aus. Die karge Ästhetik mag der Sparsamkeit geschuldet sein, war aber überzeugend.

Ein vorgezogenes Dach auf der Südostseite lenkte den Blick auf den Haupteingang, durch den man das schön geschwungene Treppenhaus betrat. Auf derselben Seite lag hinter einem leicht vorspringenden gerundeten Erker im 1. Stock am „Direktionsflur" der Sitzungssaal. „Das ist ja ein richtiger Palast geworden", zitierte die Dewezet[72] Besucher des Neubaus. Aus der ausführlichen Beschreibung der Tageszeitung[73] kann der Leser weitere Einzelheiten über den Neubau erfahren, der mit zahlreichen technischen Neuerungen aufwarten konnte.

Das Erdgeschoß birgt neben Büroräumen die moderne Lochkarten-Buchhaltung zur Führung der Sparkonten, die Adressiermaschinen und die Expedition.

Im ersten Stock befinden sich die Direktionsräume und der Sitzungssaal, in den beiden Stockwerken darüber wiederum Büros.

Wenn wir nicht auf der schön geschwungenen Haupttreppe nach oben steigen wollen, können wir auch einen Personenaufzug benutzen. An den vier Korridoren, die das Haus in seiner ganzen Länge bis zur Nebentreppe an der Ostseite durchziehen, sind die Büros aufgereiht. Rund hundert Türen wurden von den Tischlern eingebaut und dieselbe Zahl regiert bei der Selbstwählanlage im Keller, deren Anschlüsse jedoch notfalls auf vierhundert erhöht werden können.

Alle Korridore haben Oberlicht. Im ersten Stock am „Direktionsflur" liegt ein geräumiges Sitzungszimmer, dessen Wände mit furnierter Goldesche auf einem schwarzen Kunststoff-Hintergrund getäfelt sind. Die trichterförmigen Beleuchtungskörper sind mit Glasperlen gespickt, was einen schönen Beleuchtungseffekt geben muß. Von außen ist das Sitzungszimmer durch den Erker an der Südseite kenntlich. Jeder Büroraum hat feuerfeste Schränke mit einer Garderobennische.

Auch im Keller sind noch genug Räume. Neben der Selbstwählanlage werden sich hier eine eigene Druckerei und eine Fotokopieranlage befinden. Des ganze Gebäude wird mit Rohöl geheizt, das in einen Tank unter dem Sedanplatz eingefüllt wird. Die versenkte Garage hat Platz für sechs Wagen, der neben der Einfahrt liegende Fahrradstand kann etwa 90 Räder aufnehmen.

Noch vor der Fertigstellung des Gebäudes erwies sich der Neubau als zu klein. Das BHW meldete weiteren Baubedarf bei der Stadtverwaltung an. Die Stadt wollte alles tun, um das BHW in Hameln zu halten, sah aber Schwierigkeiten.

„Wie soll man diese Erweiterungswünsche mit der Gesamtplanung auf dem Sedanplatz in Einklang bringen?"[74]

Damals standen bereits die Pläne zur Errichtung des Kunstkreisstudios zur Diskussion.

1957 hatte die Zahl der Beschäftigten die 400 bereits überschritten. Die Zuwachsraten bei Bausparverträgen lagen damals jährlich bei 26 bis 28 Prozent. Nun plante Architekt Wünschmann, in direktem Zusammenhang mit dem Hauptgebäude „auf schmalem Grundriß acht Geschosse in die Höhe zu bauen".[75] Damit könnte die Bürofläche des 1955 bezogenen Gebäudes verdoppelt werden.

Gegenüber konservativen Kritikern, die Hochhausbauten für Hameln verhindern wollten und angesichts einer Höhe von 26,5 Metern um die Stadtsilhouette besorgt waren, hieß es beschwichtigend:

Es handelt sich noch um kein „Hochhaus" im Sinne der baulichen Vorschriften.

Weil sich der Bau des Hochhauses bis 1959 hinzog und dringend Arbeitsraum benötigt wurde, sah das BHW als einzigen Ausweg den Bau einer Baracke auf dem Sedanplatz.

In dem großen Raum werden wir allein 20–25 Stenotypistinnen mit ihren Maschinen unterbringen können.

Der Berichterstatter der Dewezet kommentierte die Pläne:

Freuen kann man sich darüber wahrhaftig nicht, und der Gedanke, daß der Baracken-Neubau des Beamten-Heimstätten-Werks in zwei Jahren wieder abgerissen wird, ist wirklich nur ein schwacher Trost.[76]

Noch bevor das Hochhaus fertig war, gab es erneut Ausbaupläne. Das „Hochhaus" sollte um vier weitere Geschosse bis auf eine Höhe von 38 Metern erweitert werden, das Verwaltungsgebäude durch ein leicht zurückgesetztes Stockwerk aufgestockt werden. Parallel zum Kastanienwall war außerdem ein niedriger Randbau vorgesehen.[77]

Immer in Sorge um das von der Marktkirche geprägte Stadtbild prüfte die Stadt die Pläne sorgfältig. Architekt Wünschmann hatte die endgültige Höhe des Er-

Das fein geschwungene Treppenhaus des heutigen Rathauses hat den ursprünglichen Charakter der 1950er Jahre bewahrt. (Quelle: Gelderblom)

weiterungsbaues durch eine Stange mit einem Dreieck an der Spitze markieren lassen. Auf dem Sedanplatz war ferner die Ausdehnung des geplanten Randgebäudes am Kastanienwall durch ein Lattengerüst angedeutet. Von den umliegenden Höhen zeigte sich nun, daß das Bauwerk in seiner jetzigen Höhe kaum auffällt, wie wird es aber sein, wenn sich ein noch um vier Stockwerke erhöhter Block in unmittelbarer Nähe der Marktkirche erhebt? Obwohl die Stange mit dem weißen Dreieck aus der

Ferne nur mit scharfem Auge zu erkennen war, konnte man sich doch ausmalen, daß die Firsthöhe des Hochhauses fast bis zu den Schall-Löchern der schlanken Turmnadel von St. Nicolai reichen wird. Die Befürchtung ist nicht ganz abwegig, daß von einigen Blickpunkten aus die Marktkirche „erdrückt" werden könnte.[78]

Schließlich erteilte der Rat dem BHW für seine Pläne eine „Ausnahmegenehmigung", so dass der Platzbedarf für einige Jahre gestillt war. Die Randbebauung parallel zum Kastanienwall ist allerdings nicht realisiert worden.

Mit dieser letzten Erweiterung waren die Ausdehnungsmöglichkeiten für das immer weiter expandierende BHW am Standort in der Innenstadt jedoch erschöpft. 1972 bezog das BHW sein neues Gebäude an der Lubahnstraße und die Stadt, die lange Neubaupläne für ein Rathaus erwogen hatte, fand in den Bauten des BHW am Sedanplatz endlich ein angemessenes Gebäude für ihr Rathaus.

Von hoher Arbeitslosigkeit zur Vollbeschäftigung

1949 war jeder sechste Hamelner arbeitslos; die Arbeitslosigkeit lag bei 13,5 Prozent. Sorgen bereiteten dem Arbeitsamt vor allem die Eingliederung der älteren weiblichen Angestellten, „sofern sie nicht perfekt Stenographie und Schreibmaschine beherrschen", und die der jugendlichen Frauen, „zumal viele sehr junge Mädchen noch nicht das nötige Pflichtbewußtsein für den Beruf mitbringen", wie es 1949 in der Dewezet[79] hieß.

Am 20. Dezember 1949 fragte die Zeitung: „Ist der „Höhepunkt der Krise erreicht?" Noch stieg die Zahl der Arbeitslosen und insbesondere der Unterstützungsempfänger ständig, nachdem auch arbeitslose Frauen unter gewissen Voraussetzungen Unterstützung beantragen konnten. Gleichzeitig bereiteten die anstehenden etwa 2.000 Schulentlassungen dem Arbeitsamt neues Kopfzerbrechen, denn nur höchstens 800 Lehrstellen standen der Nachfrage gegenüber.

1959 hatte sich die Arbeitsmarktlage völlig verändert. Die Arbeitslosenquote war bundesweit auf 1,3 Prozent gesunken, es herrschte nahezu Vollbeschäftigung, in vielen Branchen sogar Arbeitskräftemangel. Am Ende des Jahrzehnts setzte deshalb die Anwerbung von ausländischen Arbeitskräften ein. Sie kamen aus Ländern wie Italien und Spanien. Selbst im Kurort Bad Pyrmont arbeiteten 25 Ausländer. 1960 stellten diese 1,3 Prozent von allen Erwerbspersonen in Deutschland. Das Wort „Gastarbeiter" mussten die Deutschen freilich erst noch lernen; zunächst sprach man – in der unseligen Tradition des Dritten Reiches – von Fremdarbeitern.

Extrem war der Arbeitskräftemangel im Hotel- und Gaststättengewerbe. Die Dewezet[80] druckte den Appell eines Wirtes:

Seien Sie nett zu meinem Personal, es ist heute schwieriger zu haben als Gäste!

Das Arbeitsamt und sein Neubau

Seit 1930 war das Arbeitsamt unter unzumutbaren Bedingungen in der Alten Kaserne an der Deisterstraße untergebracht. Pläne zum Neubau hatte es schon lange gegeben, doch der Krieg machte sie zunichte.

Als unmittelbar nach der Währungsreform Massen von Arbeitslosen in den engen Gängen des alten Baus auf die Zahlung des „Stempelgeldes" warten mussten und in langen Schlangen an Schaltern „abgefertigt" wurden, als bis zu 16 Angestellte in einem Raum arbeiten mussten, wurden die Rufe nach einem Neubau lauter. Die Konferenz der Betriebsräte Hamelns nahm am 16. November 1949 zu der Frage des Neubaues Stellung und sprach von „katastrophalen Zuständen", wie sie in der Alten Kaserne herrschten.

Angesichts des Massenandranges der Arbeitslosen in den beengten und ungeeigneten Räumen des heutigen Arbeitsamtes

Das 1951 eingeweihte Arbeitsamt in der Zentralstraße. Heute beherbergt das Gebäude die Hamelner Kriminalpolizei. (Quelle: Stadtarchiv Hameln)

ist eine sorgfältige Betreuung der Arbeitslosen zur völligen Unmöglichkeit geworden. Die sich hieraus ergebenden Unzuträglichkeiten sind nicht dazu angetan, bei dem einzelnen Arbeitslosen den Eindruck zu erwecken, daß ihm als Mensch und als Opfer wirtschaftlicher Krisen die ihm gebührende Achtung und Würdigung entgegengebracht wird.

Es ist auch den Angestellten des Arbeitsamtes nicht zuzumuten, in ungesunden, dunklen und beschränkten Arbeitsräumen verantwortungsvolle und zuverlässige Leistungen zu vollbringen.[81]

Als Bauplatz hatte man das damals noch weitgehend unbebaute Gelände zwischen der Allgemeinen Ortskrankenkasse (damals Zentralstraße 1) und der Lohstraße vorgesehen.

Der gut gelungene Neubau wurde vom Staatlichen Hochbauamt unter Baurat Haertel entworfen. Weil man damit rechnete, auf lange Sicht mit dem Problem der Arbeitslosigkeit zu tun zu haben, baute man großzügig. Der Eingang zur Stempelstelle – 1950 wurden hier monatlich 1½ Millionen DM an Arbeitslosengeld ausgezahlt – war bewusst an die Seitenfront gelegt worden, damit die erwarteten Schlangen nicht den Straßenverkehr behindern konnten. Weil das Bauvorhaben möglichst vielen Arbeitslosen zur Arbeit verhelfen sollte, wurde der Baufirma die Auflage gemacht, keinen Bagger für die Ausschachtungsarbeiten zu verwenden. Dadurch konnten etwa 40 Arbeiter zusätzlich beschäftigt werden.

Im September 1951 wurde das neue Haus an der Zentralstraße seiner Bestimmung übergeben. Es wartete mit einem damals ungewohnten Komfort auf. Warteflure waren mit Bänken ausgestattet. Wer den Arzt besuchen musste, konnte eine Umkleidekabine in Anspruch nehmen.

Das Arbeitsamt war einer der ersten Behörden-Neubauten der Stadt. Im vollen Pathos, wie es nur in der Situation des Aufbruchs möglich ist, schrieb die Dewezet über den Bau:

Die Arbeitslosen können nun ohne Scheu und ungestört ihre wirtschaftlichen oder beruflichen Sorgen auspacken, wenn sie an den Schreibtisch des Vermittlers oder Berufsberaters treten. Der Mensch soll im Mittelpunkt der Betreuungsarbeit dieses Hauses stehen.[82] Und der Präsident des Landesarbeitsamtes, Bergemann, gab dem Leiter der Hamelner Dienststelle auf, dass „in diesem Hause immer im demokratischen Geiste gearbeitet werden möge. Die Arbeitsverwaltung sei absolut unbürokratisch."[83]

1959 war die Arbeitslosigkeit in Hameln so weit abgebaut, dass das Arbeitsamt seinen Personalbestand von 175 auf 133 Beschäftigte verringern und einige nicht mehr benötigte Räume im Neubau vermieten konnte.[84]

7 Konsum und Lebensstil

Konsum und Versorgung

Das mit den 1950er Jahren häufig verbundene Bild vom Wohlstandsbürger, der von der „Fresswelle" zu feineren Genüssen überging, ist unzutreffend. In den meisten Haushalten ging es sehr bescheiden zu.[85] Die Löhne und Einkommen von 1950 entsprachen von der Kaufkraft her denen der Jahre vor dem Zweiten Weltkrieg. Das ausgabefähige Einkommen verdoppelte sich bei einem vierköpfigen Arbeitnehmerhaushalt zwischen 1950 und 1960 auf monatlich 670 DM. Den größten Ausgabenposten bildeten die Nahrungsmittel, allerdings mit sinkendem Anteil. 1950 waren es 46 Prozent gewesen, 1960 immerhin noch 36 Prozent.

Da auch die Ausgaben für die Wohnung wegen der gesetzlichen Mietpreisbindung und staatlicher Wohnungsbaupolitik mit neun bis zehn Prozent während des gesamten Jahrzehnts stabil blieben, überwog Ende der 1950er Jahre erstmals der sogenannte „elastische" den „starren Bedarf" für Nahrungsmittel, Wohnung, Heizung und Beleuchtung – in vielen Haushalten eine völlig neue Erfahrung.

Anfang 1950 musste ein Industriearbeiter noch 22 Stunden und 37 Minuten arbeiten, um sich für seinen Lohn ein Kilogramm Bohnenkaffee kaufen zu

Ladenzeile an der Kaiserstraße in Bahnhofsnähe im Jahre 1953
(Quelle: Stadtarchiv Hameln)

können. Für ein Kilo Kotelett rackerte er vier Stunden und 35 Minuten, für ein Kilo Butter vier Stunden 13 Minuten und für ein Kilo Zucker fast eine Stunde. Ein Herrenhemd kostete mehr als einen Tageslohn, ein Rundfunkgerät den Lohn von 15 Tagewerken zu je acht Stunden. Ein Leichtmotorrad war fast unerschwinglich: Sein Preis entsprach dem Lohn von 56,5 Arbeitstagen.

Als das Jahrzehnt zu Ende ging, hatte sich die Kaufkraft durch kräftige Lohnerhöhungen und eine maßvolle Preispolitik so verbessert, dass der durchschnittliche Industriearbeiter schon nach 6,25 Stunden ein Kilo Kaffee verdient hatte. Das Kilo Kotelett war ihm nach zwei Stunden und 25 Minuten Arbeit sicher, das Kilo Butter nach zwei Stunden und 19 Minuten und das Kilo Zucker nach 26 Minuten. Im Durchschnitt konnte der Industriearbeiter Ende der fünfziger Jahre für seine Arbeitsleistung doppelt soviel Konsumgüter kaufen wie zu Beginn des Jahrzehnts.

Auffällig ist aber, dass ein nicht unbedeutender Teil des zur Verfügung stehenden Einkommens gespart wurde. Man könnte die 1950er Jahre pointiert als Jahrzehnt des Sparens bezeichnen. Bewusst wurde auf vieles verzichtet, was man sich mit dem gesteigerten Einkommen hätte leisten können.

Ein Vorbote des künftigen Überflusses waren die ersten Selbstbedienungsläden. „Großandrang im Selbstbedienungsladen", überschrieb die Dewezet[86] im Jahre 1950 eine Reportage über die Neueröffnung des Lebensmittelgeschäftes Gutberlet Bahnhofstraße/ Ecke Vizelinstraße, in dem eine völlig neuen Form des Kaufens praktiziert wurde.

Aus den Worten des Redakteurs klingt das Erstaunen und die Ungläubigkeit, wie denn so etwas möglich sei, wo es bisher doch immer nur darum ging, den Mangel an allem Möglichen mehr oder minder gerecht zu verteilen.

Schon wenig nach sechs Uhr morgens sammelten sich am Mittwoch vor dem zu eröffnenden Selbstbedienungsladen an der Bahnhofstraße (über dessen ansprechende und hygienisch vorbildliche innere Ausgestaltung die Dewezet bereits berichtete) eine große Schar von Hausfrauen, und als sich dann die Tore öffneten, mußte schon bald wegen drohender Überfüllung wieder zugesperrt werden. Im Umsehen waren die handlichen Drahtkörbe und gar erst die netten Transportwägelchen, die „Pick up", „Aufsammler" zu deutsch, vergriffen.

Der Einkauf jeder Hausfrau, die an den mit Warenkennzeichnungen und Preisen versehenen Regalen entlang promenieren und „sich bedienen" konnte, hätte im Umsehen erledigt sein können, wenn der erste allgemeine Andrang nicht so langes Warten an den Kassen verursacht hätte.

Es wird wohl eine Weile dauern, bis sich die erste Wißbegierde der Käuferschaft gelegt hat und die Vorteile dieses neuen Verkaufssystems voll entfalten und beweisen können.

Die Lebensmittel-Großfirma, die mit dieser Einrichtung Hameln etwas ganz Neues beschert, hat sich bereits zwei Jahre hindurch mit den Plänen hierzu beschäftigt. Erste Beobachtungen wurden in der Schweiz gemacht, wo sich die aus den USA stammende und dort allgemein seit langem eingeführte Verkaufstechnik bewährt hat. In Schweden wurde sie dann von den weitverzweigten Konsumvereinen übernommen. Diese Neueinrichtung ist also nicht aus der Luft gegriffen, sondern gründet sich auf Erfahrungen.

Nun wird man fragen, was eigentlich acht oder sogar zwölf junge, in weißen Kitteln sich dienstbereit zeigende Leute dort zu tun haben, wo man sich völlig allein bedienen soll. Hier liegt ein Irrtum vor: hundertprozentige Selbstbedienung ist in einem Geschäft, in dem es neben der zumeist fertig abgepackten Ware auch Wurstwaren und Gemüse, Obst und Frischfleisch gibt, nicht möglich. Hier muß zusätzliche Bedienung einsetzen.

Ein Wort der Anerkennung gebührt jenen jungen Kräften, die, an der Kasse stehend, der Kassiererin die Preise der von der Kundschaft ausgewählten Ware ansagen. Sie kennen den Preis für all die vielen hun-

Im Neubau der Bumann-Schule am Berliner Platz eröffnete der Lebensmittelfilialist Tengelmann 1960 den größten und modernsten Selbstbedienungsladen Hamelns. (Quelle: Archiv der Dewezet)

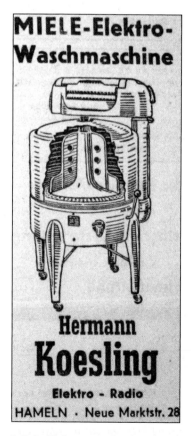

Miele Elektrowaschmaschine aus dem Jahre 1949 (Inserat in der Dewezet) (Quelle: Archiv der Dewezet)

dert Einzelartikel auswendig, die addierende Kasse besorgt das Weitere.

Sobald ein Warenfach sich zu leeren beginnt, was, wie erwartet, bei Zucker sehr bald der Fall war, wird es sofort wieder aufgefüllt. So präsentiert sich der gesamte Laden dauernd als ein sorgfältig hergerichtetes Schaufenster, das ständiger Pflege bedarf. Fast sämtliche Tüten, z. B. für Reis und Hülsenfrüchte, sind durchsichtig. Die Hausfrau kauft also nicht „blind" darauf los, auch könnte sie sich jederzeit Proben vorweisen lassen oder Selbstgeöffnetes wieder zur Seite stellen. Die Bedienung ist darauf geschult, kleinste Abweichungen im Aufbau der verpackten Ware zu merken und sofort wieder musterhaft in Ordnung zu bringen.

Die neue Verkaufsform setzte sich nur langsam durch. 1955 richtete die Firma Louis Bollmeyer in der Bäckerstraße einen „Frei-Wähl-Laden" ein.

Der Durchbruch war geschafft, als die Firma Tengelmann im Dezember 1960 in einem großen Neubau am Berliner Platz den größten und modernsten Selbstbedienungsladen Hamelns eröffnete.

Der Ausstattungsgrad mit langlebigen Konsumgütern war in der ersten Hälfte der fünfziger Jahre noch sehr niedrig. Nach einer Umfrage des Allensbacher Instituts für Demoskopie verfügten 1953 nur neun Prozent aller Haushalte über einen Kühlschrank und 26 Prozent über einen Staubsauger. Waschvollautomaten gab es noch gar nicht.

Der regelmäßige Waschtag stellte in den 1950er Jahren für jede Hausfrau eine besondere Strapaze dar. Wer es sich leisten konnte, holte eine Waschfrau zu Hilfe. Beide standen den ganzen Vormittag im Wrasen der Waschküche, wo sich nacheinander in großen Wannen das Einweichen, Vorwaschen, Klarwaschen und Spülen der Wäsche vollzog.

Zu Mittag gab es Eintopf, der am Vortage gekocht wurde. Auf diesem Hintergrund stellte die Einrichtung einer „Mietwäscherei" in Hameln im

Der Lloyd war für viele Familien damals das erste Auto, das sie sich leisten konnten (Anzeige in der Dewezet aus dem Jahre 1950). (Quelle: Archiv der Dewezet)

Jahre 1952 eine ganz besondere Erleichterung dar. Die Dewezet[87] berichtete darüber.

Die „große Wäsche" bringt für jede Hausfrau einige Stunden Schwerstarbeit, aber nicht jede kann sich eine Waschfrau leisten oder gar die ganze Leib-, Tisch- und Bettwäsche samt den Gardinen in eine Wäscherei geben. Seit kurzem gibt es aber für sie einen Mittelweg. Zwei wagemutige Unternehmer haben in Hameln Mietwäschereien eingerichtet. Zunächst vermutet der Unkundige, daß es sich um Wäsche-

leihgeschäfte handeln könnte, wie sich diese in den Großstädten gut eingeführt haben. Aber die lustig im Wind flatternde Trockenwäsche im Hof, der Wrasen, der aus dem Keller herausquillt, dazu der typische Geruch frischer Lauge verraten den Wäschereibetrieb.

„Waschanstalt im kleinen" könnte man eine solche Mietwäscherei nennen. Das Besondere aber ist, daß die Hausfrau die Waschtrommel selber beschickt. Dieses Waschwunder besorgt dann in einem einzigen Arbeitsgang das Einweichen, Vorwaschen, Klarwaschen und Spülen.

Interessant ist, daß die in den Trommeln rotierende Wäsche niemals zum Kochen kommt! Mehr als höchstens 86 Grad Celsius werden grundsätzlich nicht erreicht. Die Wäsche „zieht" nur, denn „Kochen" ist altmodisch und greift die Faser zu sehr an.

Die Hamelner Mietwaschküchen haben sich bereits so gut eingeführt, daß man sich am besten im voraus anmeldet. Viele Hausfrauen begrüßen es, mechanisch waschen zu können und dennoch ihren Einfluß auf ihre Wäsche während des gesamten Waschvorganges zu behalten. Ein Ersatz für unsere großen Hamelner Waschanstalten sind die Mietwaschküchen nicht, und viele Hausfrauen schätzen es nach wie vor, wenn sie mit ihrer „Großen Wäsche" nichts weiter zu tun haben, als daß sie sie bei schrankfertiger Lieferung nachzählen.

Der Kauf eines Personenkraftwagens rückte erst Ende der 1950er Jahre für breitere Schichten in den Bereich des Möglichen. Für einen Volkswagen hätte ein durchschnittlicher Arbeitnehmer 1950 den Lohn von 493 Tagen hergeben müssen. 1960 bekam er den „Käfer" für das Arbeitsentgelt von 174 Tagen. Mit vier Millionen zugelassenen Fahrzeugen stand Westdeutschland 1960 erst am Beginn eines Automobil-Booms.

Die vielen neuen Geräte zur Rationalisierung der Hausarbeit, Staubsauger, Toaster, elektrische Mixer, ebenso wie die Kofferradios und die tragbaren Schallplattenspieler, deren Gehäuse aus „Plastik" bestanden, hatten übri-

„Kein Luxuskabriolett" – unterschrieb die Dewezet dieses Foto eines in Eigenbau hergestellten Zweisitzers im Jahre 1952. (Quelle: Archiv der Dewezet)

gens den stärksten Anteil an der Durchsetzung moderner Formen. Die offenkundige Nützlichkeit des leichten Materials erhöhte die Akzeptanz für das moderne Design.

Lebensstil und Freizeit

Ausgeprägte Häuslichkeit und das Beisammensein innerhalb der Familie prägten nicht nur den Feierabend, sondern auch das Wochenende. Arbeit in Haus und Garten, die Lektüre der Zeitung und das Radio-Hören bildeten das Zentrum der Freizeit.

Für den Hang zum Familiären und Privaten war der sehr lange Arbeitstag verantwortlich. Wer zwischen fünf und sechs Uhr morgens aufstand und zwischen 18 und 19 Uhr abends nach Hause zurückkehrte, der suchte zunächst einmal Ruhe.

Zum häuslich geprägten Familien- und Privatleben, einem ruhigen Feierabend und unspektakulären Wochenende passte der noch sehr gering ausgeprägte Hang zum Reisen – entgegen dem verbreiteten Bild vom deutschen Italienurlauber, das als typisch für die fünfziger Jahre gilt. Die Urlaubsdauer war kurz und wurde nur unwesentlich ausgeweitet, weil die Verringerung der Wochenarbeitszeit Vorrang hatte. Erst 1963 kam es zu einer bundesgesetzlichen Regelung des Mindesturlaubs. Bis zur Vollendung des 35. Lebensjahres gab es 15 Tage, danach 18 Tage Urlaub im Jahr.

Wer sich eine Reise leistete, fuhr nicht ins Ausland, sondern innerhalb Deutschlands oder in die deutschsprachigen Nachbarländer, vor allem nach Österreich, wo die Sprache verstanden wurde und man sich heimisch fühlen konnte. Man fuhr mit der Bahn und versuchte nach Möglichkeit bei Verwandten unterzukommen.

Seit Mitte der fünfziger Jahre kam die Camping-Kultur auf, deren Basis die individuelle Reise mit dem Auto oder mit dem Motorrad, seltener mit dem Fahrrad, war. Die zunehmende Motorisierung war dann der Grund dafür, dass die Reisen in immer weiter entfernte Ziele führten.

Der Hamelner Campingplatz an der Weser mit zahlreichen Zelten. Im Vordergrund überquert die Fähre die Weser in Richtung Jugendherberge.
(Quelle: Stadtarchiv Hameln)

Moderner Fernreisebus von Schmales Reisedienst vor der Hämelschenburg
(Quelle: Stadtarchiv Hameln)

Die Sehnsucht nach der großen weiten Welt ließ sich aber auch kulinarisch befriedigen. Lange waren Käseigel und Partyspießchen die Nummer eins deutscher 1950er-Jahre-Buffets gewesen. Dann brachte Fernseh-Koch Clemens Wilmenrod die Küche und die Mägen mit einer klebrigen Neuigkeit durcheinander, dem Toast Hawaii. Zwar schmeckte die mit Käse, Schinken und Dosen-Ananas belegte Weißbrotstulle seltsam, aber um guten Geschmack ging es nicht, sondern darum, Sehnsucht zu essen. Die Paarung zweier Aufschnitte mit der exotischen Ananas machte dem Gast klar: Auf diesem beigen Cordsofa wird dir gerade die weite Welt kredenzt. Toast Hawaii war besonders in der DDR beliebt, dort politisch korrekt „Karlsbader Schnitte" genannt.

Hamelner Hotels, Gaststätten und Cafés

Hameln hatte als Stadt mit regem Fremdenverkehr eine größere Anzahl von Hotels, Gaststätten und Cafés. Sowohl in den Fotographien[88] als auch in den Zeichnungen[89] (S. 130f) spiegelt sich der Geist der 1950er Jahre in besonderer Weise. Deswegen soll hier eine Auswahl vorgestellt werden.

Gaststätte Seehof, Tönebönweg, 1959

Jugendherberge, Tagesraum, um 1952

Hotel Sintermann am Bahnhof, um 1960

Café am Ring, Deisterallee, Außenansicht (oben) und Inneneinrichtung (links), 1955

Café am Ring, Luftbild, 1953

Oben: Café Lauhöfer (Ed-La), im Gebäude der Volksbank Osterstraße 44–45, um 1955. Die erste Eisdiele in Hameln hatte das Café Lauhöfer, zuerst in der Emmernstraße, dann – unter dem Namen Ed-La (Eduard Lauhöfer) – im Gebäude der Volksbank. In den 1950er Jahren gab es auch bereits eine erste italienische Eisdiele in der Osterstraße. In den Wintermonaten geschlossen, war es ein Ereignis, wenn sie im Frühjahr wieder öffnete.

Links: Gaststätte in der Weserbergland-Festhalle, um 1955.

Unten: Hotel Felsenkeller, 1958

Die Fotographien stammen aus dem Stadtarchiv Hameln, die Zeichnungen (S. 130f) aus den vom Hamelner Verkehrsverein herausgegebenen Broschüren „Gastliches Hameln" und „Hameln – Die Rattenfängerstadt an der Weser".

HAMELNER HOTELS

... UND GASTSTÄTTEN ...
... SUCHE EIN

Direkt an der Weser
Hotel Bremer Schlüssel
Bes. Hans Mootz · Parkplatz vor dem Hause · Ruf 2309

Hamelns ältester Renaissancebau 1568
Gasdsdädde „Zum Raddenkrug"
Inh. R. Breidung · Bäckerstr. 16 · Ruf 2828
und Radsweinhandlung Fritz Kropp OHG

Am Bahnhof
das behagliche **Konzert-Café Quent** · Fr. Kösder · Ruf 2686

In Hamelns Stadtwald: **Schliekers Brunnen**
Geeignet für Betriebsfeiern und Autobusgesellschaften
Inh.: R. Kausche · Ruf 3422

Ed-La
Restaurand-Kaffee
Osterstr. 44/45 · Inh. E. Lauhöfer

Gaststätte Klütturm, 256 m über NN · B. Häcker · Ruf 2235
Höchster Punkt Hamelns mit schönstem Rundblick auf Hameln und alle Weserberge

Theater-Gasdsdädden
Pächter Werner Lege
Ruf 3544
in der Weserbergland-Festhalle

Behagliche Galsträume
Hotel „Zur Börse"
Bes. W. Holländer · Osterstr. 41 · Ruf 2200

Hotel Deutsches Haus
mit Deister-Klause
Deisterstr. 69-70
Inh. O. Kranich
Ruf 2414

8 „Man müsste die Stadt noch einmal bauen" – Die Erweiterung der Stadt

Wohnungsnot und Wohnungssuche

Die Hannoversche Presse berichtete am 31. März 1950 unter der Überschrift „Ein Bett in der Küche für 40 Mark" über die Erfahrungen bei der Wohnungssuche in Hannover.

Wochenlang suche ich einen bewohnbaren Schlafraum. Beschlagnahmefrei muß er sein. Tolles habe ich dabei schon erlebt.

Ein größeres Mietshaus in der List-Stadt. Im zweiten Stock wird mir geöffnet. Man bittet mich durch einen dunklen Flur in eine schmale Küche, die erfüllt ist vom Dunst gebratener Heringe. Dem Herd gegenüber steht ein unbedecktes Bett. Dazwischen kann sich zur Not ein Mensch drehen ."Das ist es!" meint die Frau und deutet auf die Liegestatt. „Möblierte Schlafstelle" nennt sich so etwas und kostet vierzig Mark im Monat.

In der Nähe ein anderes Haus, stark bombenbeschädigt. Schlafgelegenheit ist auf der Couch im Wohnzimmer. Die bescheidene Frage, ob man sich dann und wann hier aufhalten könne, wird entschieden verneint. „Wir können nur einen Herrn gebrauchen, der frühmorgens fortgeht und erst abends wiederkommt. Die anderen Mieter bleiben auch übers Wochenende weg." Preis 40 Mark bei freundlichst gewährter Badbenutzung.

Badenstedt. Ich werde in ein eheliches Schlafgemach gewiesen. Nicht übel, denke ich, doch das zweite Bett müßte heraus, damit Platz wird für Tisch und Stuhl. Die Wohnungsinhaberin ist damit nicht einverstanden und meint „Der vorige Herr hat auf der Frisiertoilette geschrieben, das ist auch gegangen." Hier werden 35 Mark verlangt.

Eine Wohnung im Zentrum. In dem behaglich ausgestatteten Eßzimmer wird ein Vorhang beiseite geschoben und eine Tür aus rohen Brettern geöffnet. Man sieht in einen Schlafraum mit zwei Ehebetten. In dem rechten schlafe ein Student, wird mir gesagt, das linke sei noch frei.

Auf meine Frage, wo ich Garderobe, Wäsche und Bücher unterbringen könne, wird mir erklärt: „Ach so, Sachen haben sie auch! Nein, dafür haben wir keinen Platz." 35 Mark sind zu bezahlen, obwohl ich – hier wie überall – Federbett und Bezüge mitbringe.

Behelfsheim Nr. X, nicht weit vom Hauptbahnhof. Es ist eines der selbstgebauten Häuschen, aus deren Dachrinne man trinken kann, wenn sie eine haben. Aber das primitive Äußere steht im Gegensatz zu dem wohnlichen Inneren. Die Wirtin führt mich in ein gemütliches Zimmerchen, ausgestattet mit allem, was man braucht: Bett, Tisch, Stuhl, Schrank und Waschgelegenheit. Gegen den Preis ist nichts einzuwenden. Wir sind uns schnell einig.

„Es kann sein, daß wir bald einem Neubau weichen müssen", sagt die freundliche Frau beim Hinausgehen, „aber dann nehmen wir sie mit in unser Gartenhaus".

Was hier über den Wohnungsmarkt in Hannover gesagt wird, lässt sich ohne weiteres auf Hameln übertragen. Schon vor dem Kriege hatte Hameln bei 29.000 Einwohnern in 9.000 Wohnungen rund 1.400 Wohnungssuchende. Über 21.000 Menschen mehr lebten inzwischen in dem begrenzten Wohnraum, ungerechnet die erheblichen Ansprüche der Besatzungsmacht.

Die damalige Leiterin des Hamelner Wohnungsamtes, Frau Romboy, brachte die Lage auf den Punkt, als sie sagte:

Man müsste die ganze Stadt in einer Nacht noch einmal bauen, um den augenblicklichen Wohnungsbedarf zu befriedigen.[90]

Das städtische Wohnungsamt

Für die Zuteilung des knappen Gutes Wohnung war das städtische Wohnungsamt zuständig. Seine Aufgabe kam der Quadratur des Kreises nahe. Am 6. Dezember 1949 berichtete die Dewezet:

Es gibt wohl kaum eine Stelle, von der so oft erwartet wird, daß sie das Unmögliche möglich macht. Auf der einen Seite klammern sich die Alteingesessenen an wohl erworbene Rechte und drohen manchmal mit Selbstmord, wenn eine Einweisung in die schon stark beengten Räume nicht zurückgenommen wird.

Auf der anderen Seite die unübersehbare Schar der Enterbten des letzten Krieges: Heimkehrer, Kriegsbeschädigte, Flüchtlinge, Obdachlose, Frauen, die nach Jahren der Trennung endlich zu ihrem Mann ziehen wollen, Kinderreiche, die am Rand der Verzweiflung sind, weil für sie nirgends Platz ist, Berufstätige, die nur nach stundenlangem Anmarsch an ihre Arbeitsstätte gelangen können, junge Paare, die nicht mehr im Winkel bei der Schwiegermutter hausen wollen. Alle müssen sich einreihen in einer schier endlosen Liste, in der es schon über 4.000 Namen gibt, nach Sonderstufen, Vorstufen, Dringlichkeitsstufen 1, 2 und 3 peinlich geordnet.

An den drei Sprechtagen im obersten Stock des Hochzeitshauses geht es heiß her. Da wird manchmal mit der Faust auf den Tisch geklopft, oder Mütter setzen ihre Kinder der Reihe nach auf den Schreibtisch der Wohnungsamtsleiterin und verlangen für sie sofort ein Dach und ein Bett. Niemand will verstehen, daß diese Behörde nicht schuld an dem Ausgang des Krieges ist und beim besten Willen keinen neuen Wohnraum hervorzaubern kann. Fast alles sind Fälle, die einfach keinen Aufschub dulden, falls sich nicht das Wohnungsamt dem Vorwurf einer unsozialen, ja unmenschlichen Einstellung aussetzen will.

Maßgebend für die Verteilung des Wohnraums waren die nach der Ortssatzung vorgeschriebenen Mindestwohngrößen. Durchschnittlich wurden 8 qm je Person als ausreichend angesehen, Kinder hatten Anspruch auf die Hälfte. Es gab aber viele Familien, die sich damals mit weniger behelfen mussten.

Wohnungssuchende vor leer stehenden Britenwohnungen. Ein großes Ärgernis waren im Jahre 1951 Neubauten, die in der Goethestraße für englische Soldatenfamilien errichtet worden waren, aber über Monate nicht bezogen wurden, während die Briten gleichzeitig noch umfangreichen Wohnraum beschlagnahmt hatten.
(Quelle: Archiv der Dewezet)

Hameln gehörte zu den Städten im Bundesgebiet, die den stärksten Zuzug an Neubürgern zu verkraften hatten. Die Versorgung mit Wohnraum war über viele Jahre hindurch das Problem Nr. 1 in Hameln.

Die Zuspitzung der Wohnungsnot zum Ende der 1950er Jahre

Obwohl in Hameln in den 1950er Jahren zahlreiche Wohnungen gebaut wurden, wuchs die Wohnungsnot kontinuierlich weiter an und erreichte 1958 eine katastrophale Höhe. Ursache war vor allem der stetige Zuzug von Arbeitskräften aus dem Umlande. Vorrang hatte der Werkswohnungsbau der Firmen, während die Flüchtlinge bei der Versorgung mit neuem Wohnraum häufig zurückstehen mussten.

1949 zählte das Wohnungsamt 3.498 Bedürftige. 1951 waren in Hameln bei 51.000 Einwohnern bereits 8.544 Personen als Wohnungssuchende registriert. Bei einem Bestand von ca. 10.000 Wohnungen entfielen auf den Kopf der Bevölkerung 7 qm Wohnfläche und der dringendste Bedarf lag bei 3.500 neuen Wohnungen. Damals hatte die Besatzungsmacht immer noch 140 Wohnungen beschlagnahmt.

Der Anstieg der Wohnungssuchenden hatte vor allem zwei Gründe. 1951 waren die rigorosen Beschränkungen aufgehoben worden, welche den freien Zuzug von Neubürgern nach Hameln verhindern sollten. Zahlreiche Menschen, welche einen Arbeitsplatz in der aufblühenden Hamelner Industrie gefunden hatten, drängten vom Lande in die Stadt.

1952 war die Zahl der Wohnungssuchenden auf 10.904 geklettert, und dies, obwohl seit 1948 1.196 Wohnungen errichtet worden waren. Immer noch warteten mehrere Tausend Landbewohner, die in Hameln arbeiteten, auf Zuzugsmöglichkeiten.

1953 gab es deshalb das Schwerpunktprogramm „Heranführen an die Arbeitsplätze" für die sog. Pendler (das Wort war damals neu im deutschen Sprachgebrauch). Der Wohnungsmangel sollte auf dem Umweg über die Arbeitsförderung bekämpft werden.

Am 30. November 1954 berichtete die Dewezet über drei Fälle „krassester Raumnot heute noch in Hameln".

Da wohnt in der Nordstadt ein junges Ehepaar mit drei niedlichen Kindern auf knapp zehn Quadratmetern. Der winzige Raum, der das Schlaf-, Wohn-, Eßzimmer und die Küche in einem darstellt, ist ein Kellergelass, dessen Decke kaum das Niveau der Straße erreicht.

„Ich muß das ganze Erdreich ringsum mitheizen", so sagte uns der Familienvater, ein Schlossergeselle. „Dabei verbrauchen wir für zwanzig Mark Kohlen monatlich allein für dieses Kellerstübchen. Trotzdem ist es feucht, so daß die Wäsche im Schrank schon ganz muffig wurde."

Dreizehn Treppenstufen, jede achtzehn Zentimeter hoch, führen abwärts in die Kellerwohnung. Eine Bettstelle für das Ehepaar und zwei kleine für die drei Kinder stehen soweit wie möglich vom Herd abgerückt. Nachts streicht der Atem der Kinder den Eltern über die Wangen, und der junge Schlosser klagt: „Richtige Nachtruhe habe ich nie, und das bei bis zu vierzehnstündiger Arbeitszeit."

Eine unerwartete Überraschung wartete unser bei unserem Streifzug durch zu enge Wohnungen in der Zentralstraße. Hier lebt in drei und einem halben Zimmer ein Ehepaar mit vier großen Kindern, drei Enkeln und Schwiegersohn, zusammen zehn Personen. Und die Überraschung: der so beengt hausende Familienvater ist nicht nur Stadtobersekretär, sondern selber im Wohnungsamt beschäftigt. So sitzt er zwar „an der Quelle", aber er ist noch nicht an der Reihe!

Am östlichen Stadtrand wohnt eine Witwe, Mutter von zehn erwachsenen Kindern. Ihre drei niedrigen Räume teilt sie mit sechs Kindern und einem Enkel. Aber wo sollten dort so viele Betten stehen? Folglich schlafen zwei Söhne im Alter von 21 und 18 Jahren zusammen in einem Bett, desgleichen zwei Töchter mit 19 und 26 Jahren. Also wird die Geschlechtertrennung, die räumlich unmöglich ist, wenigstens im Bett gewahrt. Nun hatte die Wohnung zwar eigentlich noch zwei Räume mehr. Als jedoch eine der Töchter von außerhalb mit ihren vier Kindern obdachsuchend heimkehrte, trennte man für sie zwei Zimmer ab.

1955 zählte das Wohnungsamt 13.238 Wohnungssuchende, rund 3.000 Familien. Obwohl von 1949 bis 1958 in Hameln über 5.000 Wohnungen entstanden waren, war keine Entlastung bei der Wohnungsfrage zu spüren, die Wohnungsnot nahm im Gegenteil weiter zu. 5.550 Familien suchten 1958 eine Wohnung.

1959 schickte der Rat eine Denkschrift an den Bundestag. In der Sitzung am 18. September 1959 hatte Stadtrat Dr. Krüger eine eingehende Darstellung des Wohnungsnotstandes in Hameln gegeben. Hameln nähere sich „wohnungsmäßig einer Katastrophe".[91]

Nach den Erhebungen des Statistischen Bundesamtes über die Höhe des Wohnungsdefizits lag Hameln unter 159 Städten nach Rheydt, Lüdenscheid und Coburg an vierter Stelle im Bundesgebiet. In Niedersachsen wies Hameln nach Göttingen, das als Universitätsstadt besondere Nöte hatte, das höchste Wohnungsdefizit auf. Einstimmig gab der Rat seine Zustimmung für eine Eingabe an Bundestagspräsident Dr. Gerstenmaier.

Noch 1964 hieß es in der Dewezet[92]: „Weit ist der Weg zum ‚weißen' Kreis", also zur Entlassung aus der „Wohnungszwangsbewirtschaftung" und hin zu einem freien Wohnungsmarkt.

Der Neubau von Wohnungen

Die Grundsätze des städtischen Wohnungsbaus

In seiner Antrittsrede vor dem Rat im Oktober 1949 sagte der neue Oberbürgermeister Schütze:

„Wir stehen vor großen Aufgaben. Allem voran steht der Wohnungsbau. Damit befruchten wir auch den gesamten

Blick über Hameln vom Klüt (ca. 1959): Die Nordstadt ist noch weitgehend unbebaut. (Quelle: Verkehrsverein)

In den Nachkriegsjahren wurde der Mörtel noch per Hand angerührt und vom Dreibein aus im „Speisvogel" auf der Schulter die Gerüste hoch balanciert. Ziegelsteine beförderten die Bauarbeiter auf einem Schulterbrett, das mit mindestens 20 Ziegeln beladen war. Erst ab Mitte der 1950er Jahre wurden vermehrt Maschinen eingesetzt. (Quelle: Stadtarchiv Hameln)

Wirtschaftsmarkt und mindern die Arbeitslosigkeit."[93]

Um den Mangel an Grundstücken zu beheben, beschloss der Rat ein „Aufbaugesetz" und erklärte einen großen Teil Hamelns zum „Aufbaugebiet". Die Stadt erhielt dadurch ein Vorkaufsrecht an den Grundstücken, konnte einen Grundstückstausch anordnen oder Grundstücke in ihr Eigentum überführen. Sie konnte aber auch die Eigentümer veranlassen, zerstörte Häuser wieder aufzubauen und unbebaute Grundstücke zu bebauen. Rat und Verwaltung wollten Zwangsmittel allerdings nach Möglichkeit vermeiden. Innerhalb des Aufbaugebietes hatte die Stadt insgesamt 5 km Baulücken erfasst, in denen man allein etwa 1.300 Wohnungen bauen könnte.

Die eigene Wohnung stellte neben der Arbeit den wichtigsten Integrationsfaktor dar. Weil der damalige Wohnungsbau zentrale gesellschaftliche Aufgaben erfüllen musste, gab es Sonderbauprogramme, die weitgehend aus Bundes- und Lastenausgleichsmitteln gefördert wurden. Mit der eigenen Wohnung sollte die Eingliederung der Flüchtlinge ermöglicht werden. Der Werkswohnungsbau wurde gefördert, weil man die Menschen dort ansiedeln wollte, wo sie als Arbeitskräfte gebraucht wurden.

Mit dem „1. Wohnungsbaugesetz" vom 24. April 1950 schuf der Bund die

Grundlage für eine kontinuierliche Förderung des Wohnungsbaus. Nicht nur die Finanzierung, sondern auch die Aufteilung der Kosten zwischen Bund, Land und Bauherrn wurden in diesem Gesetz geregelt. Die Stadt Hameln unterstützte von Ende 1945 bis Mitte 1955 den öffentlich geförderten Wohnungsbau mit ca. 7 Mill. DM durch eigene Mittel, Anleihen oder Bürgschaften.

Den größten Teil der Wohnungen bauten in Hameln die Kleinwohnungsbaugesellschaft (später HWG) und die Wohnungsgenossenschaft Hameln (WGH). Sie sorgten mit ihrem Kapital und ihrer Organisationskraft nachhaltig für einen Zuwachs an zeitgemäßen Wohnungen. Darüber hinaus errichteten zahlreiche Hamelner Firmen Wohnungen für ihre Mitarbeiter. Der Bau von Mietwohnungen, den die gemeinnützigen Wohnungsbaugesellschaften praktizierten, dominierte zunächst völlig gegenüber dem Bau privater Eigenheime.

Angesichts der erschütternden Obdachlosigkeit konnten nach Größe und Ausstattung zu Anfang des Jahrzehnts nur bescheidene Ansprüche erfüllt werden. Die öffentlich geförderte Wohnung musste den Charakter einer Kleinwohnung von höchstens 35 qm haben. Ihre Ausstattung sollte eine wirtschaftliche und einfache Führung des Haushalts ermöglichen. Jeder überflüssige Aufwand war zu vermeiden.

Der knappe Wohnraum sollte möglichst als Wohn-Schlafraum oder als Wohnraum mit Kochnische doppelt nutzbar sein. Unzulässig war aber die dreifache Nutzung eines Raumes zum Wohnen, Schlafen und Kochen. Jede Wohnung sollte eine Toilette erhalten, wenn möglich innerhalb der Wohnung. Eine Bade- und Waschgelegenheit war ebenfalls nach Möglichkeit in jeder Wohnung vorzusehen, auch wenn die benötigten Installationen zunächst nicht eingebaut werden konnten. Jährlich wurden seit 1948 durchschnittlich 500 Wohnungen neu errichtet.

Der Standard verbesserte sich aber rasch. Bereits 1955 besaßen 70 Prozent der Neubauwohnungen mehr als 50 qm Wohnfläche. Auch die Ausstattung wurde moderner. Die Kochküche oder „Kleinstküche" löste die Wohnküche ab. Innen liegende Badezimmer mit WCs wurden Standard.

Flüchtlinge bauten gern eigene Häuser. Dabei war Selbst- und Nachbarschaftshilfe weit verbreitet. Neben der eigenen Wohnung wurde häufig eine Einliegerwohnung im Dachgeschoss angelegt. Die Mieteinnahmen senkten die monatliche Belastung, und große Gärten, möglichst mit Stall, ermöglichten die Selbstversorgung. Ein Beispiel sind die Reihenhäuser am Ostpreußenweg.

Bei der Baugestaltung waltete Schlichtheit. Neu war aber, dass möglichst „im Grünen" gebaut wurde. Die in der Regel dreigeschossigen Wohnblocks sollten nach den Empfehlungen des Deutschen Städtetages frei stehen und reichlich Innenflächen für Spielplätze haben. Man wollte heraus aus den engen und finsteren Behausungen der Altstadt.

In der Stadtplanung beherrschte die gegliederte und aufgelockerte Stadt die Ideenwelt der Planer. Die Abkehr vom Dritten Reich äußerte sich vor allem darin, dass starre Achsen in geschwungene Straßenführungen aufgelöst wurden. Der Massenwohnungsbau setzte auf drei- bis vierstöckige Wohnblöcke mit flachen oder giebeligen Dächern, am Ende des Jahrzehnts in neuen Stadtvierteln auch auf eine Mischung verschiedener Geschoßhöhen mit einem Punkthochhaus als Dominante. In den neuen Eigenheimsiedlungen ließ sich immer häufiger beobachten, dass die traditionellen Spitzgiebel dem verspielten Bungalow wichen.

Ihre Wohnungen richteten sich die Westdeutschen am liebsten so ein, wie sie es noch von früher gewohnt waren. Das Allensbacher Institut für Demoskopie legte Mitte der 1950er Jahre einem repräsentativen Querschnitt der

Dreigeschossige Wohnblocks am Lachsgrund im Klütviertel, wie sie damals häufig errichtet wurden (Quelle: Stadtarchiv Hameln)

Dieselben Häuser im Jahre 2008 (Quelle: Gelderblom)

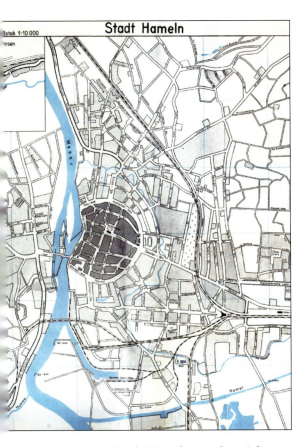

Plan der Stadt Hameln aus dem Adressbuch von 1950. Der Stadtplan zeigt deutlich, dass große Teile östlich bzw. nordöstlich der Löhner Bahn, aber auch weite Flächen des Klütviertels noch unbebaut sind. (Quelle: Stadtarchiv Hameln)

In der Ratssitzung vom 2. Oktober 1951 wurde der Flächennutzungsplan für Hameln angenommen. Er basierte auf Planungen, die Stadtbaurat Schäfer bereits 1928 aufgestellt hatte, und entwickelte diese weiter. Die größten Hamelner Neubaugebiete lagen an der Süntelstraße nordöstlich des Ilphulwegs, westlich der Schillerstraße, zwischen Löhner Bahn und Basberg, am Hammelstein und am Galgenberg; ferner im Klütviertel bis zum Apfelbaumweg (später Breslauer Allee), am Kaninchenberg und am Schöt sowie in den Ortsteilen Wangelist und Rohrsen. Schrittweise erschloss die Stadt die neuen Wohnviertel zunächst durch Kanal- und Straßenbau.

Die ersten Wohnbauprojekte

Eines der ersten größeren Projekte – sog. „Kleinstwohnungen" – baute die Hamelner Kleinwohnungsbaugesellschaft in der Schlachthofstraße, der Stüvestraße und der Koppenstraße. Der Bau in der Koppenstraße umfasste sechs Häuser mit je sechs Wohnungen von 48 qm mit je zwei Zimmern und Küche.

Die Wohnungen kosteten 48 DM Miete und waren für Ehepaare mit höchstens zwei Kindern gedacht. Die Hauseingänge lagen nach hinten, wo auch ein Spielplatz entstehen sollte. An den Kosten hatte sich der Arbeitgeberverband beteiligt, und so waren die Wohnungen für Betriebsangehörige Hamelner Firmen gedacht.

In Schlachthof- und Stüvestraße entstanden zwei Blöcke für Flüchtlinge, in die Mittel aus dem Soforthilfefond für Flüchtlinge flossen. Die Wohnungen in der Schlachthofstraße hatten zwei Räume von je 15 qm Fläche, eine Wohnküche mit Kochnische und einen Schlafraum.

Einer der ersten großen Neubaublocks wurde im Mai 1950 am Mertensplatz (damals noch Fischbecker Straße) fertig gestellt. Die Dewezet berichtete ausführlich.[94]

Bevölkerung die Abbildungen von vier Wohnzimmern mit unterschiedlichem Einrichtungsstil zur Auswahl vor. Das Ergebnis war eindeutig: Mehr als die Hälfte bevorzugte dasjenige mit einem wuchtigen Wohnzimmerschrank, dem Esstisch in der Mitte, den Stühlen mit geschwungener Lehne und dem klobigen Polstersessel. Nur eine kleine Minderheit schätzte dagegen am meisten das Wohnzimmer mit den im Rückblick als typisch geltenden Insignien der fünfziger Jahre wie Nierentisch, Schalensessel und flexibler Stehlampe.

Es ist für jede Hausfrau verlockend und interessant, sich Neubauwohnungen anzusehen, auch wenn ihr klar ist, daß sie selber nicht ihr Heim darin aufschlagen wird. Ihre Erfahrung erkennt sehr schnell Vorzüge und Mängel. Da die heutige Bauweise jedoch die praktischen Wünsche der Frauen bei Planung und Kalkulation weitgehend zu berücksichtigen strebt, pflegen die Vorzüge vorzuherrschen, und die Mängel sind dann lediglich in der Preisfrage begründet.

Um mit den Mängeln anläßlich unseres Besuches im Neubaublock Fischbecker Straße zu beginnen: Balkone fehlen vollkommen! Wir erkundigten uns nach dem Grund und erhielten die Antwort, daß die Mieten fühlbar erhöht werden müßten, wenn man auch „Luftschnapper", wie der Berliner treffend sagt, vorgesehen hätte.

Den Mietpreis aber möglichst niedrig zu halten und dennoch viel Raum und einwandfreie Ausstattung zu bieten, war die Hauptaufgabe, die sich die Hamelner Wohnungsbau-Genossenschaft gesetzt hatte. Diese Aufgabe hat sie in der Tat ausgezeichnet gelöst.

Hunderterlei mußte bedacht und einkalkuliert werden, um beispielsweise mit 53 qm Grundfläche ein Wohn-, ein Schlaf-, ein Kinderzimmer sowie Küche und Bad so anzuordnen, daß bei normalem Möbelmaß und Möbelbedarf eine Durchschnittsfamilie damit auskommt und sich wohlfühlen kann. Genau berechnet ist z. B. die Länge der Hauptwand im Kinderzimmer: es finden hier bis auf den Zentimeter zwei Betten Platz.

Die Wirtschaftsküchen mit eingebautem, durch Klappvorrichtung zu belüftendem Speiseschrank, haben Herd, Gasanschluß und Wasserleitung in so praktischer Anordnung, daß ermüdendes Hin- und Herlaufen bei den Hantierungen vermieden wird. – Zwischen Wohn- und Schlafzimmer fehlt fast in allen Wohnungen absichtlich eine Verbindungstür, um Stellwände voll auszunutzen und, wo Raucher sind, die Schlafstubenluft reinzuhalten. – Wohlweislich hat man die Treppen massiv gehalten. Die umständliche Pflege gedielter Stufen und Vorplätze fällt dadurch fort und damit wahrscheinlich auch so mancher Grund zur Verärgerung der Hausbewohner untereinander.

Zur Zeit erhält jeder der vorgesehenen 46 Mieter die Aufforderung, sich möglichst in Begleitung seiner Ehehälfte zu einer Besprechung bei der Wohnungsbaugenossenschaft einzufinden. Die persönlichen Wohnbedürfnisse werden durchgesprochen, dazu, soweit angebracht, die soziale Lage der einzelnen Mietparteien. Besonderen Wert wird auf die Bekanntschaft mit der Hausfrau in Person gelegt, denn sie ist es ja in die Hauptsache, der die Wohnung zu treuen Händen übergeben wird.

Bis zum 1. Juni wird der Neubaublock bezogen sein. Mehr als 200 Menschen, die meist aus drückender Enge kommen, werden das Glück, nun endlich für sich leben zu können, zunächst als etwas kaum Faßbares genießen dürfen.

Der erste große Waschtag, von sechs Hausfrauen gleichzeitig in den sechs im Hofgebäude untergebrachten Waschküchen veranstaltet, wird sicher zu einem Waschfest werden. Zwei überdachte Trockenhallen sind ebenfalls vorhanden.

In den Wochen des allgemeinen Einzugs werden die vielen Kastanienbäume rundum ihre Blütenkerzen entfaltet haben und den neuen Bewohnern einen festlichen Empfang bereiten.

Die schwierige Aufgabe, aus insgesamt 4.296 Bewerbern 46 Familien auszuwählen, hatte der städtische Wohnungsausschuß zu bewältigen.

Noch im selben Jahr wurde gegenüber ein im Bogen verlaufender Wohn- und Geschäftshausneubau begonnen.

Das Neubauviertel Süntelstraße-Ilphulweg

Im August 1950 begann der Wohnungsbau gegenüber den Kasernen an der Süntelstraße. Hier sollten im Rahmen des sog. „Wohnbau-Stoßprogramms der Stadt" in kürzester Zeit 200 Wohnungen für die sogenannten „Pendel-Fahrer" gebaut werden, also Werktätige, die in Hameln keine Wohnung hatten. Der Bedarf der Industrie an Arbeitskräften bekam also die erste

Der Wilhelm-Mertensplatz (noch Fischbecker Straße), mit dem großen Neubaublock im Hintergrund – fest in der Hand der Fußgänger (Quelle: Archiv der Dewezet)

Der Wilhelm-Mertensplatz ein Jahr später. Der links im Bild sichtbare, in die Fischbecker Straße leitende Rundbau war 1950 begonnen worden.
1951 legte das Tiefbauamt zum ersten Mal in Hameln eine Verkehrsinsel an, da sich der Mertens-Platz immer mehr „zu einer Art Verkehrsknotenpunkt Hameln-Nord" (Dewezet vom 24. August 1951) bzw. zu einem „Eingangstor zur Nordstadt" (Dewezet vom 26. März 1953) entwickelte. (Quelle: Stadtarchiv Hameln)

Priorität im Wohnungsbau der aufstrebenden Industriestadt.[95]

Bauträger waren die Wohnungsgenossenschaft und die Kleinwohnungsbau GmbH.

Der Löwenanteil der Finanzierung stammte aus dem ERP-Programm (also Marshallplangeldern) und aus Landesmitteln. Die Firmen mussten 360.000 DM Eigenkapital aufbringen. Das Gelände zwischen Ilphulweg und Süntelstraße wurde ganz unterschiedlich bebaut. Neben Häusern mit drei Stockwerken an der Süntelstraße entstanden am Schubert- und Brahmsweg auch Häuser mit zwei und einem Stockwerk, z. T. winzige Einfamilienreihenhäuser. Auch die Wohnungen selbst waren unterschiedlich groß.

Gebaut wurden Wohnungen mit Wohnküche und einem Zimmer bis zur Wohnung mit Küche, Stube und zwei Schlafzimmern. In allen Wohnungen, gleich welchem Typs, war der nachträgliche Einbau einer Badewanne möglich.

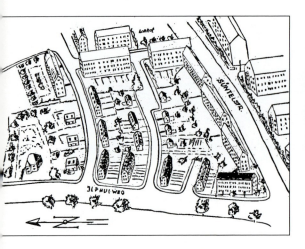

Skizze des geplanten Wohnviertels Süntelstraße aus dem Jahre 1950. Rechts am Bildrand sind die Kasernen zu sehen. (Quelle: Archiv der Dewezet)

Die Ecke Ilphulweg-Süntelstraße mit der Gaststätte „Zum Schultheiss" heute (Quelle: Gelderblom)

Der Ansturm auf die Wohnungen war dramatisch.

Von den bisher vorliegenden 800 Meldungen für die 200 Wohnungen wird ein großer Teil schon deshalb abgewiesen werden, weil er den sehr genau formulierten und eng begrenzten Voraussetzungen für den in Frage kommenden Personenkreis nicht entspricht.[96]

Ein Jahr später wurde auch der spitze Winkel bebaut, den Ilphulweg und Süntelstraße bilden.

Neben 22 Wohnungen entstand dort im Erdgeschoß „eine Gaststätte mit zwei Gastzimmern im altdeutschen Stil und eine Gartenterrasse", bis heute Gaststätte und Hotel „Zum Schultheiss". An der Süntelstraße und am Ilphulweg öffneten mehrere kleine Läden.

Das Neubauviertel Lachsgrund auf der westlichen Weserseite

Im Klütviertel waren drei dreistöckige Wohnblocks am Schifferweg, von denen jeder neun Kleinwohnungen umfasste, der Auftakt zu einer Bebauung des Garten- und Wiesengeländes am unteren Breiten Weg.

Es handelt sich um das Gelände zwischen dem Schifferweg und der neu eingerichteten Personenfähre zur Fischbecker Straße. Baubeginn war ebenfalls August 1950.

Nach der von Baurat Schäfer 1928 aufgestellten Planung sollte der Lachsgrund auf eine Weserbrücke führen, die auf der anderen Seite etwa in Höhe der heutigen Hamelmündung in eine neu zu schaffende Straße und weiter in die Straße „Am Ring" (heute 164er Ring) übergehen sollte. Die schon lange geplante zweite Weserbrücke Hamelns sollte also nicht, wie später realisiert, an den baumbestandenen Kastanienwall angeschlossen werden, sondern an den als innere Umgehung vorgesehenen 164er Ring.

Wie aus der Lageskizze ersichtlich ist, wurden die Häuser von ihren Höfen und von Grünflächen eingerahmt. Man hatte bei der Planung nicht eine ausdruckslose, überall gleichartige Frontenführung gewählt, sondern versucht, durch Winkel und Eckbauten eine Auflockerung in das Baubild hineinzutragen.

Ein Jahr später, 1951, baute die Wohnungsgenossenschaft, finanziert durch

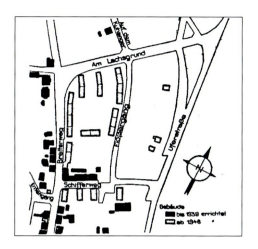

Skizze des Wohnviertels zwischen Schifferweg und Lachsgrund aus dem Jahre 1950
(Quelle: Archiv der Dewezet)

Die Wohnungen am Flößergang erhielten alle nach Süden liegende Balkone – Foto aus der Bauphase 1954.
(Quelle: Archiv der Dewezet)

Der schön geschwungene Flößergang heute (Quelle: Gelderblom)

die verschiedenen Dienststellen, am neuen Flößergang zwischen Schifferweg und Lachsgrund ein „Beamtenviertel". Dort wohnten Bedienstete der Wasserstraßenverwaltung, der Zollbehörde, des Finanzamtes, der Landeszentralbank, der Post und der Strafanstalt. Für diese „gehobene" Klientel sollten die Bauten „baukünstlerisch abwechslungsreicher gestaltet" werden.

So entstanden am Flößergang Wandgemälde in Sgraffito-Technik.[97] Ein Teil der aus dem Putz gekratzten Wandgemälde stellt Bilder aus dem Seemannsleben dar. Die vom Architekten Arnold entworfenen und von Malermeister

Sgraffito mit dem Motiv wandernder Handwerker an einem Haus im Flößergang (Quelle: Gelderblom)

Wer, wie unsere Heimkehrer, Hameln ein Jahrzehnt und länger nicht gesehen hat wird voller Staunen das Wachstum der ehrwürdigen Rattenfängerstadt feststellen. Die lebhaften Straßen der Innenstadt, das Entstehen ganz neuer Viertel am Ilphulweg, am Morgenstern und zwischen Breitem Weg und Klütstraße sowie die Ansiedlung neuer Industrien sind die äußeren Merkmale dafür, wie der Bevölkerungszuwachs von rund 20.000 Menschen allmählich von dem Gemeinwesen „verdaut" wird.

Einen Menschen mit einer Wohnung erschlagen – Der Bau von „Schlichtwohnungen"

Den Bau von sog. Schlichtwohnungen betrieb die Stadt seit 1952. Am 4. November 1953 lesen wir unter der Überschrift „Eine Wasserleitung für vier Parteien" in der Dewezet:

Der Rat der Stadt Hameln hat kürzlich beschlossen, den Bau weiterer „Schlichtwohnungen" zu finanzieren, wie sie bereits für vierzig Familien in der Grimsehlstraße (zwischen Forster Weg und Wehler Weg) errichtet wurden.

Von außen machen die Häuser in der Grimsehlstraße einen durchaus soliden Eindruck. Wie aber fühlen sich die Mieter in ihren neuen Wohnungen und was haben vor allem die Hausfrauen und Mütter dazu zu sagen?

„Schlichtwohnungen" bedeuten ja: Wohnungen ohne Bad und mit einer von zwei Mietparteien benutzten Außen-Toilette. Der größte Nachteil aber ist wohl, daß drei bis vier Mietparteien gemeinsam eine Wasserleitung benutzen müssen. Sie befindet sich mit dem einzigen Ausguß ebenfalls außerhalb der Wohnung in der recht großen Diele, von der die Türen zu den Wohnungen und den Toiletten abgehen.

Stanze ausgeführten Sgraffiti sind heute noch gut erhalten und sorgfältig restauriert. Die Straßennamen in diesem Teil des Klütviertels wurden nach alten Flurnamen (Woge, Wenger Wiese, Kuhanger, Papengösenanger, Lachsgrund) gewählt, aber auch nach Berufen (Schiffer, Flößer). Seit 1952 wurde auch im Norden des Klütviertels gebaut. Dort orientierten sich die Namen der Straßen an den Landsmannschaften (Ostpreußenweg, Schlesierweg, Neumarkter Allee, Breslauer Allee).

1953 wurde das Viertel nördlich der Löhner Bahn bzw. westlich und östlich der Schillerstraße erschlossen. Dort wuchsen die Viertel mit den Komponisten als Straßennamen. Intensiv gebaut wurde auch in Wangelist und auf der „Freiheit", also nördlich des Hammelstein, rund um das Große Osterfeld. 1955 zog die Dewezet[98] eine erste Bilanz der Neubautätigkeit:

1953 beschloss der Rat am 28. September, weiterhin Schlichtwohnungen zu bauen, weil sie billiger seien und weil die Stadt noch zahlreiche Obdachlose aus der Domag und den voll belegten Baracken an der Hamel und an der

Pumpstation unterzubringen habe. In den Worten des Oberstadtdirektors:

Die Schlichtwohnungen hätten bei der Besichtigung durch Vertreter der Regierung auch deren Zustimmung gefunden, so daß man beim weiteren Bau mit Regierungszuschüssen rechne. Wörtlich fuhr der Oberstadtdirektor fort: Man werde Wohnungen bauen, in die man auch in hundert Jahren noch begeistert einziehen könne.[99]

Selbst die Dewezet konnte diesen Satz nicht so einfach stehen lassen und sprach von „etwas Zweckoptimismus".[100]

Das hinter den „Schlichtwohnungen" stehende Konzept verrät etwas vom Geist der Zeit. Durch eine unerträglich Unterkunft sollten die Menschen zu Tugenden wie Ordnung und Reinlichkeit gebracht werden.

Ein intensives Bauprogramm für neue Schulen

Die Situation in den Hamelner Schulen war 1949/50 katastrophal. Die alten, häufig schon vor 1900 errichteten Gebäude waren angesichts von Kriegszerstörungen und Zunahme der Bevölkerung total überfüllt und ungeeignet. Ein Betrieb in zwei Schichten war nicht selten.

Häufig teilten sich mehrere Schulen ein und dasselbe Gebäude.

In der Hermannschule standen für 1.220 Schülerinnen und Schüler 18 Klassenräume zur Verfügung, also pro Raum und pro Lehrer ca. 70 Kinder. Drei Räume der Hermannschule beanspruchte die stark angewachsene katholische Schule (Volksschule VIII). Ihr wurde später der alte Bau der Volksschule am Ostertorwall überlassen, noch später das Schulgebäude an der Wilhelmstraße, das für die knapp 600 katholischen Schüler aber auch nicht ausreichte.

Die Papenschule (Volksschule II) besuchten 800 Kinder, deren viel zu kleiner Schulhof, so Schulrat Weber, „vielleicht für 800 Hühner, aber niemals für 800 Schulkinder ausreiche"[101]. Die Viktoria-Luise-Schule musste sich ihre Gebäude mit der Volksschule VI teilen, und es herrschte drangvolle Enge. Die

Eine Schulklasse in der 1950er Jahren (Quelle: Privat)

Oberschule für Mädchen besaß keinen Experimentierraum und benutzte einen Kellerraum für den Unterricht.

Dazu herrschte Lehrermangel. Es ist interessant, dass wir unter den an den Hamelner Schulen beschäftigten Lehrkräften in den 1950er Jahren teilweise mehr als 50 Prozent Flüchtlinge finden.

Durch die Anlage der großen Neubaugebiete hatten sich die Schulwege für die Schülerinnen und Schüler extrem verlängert. Im Klütviertel, in dem eine rege Bautätigkeit herrschte, gab es überhaupt keine Schule. Dank großzügiger Neubauprogramme gelang es der Stadt Hameln in den folgenden Jahren, die Situation an den Schulen rasch zu verbessern.

Der Neubau von Volksschulen

Nachdem in der ersten Hälfte des 20. Jahrhunderts Mittel nur in den Bau der Höheren Schulen geflossen und der Bau von Volksschulen vernachlässigt worden war, sah die Stadt 1950 „auf lange Sicht" Bedarf an fünf neuen Volksschul-Bauten, ohne aber über die Finanzierung Klarheit zu haben. Als Standorte wurden besonders die Neubaugebiete genannt, also der Bereich zwischen Fischbecker Straße und Löhner Bahn, der Bereich Süntelstraße, das Klütviertel und Wangelist. Der Neubau der Schule am Langen Wall war damals bereits im Gange.

Bereits im Jahre 1950 konnte die Schule am Langen Wall eingeweiht werden. In 24 Klassenräumen waren je zur Hälfte die Handelsschule und eine neue Volksschule VII untergebracht, außerdem die städtische Bücherei, die vorher im Rattenfängerhaus gewesen war, und – in dem markanten Eckgebäude – die Geschäftsstelle der Oberweserdampfschifffahrt. Zur Weserseite waren zudem im mittleren Bereich hinter den großen Fenstern einige Ladengeschäfte vorgesehen, die allerdings nicht realisiert wurden.

Der Neubau dieser Schule ist auch für den heutigen Betrachter bemerkenswert gut gelungen. Die Dewezet[102] kommentierte damals treffend:

Die Hamelner ‚Wasserseite', über deren Verschandelung durch reine Zweckbauten so viel geklagt worden ist, hat wenigstens an dieser Stelle einen vorbildlichen Abschluß erhalten.

In den neuen Klassenräumen waltete ein fortschrittlicher Geist. Unter der Überschrift „Nicht ‚Untertanen', sondern selbständige Menschen sollen erzogen werden" schrieb die Zeitung[103]:

Die Kinder sollen das Gefühl haben: das hier ist unsere Schule. Um dies zu erreichen, will man am Langen Wall alles ausschließen, was an Drill erinnert. In den Zimmern stehen keine Bankreihen, alles ist aufgelockert.

Man sieht Lehrtafeln an den Klassenwänden, von den Schülern selbst geklebt. Schulrat Weber nannte sie ‚Selbstbildungsmittel'. Da ist zum Beispiel eine Tafel Italien. Postkarten, gezeichnete Landkarten, bunte Seiten aus einem alten Geographiebuch – eine systematische Reise durch den großen Stiefel im Mittelmeer.

„Schon 1900 hatten wir eine Schule mit festem Ziel", so äußerte Schulrat Weber seine Ansicht; „und sie hat ihr Ziel voll erreicht, nämlich die Erziehung von Untertanen! Wir jedoch möchten lieber Menschen erziehen, die ganz aus eigener Kraft aufrechtstehen."

Bereits 1951 wurde die kleine einstöckige Schule in Rohrsen (Volksschule IX) mit ihrer großen Turnhalle fertig gestellt.

1952 konnte die Pestalozzischule (Volksschule X) im Bereich der Neubaugebiete an der Süntelstraße mit 14 Klassenräumen eine bedeutende Entlastung schaffen. Es handelt sich um einen bis heute architektonisch beachtlichen Neubau, über den die Dewezet am 2. April 1952 schrieb:

Die Schule, die nach einem Entwurf von Architekt Wünschmann vom Städt. Hochbauamt ausgeführt wird, enthält außer den siebeneinhalb mal acht Metern großen Klassenzimmern, die also noch auf die übernormale Belegung berechnet sind, ein

Im Jahre 1950 wurde der Lange Wall bebaut. Das repräsentative Bauwerk enthielt neben zwei Schulen die städtische Bücherei und die Geschäftsstelle der Oberweserdampfschifffahrt. (Quelle: Stadtarchiv Hameln)

1951 wurde die kleine Schule in Rohrsen fertig gestellt.
(Quelle: Stadtarchiv Hameln)

Die Einweihungsfeier der Pestalozzischule (Quelle: Archiv der Dewezet)

Physikzimmer, ein Handarbeitszimmer sowie einen offenen Pausenraum für Regentage, der wie ein Laubengang das Gebäude nach Norden abschließt. Im Keller sind Duschräume vorgesehen und später kann auch noch ein kleines Schwimmbecken eingebaut werden. Die Korridore sollen verschließbare Garderobenschränke erhalten. Auf der Nordseite schließt sich als selbständiger Bau eine geräumige Turnhalle an, die zu den später vorgesehenen Spielplätzen überleitet.

1953 waren die Schulverhältnisse an den Volksschulen stark verbessert. Die Raumnot hatte sich nun aber auf die weiterführenden Mittel- und Berufsschulen sowie die Oberschulen verlagert.

1954 erhielten endlich die Kinder des Klütviertels eine eigene Schule und mussten nun nicht mehr den Weg über die verkehrsreiche Weserbrücke gehen bzw. die Fähre an der Jugendherberge nutzen. Die „Klütschule" sollte ursprünglich nach dem bekannten Göttinger Soziologen den Namen Weberschule erhalten, ein Name, der sich aber nicht durchsetzen konnte.

Aus dem Bericht über die Einweihungsfeier in der Dewezet[104]:

Architekt Werner Wünschmann hat die Pläne ausgearbeitet und, nach seinen eigenen Angaben, die Pestalozzischule in noch zweck- und zeitgemäßerer Gestalt und Ausführung zum zweiten Male gebaut. Der jetzt fertige erste Teilabschnitt enthält acht Klassenräume und erforderte 231.000 DM. Sieben Klassen sind zum Unterricht gedacht, eine ist als vorübergehendes Lehrer- und Lehrmittelzimmer eingerichtet. Sobald die Mittel der Stadt es erlauben, soll die Schule vervollständigt werden. Dann

Die vorbildliche Turnhalle der Pestalozzischule nach ihrer Einweihung (Quelle: Stadtarchiv Hameln)

Die Pestalozzischule heute (Quelle: Gelderblom)

Die neue Schule in Wangelist
(Quelle: Stadtarchiv Hameln)

Wandschmuck in der Wangelister Schule (Quelle: Stadtarchiv Hameln)

sollen noch einmal sechs Klassenräume hinzukommen, weiter je ein Rektor-, Lehrer-, Lehrmittel- und Büchereizimmer sowie eine Turnhalle und ein Sockelgeschoß mit Küche, Dusch- und Werkräumen.

Gegenüber der Pestalozzi-Schule neuartig sind bei der Klütschule die zweiseitige Taglicht-Beleuchtung aller Klassenräume. Die Süd- und Westseite des neuen Baues bestehen fast nur aus in sogenannte Raster eingelassenen Fenstern.

Nach Reden von Oberbürgermeister Janssen und Baurat Schäfer sprach Oberstadtdirektor Dr. Hengst. Dieser stellte als Erziehungsideale auf: Ordnung, Fleiß, Sauberkeit, Rücksichtnahme auf den Mitmenschen und Achtung vor ihm und besonders vor dem Alter sowie Ehrfurcht vor Gott. Mit dem Wunsch, daß die Kinder zu guten Deutschen würden, die ihre Heimat lieben, und mit dem Wunsche guter Zusammenarbeit zwischen Elternschaft und Lehrern reichte Dr. Hengst den Schlüssel an Rektor Bethke weiter.

Der dringend notwendige Weiterbau der Schule war 1957 immer noch nicht geschehen und auch nicht 1961. Die Raumnot war damals so groß, dass ein Teil der Klüt-Kinder weiterhin über die Weserbrücke in die Schule am Langen Wall gehen musste.

Im November 1955 wurde die Schule in Wangelist (XI) eingeweiht, zunächst mit nur drei Klassenräumen und bis zur vorgesehenen Erweiterung ein „Ableger" der Klütschule. Im Halbkeller befand sich ein „Turnraum". Neben der Duschanlage für die Kinder hatte die Verwaltung auch Einzelduschen für die Bevölkerung eingerichtet.

Der Bau von Schulen war der Stadt, wie sie nicht müde wurde zu betonen, ein Herzensanliegen. Hier wurden ohne Zweifel große Anstrengungen unternommen. Aber das Bauprogramm reichte nicht aus. 1958 klingelten wieder die Alarmglocken, waren Schulen und Turnhallen überfüllt und es drohte erneut Nachmittagsunterricht. An allen Schulen herrschte Raumnot; der größte Druck lag auf der Pestalozzischule, die einen großen Teil der Nordstadt versorgen musste. Weil ihre Räume nicht ausreichten, gingen die Kinder westlich der Löhner Bahn nach wie vor zur Schule am Langen Wall oder zur Papenschule. Die Volksschule V an der Deisterstraße, nur „Winterschule" genannt, war mit ihren fünf Räumen längst total überlastet. Als vordringlich bezeichnete der Rat nun den Neubau einer Schule am Hammelstein, der späteren Schule am Basberg, die 1964 bezogen werden sollte, aber damals längst nicht fertig gestellt war.

Die „Waldschule Finkenborn"

Eine besondere reformpädagogische Einrichtung der Stadt Hameln darf nicht vergessen werden, die „Waldschule Finkenborn", eine Sommerschule für 3-6 Tage. Die Waldschule erfüllte einen doppelten Zweck: sie sollte für einen kurzen Zeitabschnitt jeweils einer Volksschulklasse eine erholsame Woche in freier Natur und einen anschaulichen Naturkunde- und Heimatkundeunterricht bringen.

Reihum werden Klassen der verschiedenen Schulen mit ihrem Lehrer dort hinaufgeschickt, wo sie, jugendherbergsmäßig untergebracht, kostenlos mit Milch oder Kakao, einem kräftigen Mittagessen und Abendkaffee verpflegt werden. Brot und Aufstrich bringt sich die Schar – wie bei einer zünftigen Fahrt – selber mit.

Schulkinder auf dem Weg in die Waldschule Finkenborn
(Quelle: Archiv der Dewezet)

Der Vormittag ist meist dem Unterricht gewidmet, der durch zahlreiche Wanderungen und Anschauung in der Natur lebendig gestaltet wird. Die Hauptbetonung während dieser Tage liegt auf Natur- und Heimatkunde, aber auch die Lernfächer kommen nicht zu kurz. Mittags heißt es ruhen! Am Nachmittag tollt man sich bei Spiel und Sport.[105]

Hameln konnte stolz sein auf diese Einrichtung. Sie entstand in den 1920er Jahren und wurde nach dem Kriege bereits 1946 wieder für ihren ursprünglichen Zweck in Betrieb genommen.

Die Sertürner-Schule –
Eine zweite Mittelschule an der Königstraße

Die einzige Mittelschule der Stadt, die heutige Wilhelm-Raabe-Realschule an der Lohstraße, war 1953 total überfüllt. Wo früher bis zu 700 Kinder gelernt hatten, wurden 1.300 unterrichtet. Es gab Nachmittagsunterricht und Klassengrößen mit bis zu 60 Kindern. Um die Schülerzahlen organisatorisch zu verkraften, waren in einem Gebäude zwei Systeme geschaffen worden, die Mittelschulen A und B.

Die Schule hatte in der Bevölkerung mit Imageproblemen zu kämpfen und die Dewezet wollte sich für sie einsetzen.[106]

Noch gar zu viele Kreise unseres Volkes verbinden mit dem Begriff „Mittelschule" den einer Schulart, die Kinder aufnimmt, bei denen es für die Oberschule „nicht ganz reicht". Das ist völlig falsch gesehen. Es ist daher verständlich, daß von vielen Seiten eine Namensänderung für die Mittelschule erstrebt wird, wie sie im benachbarten Nordrhein-Westfalen schon durchgeführt wurde. „Realschule" ist sie dort benannt worden. Damit ist ihr Wesen klar bezeichnet, ihre Aufgabe eindeutig umrissen worden.

Die Mittelschule, wie sie in Niedersachsen z. Z. noch heißt, will tatsächlich die „Schule des Reulen" sein. Das heißt, sie sieht als Ziel ihrer Tätigkeit die Heranbildung des „denkenden Praktikers" an. Ihre

Die damalige Mittelschule und heutige Wilhelm-Raabe-Realschule war Anfang der 1950er Jahre total überfüllt. (Quelle: Archiv der Dewezet)

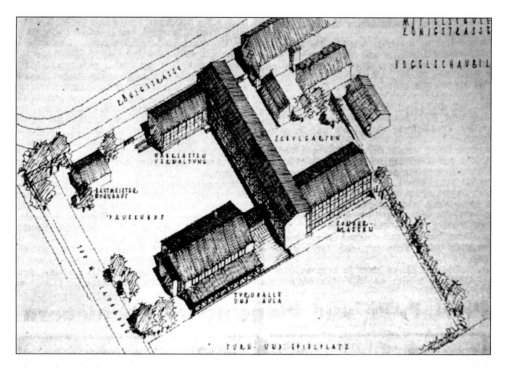

Planungsskizze der neuen Mittelschule an der Königstraße
(Quelle: Archiv der Dewezet)

Erster Bauabschnitt der neuen, damals „Sertürner-Schule" genannten Mittelschule an der Königstraße (Quelle: Stadtarchiv Hameln)

Lehrstoffe entnimmt sie zum überwiegenden Teile der dinglichen Welt, also dem Realen.

1956 wurde – immer noch unter dem Namen Mittelschule – endlich ein erster Bauabschnitt eines Neubaues geweiht, und zwar an der Königstraße. Noch im selben Jahr erhielt dieser den Namen „Sertürner-Schule", eine, wie die Dewezet[107] fand, „glückliche Entscheidung, weil alle Mittelschulen ihre Arbeit unter das Prinzip der Heimatgebundenheit stellen".

Beim Bau der Schule wurden für die damalige Zeit ganz moderne Gesichtspunkte berücksichtigt.

Es versteht sich von selbst, daß die Einrichtung der sechs Klassenräume nach den modernsten Erfahrungen und Erkenntnissen vorgenommen wurde. Bänke gibt es schon längst nicht mehr in neuzeitlichen Schulen.

An ihre Stelle sind Tische und Stühle getreten. Der Lehrer thront nicht mehr auf einem Katheder hoch über den Schülern, er sitzt auf „gleicher Ebene" mit ihnen. Die Tischplatten sind farb- und säurefest, Tinte kann ihnen nichts anhaben. Jeder Klassenraum ist mit einem Lautsprecher zum Abhören der Schulfunk-Sendungen ausgestattet. Leuchtstofflampen, schallschluckende Isolierplatten an der Decke, freundliche, helle Vorhänge und leicht bewegliche grüne Wandtafeln vervollständigen die Einrichtung.

Ebenso wurde bei den Geländern Kunststoff verwendet, der sich angenehm anfühlt und manche Vorteile hat gegenüber einem Holzgeländer.

Auch die Sicherheit, auf die in Schulen stets ganz besonderer Wert gelegt werden muß, kam nicht zu kurz. Sämtliche Fensterrahmen und die meisten Türrahmen sind aus Stahl, und die Füllungen der Türen aus sogenanntem Drahtfaden-Verbundglas, einem Sicherheitsglas, das nicht splittern kann.

Regennasse Mäntel haben in einem modernen Schulraum nichts mehr zu suchen. Sie werden in Gitterkästen aus Holz auf dem Flur untergebracht, unter denen Heizungsrohre entlanglaufen.[108]

Der Bildhauer Peter Szaif hatte die künstlerische Ausgestaltung des Baues übernommen und in Mosaikarbeit eine große Landkarte des Weserberglandes gestaltet. 1959 reichte der erste Bauabschnitt für die gewachsene Schülerzahl längst nicht mehr aus und es wurden Forderungen laut:

„Baut den Torso der Sertürner-Schule in der Königstraße weiter!"[109]

Die Erweiterung der beiden Oberschulen für Jungen und für Mädchen

Mit einer kleinen zeitlichen Verzögerung setzte die Raumnot auch an den Oberschulen ein. Die geburtenstarken Jahrgänge kamen hier um das Jahr 1953 an.

Die Schillerschule als Oberschule für Jungen führte Nachmittagsunterricht ein, die Einführung des 13. Schuljahres war aus Raumgründen gefährdet. Ein Anbau Richtung Erichstraße im Jahre 1953 brachte sechs neue Klassenräume, linderte die Not aber nur wenig. Bereits 1954 wurde in einer Elternversammlung die Frage aufgeworfen, ob nicht angesichts von weit über 1.000 Schülern die Gründung einer weiteren Oberschule für Jungen sinnvoll sei.

1956 wurde ein Zwischenbau eingeweiht, der die beiden älteren Gebäude in der Gröninger Straße verband und Räume für den Werkunterricht, einen Projektionsraum und weitere Funktionsräume enthielt. Nach dem Bau des Bürgergartens stand das alte Stadion nicht mehr zur Verfügung. Eine Schulsportanlage, die den Mangel nur teilweise ausgleichen konnte, wurde 1961 endlich eingeweiht.

Erstaunlich früh pflegte die Schillerschule den Schüleraustausch ins Ausland, insbesondere nach England (seit 1953), aber auch nach Schweden, Finnland und Frankreich.

Nur wenig besser sah die Raumsituation in der Oberschule für Mädchen aus. Erst 1953 erhielt die Schule ihr Zusatzgebäude zurück, das solange der Volksschule VI zur Verfügung gestan-

1953 erhielt die Schillerschule einen Anbau in Richtung Erichstraße.
(Quelle: Stadtarchiv Hameln)

Die Aula der Schillerschule nach ihrer Renovierung im Jahre 1953
(Quelle: Stadtarchiv Hameln)

Die neue Hauswirtschaftliche Berufsschule am Münsterkirchhof, deren Aula-Außenwand das schöne Rattenfängerrelief von Hans Walther-Ihle schmückte
(Quelle: Stadtarchiv Hameln)

den hatte. 27 Klassen mit rund 900 Schülerinnen besuchten die Schule. Das Ende der Raumnot wurde erst 1965 erreicht, als die Schule den Zwischentrakt beziehen konnte, der beide Altbauten verbindet.

Die Not der Berufsschulen

Während für die Handelslehranstalten mit der Schule am Langen Wall bereits 1950 ein Neubau geschaffen wurde, mussten die Berufsschulen sehr lange

Die beiden Bauten der Victoria Luise-Schule im Jahre 1959 anlässlich der Feiern zum 100jährigen Bestehen der Schule. Das Eckgebäude Kaiserstraße-Grütterstraße wurde damals 50 Jahre alt. (Quelle: Archiv der Dewezet)

auf geeignete Räumlichkeiten warten. Für die städtische Gewerbliche Berufsschule war im Jahre 1955 ein geordneter Unterricht nicht möglich.

Nach Schließung des alten Gebäudes am 1. April 1955 fiel der Unterricht für fünf Wochen ganz aus und wurde anschließend gekürzt und auf acht verschiedene Gebäude verteilt. 1959 fand der Unterricht immer noch an drei unterschiedlichen Standorten statt, u. a. in acht behelfsmäßigen Räumen der Strafanstalt, welche die Stadt angemietet hatte.

Neubauten kamen erst spät zustande, so 1957 die Hauswirtschaftliche Berufsschule am Münsterkirchhof, deren Aula-Außenwand das schöne Rattenfängerrelief von Hans Walther-Ihle zierte (heute am Eingang des Bürgergartens), 1959 die Kreisberufsschule an der Sedanstraße und ebenfalls 1959 die Landwirtschaftliche Lehranstalt an der Holtenser Landstraße.

Neue Kirchen für die Stadt

Die katholische St. Augustinus-Kirche an der Lohstraße

Am 5. Juni 1947 zog zum ersten Male eine Fronleichnamsprozession durch die Straßen der Stadt Hameln. Durch den starken Zugang aus dem Osten fühlte sich die katholische Gemeinde stark genug, eine öffentliche Prozession zu veranstalten. Die Gemeinde musste sich dafür manche Utensilien wie den Baldachin aus der Nachbargemeinde Bad Pyrmont ausleihen. Bei unsicherem Wetter kamen 2.500 Gläubige, „ein voller Erfolg, ein erstmaliges mächtiges öffentliches Glaubenszeugnis".[110]

Vor allem die zahlreichen schlesischen Flüchtlinge hatten die katholische Gemeinde von ca. 1.800 Seelen im Jahre 1940 auf gut 8.000 im Jahre 1953 anwachsen lassen. Mit den Katholiken

Die alte St. Augustinus-Kirche am Ostertorwall war für die Menge der Katholiken viel zu klein. (Quelle: Stadtarchiv Hameln)

Der Bau des Turmes der St. Augustinus-Kirche
(Quelle: Stadtarchiv Hameln)

Das Innere der St. Augustinus-Kirche mit den schmalen, hohen Fenstern
(Quelle: Archiv der Dewezet)

in den Landgemeinden, die von Hameln aus mitbetreut wurden, waren es fast 14.000.

Sehr früh stellte sich die Frage nach der gottesdienstlichen Versorgung der Katholiken. Wegen der ständig überfüllten Gottesdienste mussten zur Vermeidung von Schwierigkeiten in den Heiligen Messen in der alten St. Augustinus-Kirche am Ostertorwall Ordner eingesetzt werden. Um der Menge der Gläubigen Herr zu werden, wurden sonntags fünf Messfeiern hintereinander gefeiert.

Der Ausbau der alten Kirche wurde erwogen, aber fallen gelassen, weil sich der Baugrund als schlecht erwies. In relativer Nähe zur vorhandenen Kirche, in dem Stadtteil zwischen Altstadt und Bahnhof, der bisher recht vernachlässigt war, bot sich ein geeignetes Baugelände. Hier war neben der Allgemeinen Ortskrankenkasse und der Mittelschule gerade das Arbeitsamt neu errichtet worden und sollte auch später die Polizei ihr Domizil finden.

Auf dem Grundstück, das für die katholische Kirche vorgesehen war, waren Gärten gewesen, hatte das alte Tivoli gestanden, eine längst wüst gewordene Vergnügungsstätte. Der baulich völlig vernachlässigte Turm eines Gartenhauses, der sog. Malakow, hatte überdauert, musste nun aber den Neubauplänen weichen.

Treibende Kraft des Neubaus war Dechant Carl Hövelmann. Ein Kirchenbauverein gründete sich im Jahre 1952, der die Baukosten in Höhe von geschätzten 150.000 DM sammeln wollte. Die neue Kirche sollte 600 Sitzplätze haben, war also recht groß geplant. Neben der Kirche sollten in dem Bereich zwischen Sertürner-, Bennigsen-

Der großartige Wandteppich von Prof. Ewald Mataré mit dem Titel „Ruf zur Entscheidung" schmückt seit 1957 die Altarwand der Kirche. (Quelle: Gelderblom)

und Lohstraße Pfarrhaus, Altersheim, Kindergarten, Jugendheim mit Gemeindesaal und weitere Einrichtungen entstehen, also eine Art „katholischer Kirchenbezirk". Das Altersheim für zunächst 50 Personen konnte bereits 1952 geweiht werden, ebenso der Kindergarten.

Den Grundstein der neuen Kirche bildete ein schwerer Steinquader, der aus der Mauer des Hildesheimer Domes gebrochen wurde. Die Gemeinde Hameln sollte „der westliche Eckpfeiler der Diözese Hildesheim" sein.[111] Bei den Außenarbeiten halfen zahlreiche Freiwillige aus der Gemeinde. Zur groß gefeierten Weihe der Kirche am 1. und 2. Mai 1954 kam Bischof Joseph Godehard Machens aus Hildesheim.

Eine Besonderheit der insgesamt schlichten Kirche in Form einer Basilika mit ihrem 34 Meter hohen Turm ist ihre 70 qm große östliche Altarwand. Die künstlerische Gestaltung dieser Fläche sollte das Hauptmotiv der Kirche bilden. Ursprünglich war erwogen worden, die Fläche zu bemalen, jedoch musste der Plan als nicht durchführbar aufgegeben werden.

Schließlich wurde Prof. Ewald Mataré angesprochen, der sich bereit erklärte, einen Bildteppich zu entwerfen. Mataré war einer der bedeutendsten Plastiker im Nachkriegsdeutschland. Am bekanntesten sind vermutlich seine vier Türen für das Südportal des Kölner Doms.

Sechs Arbeiterinnen der Teppichfabrik Besmer arbeiteten über viereinhalb Monate und in 2.000 Arbeitsstunden 13.320.000 Noppen in den Teppich ein, der in der Höhe 7 und in der Breite 4,5 Meter misst. Seit Ostersonntag 1957 wurde der Raum hinter dem Hochaltar von dem riesigen Wandteppich beherrscht.[112]

Der Teppich von Ewald Mataré mit dem Titel „Ruf zur Entscheidung" zeigt in strenger Komposition das klassische Motiv der Trennung der Seelen vor dem Gericht Gottes. Auf leuchtend rotem Hintergrund sind in der oberen Bildhälfte rechts und links von Maria die Gruppen der erlösten Seelen zu sehen, während sich im unteren Bildteil der Höllensturz der Verdammten in grausigen Verrenkungen geschundener menschlicher Leiber vollzieht. In der Mitte rechts steht zwischen Himmel und Hölle noch im Irdischen, aber bereits in den Bereich der Seligen hineinragend, der heilige St. Augustinus, der Schutzpatron der Kirche, im Angesicht zu Angesicht mit der Mutter Maria, der Fürbitterin.

Das Gemeindehaus der evangelischen Paul-Gerhardt-Gemeinde auf dem Basberg

Bereits 1936 sollte für die Siedlung am Großen Osterfeld eine evangelische Kirche gebaut werden. Damals konnten die Pläne nicht verwirklicht werden, aber 1951 gab es innerhalb der jungen, aus der Münstergemeinde hervorgegangen Paul-Gerhardt-Gemeinde neue Überlegungen zur Realisierung. Stadtbaurat Schäfer, der für die Planung verantwortlich war, rechtfertigte die Platzwahl neben dem Riesackweg oberhalb des Hanges des Basberg mit den schönen Worten: „Zu einer Kirche soll man hinaufsehen." Er plante den Bau „im Stil moderner Sachlichkeit unter starker Verwendung von Glas und Beton".[113]

Damals war die unmittelbare Umgebung der Kirche noch kaum bebaut. Und so geschah hier etwas Seltenes: Erst stand die Kirche in Gestalt eines Gemeindehauses, dann wuchs die Stadt, die Siedlung auf dem Basberg, um sie herum.

Friedlich grasten Schafe um das neue Gemeindehaus der Paul-Gerhardt-Gemeinde. (Quelle: Stadtarchiv Hameln)

„Feldgottesdienst" der Paul-Gerhardt-Gemeinde im Juni 1959
(Quelle: Archiv der Dewezet)

Bei den verschiedenen Schritten, die der Bau nahm, spürt man die starke Beteiligung einer aktiven Gemeinde. 1952 entstand als erster Schritt ein hölzerner Glockenturm, für den im Hamburger Glockenlager zwei aus Ostpreußen gerettete Glocken gefunden werden konnten. In einem Feldgottesdienst wurde der Glockenturm geweiht, Jugendliche zum Läuten per Hand eingeteilt.

Der Bau der Kirche musste aus finanziellen Gründen immer wieder und bis heute zurückgestellt werden. Das innen und außen schlicht gehaltene, aber außerordentlich sorgfältig gestaltete Gemeindehaus wurde 1953 gebaut und musste mehreren Funktionen gleichzeitig dienen. Es sollte den dringenden Raumbedarf der Frauen-, Männer- und Jugendgruppen stillen, aber auch Gottesdienste ermöglichen. Bei der Grundsteinlegung des Gemeindehauses mauerte man einen Trümmerstein der Marktkirche ein.

1955 – inzwischen war das Paul-Gerhardt-Gemeindehaus Mittelpunkt eines neuen Stadtviertels, in dem die Neubautätigkeit alles bisher in Hameln Gewohnte überschritt – erklang im Gemeindehaus zum ersten Male eine richtige Orgel. Und so konnte die Gemeinde die Lieder ihres Namensgebers („Geh aus, mein Herz, und suche Freud" oder „Oh Haupt, voll Blut und Wunden") noch kräftiger singen.

Die Pläne der Martin-Luther-Gemeinde in der Nordstadt

Das starke Anwachsen der Bevölkerung in der Nordstadt stellte auch hier die Frage nach der religiösen Versorgung. Seit dem 13. Oktober 1957 hatte es Gottesdienste der Marktkirchengemeinde an einem ungewöhnlichen Ort gegeben, in der Turnhalle der Pestalozzi-Schule („Die Kirche muss zu den Menschen kommen."). Damit war der erste Schritt zur Bildung einer neuen Gemeinde und zum Bau einer neuen Kirche getan, die dann seit 1961 den Namen von Martin Luther tragen wird.

Im Dezember 1959 wurde nach dem Vorbild der Marktkirche ein Kirchenbauverein gegründet, der die Fertigstellung des Baus befördern sollte. Aus dem Wettbewerb um den Bau ging der Entwurf von Prof. Rauda, Hannover, als Sieger hervor. Der Entwurf sah neben der Kirche als erstem Bauabschnitt Gemeindesaal, Gemeindehaus, Kindergarten und Pfarrhaus vor. Der Bau selbst fiel dann in die frühen 1960er Jahre und wurde 1962 bezogen.

Die Errichtung von Altersheimen

Nach dem Wegfall des ohnehin unzureichenden Pflege- und Waisenhauses am Langen Wall, einer ehemaligen Kaserne, gab es für alte Menschen in Hameln nur eine provisorische Unterkunft in der Walkemühle. Es ist davon auszugehen, dass die Alten dort in großen, nach Geschlechtern getrennten Sälen schlafen mussten.

1951 fasste der Rat den Beschluss, ein dringend benötigtes Altersheim zu bauen. Aus Mitteln der 1940 gegründeten Tönebön-Stiftung standen 160.000 DM zur Verfügung. Das „Amt für Soforthilfe" stellte weitere 175.000 DM bereit. Das Heim sollte neben der neuen Jugendherberge an der Fischbecker Straße entstehen.

„Der Bau soll so angelegt werden, daß die Flure nur auf einer Seite Zimmer haben. Die Räume werden außerdem nur nach Westen und Süden liegen. Bei dieser lockeren Belegung kann kein Mietskasernencharakter aufkommen, so daß die alten Leute, die hier ihren Lebensabend verbringen, sich wirklich heimisch fühlen können.

Damit die alten Mütterchen, die sich gern noch selber ihr Mittagessen zubereiten wollen, zu ihrem Recht kommen, wird das neue Altersheim auch Einzelzimmer mit Kochgelegenheit haben. Außerdem sollen Einzelzimmer ohne Kochnischen, Gemeinschafts-, Lese- und Aufenthaltsräume sowie im obersten Stockwerk des Gebäudes Doppelzimmer mit Loggien eingerichtet werden.[114]"

Im Januar 1952 konnten die ersten 50 „glücklichen" Bewohner einziehen. Die Insassen waren von sechzig bis über achtzig Jahre alt.

„Mehr als die Hälfte waren Flüchtlinge aus den verschiedenen Geschädigtengruppen nach dem Soforthilfegesetz."

Sie kamen aus sehr beengten häuslichen Verhältnisse und hatten häufig als Untermieter gewohnt. Der tägliche

1952 konnte das Altersheim der Tönebönstiftung an der Fischbecker Straße bezogen werden. (Quelle: Stadtarchiv Hameln)

Dicht gedrängt saßen die alten Menschen zum Kaffeetrinken im Speisesaal des Tönebönstifts. (Quelle: Archiv der Dewezet)

Eine großzügige Anlage für alte Menschen und Waisenkinder wurde das auf mehrere Gebäude verteilte Heim am Reseberg. (Quelle: Stadtarchiv Hameln)

Verpflegungssatz lag bei 4 DM und wurde bei Vorliegen einer besonderen Notlage vom Sozialamt getragen.

Im selben Jahr wurde das katholische Altersheim an der Sertürnerstraße für zunächst 50 Personen geweiht. Die Lage der alten Menschen hatte sich mit dem Bau der beiden Altersheime allerdings überhaupt noch nicht entspannt. Die besondere soziale Situation der Nachkriegsjahre machte den Bau weiterer Altersheime dringlich. Die Dewezet[115] beschrieb die damalige Lage der alten Menschen folgendermaßen:

Früher haben die Kinder die ergrauten Eltern aufgenommen, wenn diese es müde waren, ihren Lebensabend in einem kostspieligen selbständigen Haushalt zu verbringen. Doch heute hat die jüngere Generation mit sich selbst genug Sorgen und die Wohnungen sind meist schon eng genug. Den Alten bleibt aber nur ein Ausweg: das Altersheim.

Dort ist die Nachfrage groß, die Unterbringung nicht immer so, wie sie zu wünschen wäre. Ehepaare werden plötzlich getrennt und müssen ihr Zimmer mit fremden Menschen teilen. Auch der Bevölkerungszuwachs der letzten zehn Jahre hat die Nachfrage nach einer Pflegestelle im Altersheim erheblich gesteigert.

Weil besonders Flüchtlinge einen Heimplatz suchten, machte sich der Bund der Vertriebenen zu ihrem Anwalt und forderte ein drittes Altersheim.

Die Stadt fand einen 19.000 qm großen Bauplatz auf dem Südhang des Klüt am Reseberg. Der preisgekrönte Entwurf sah eine aufgelockerte Bauweise nach dem „Pavillonsystem" vor. Die Dewezet[116] beschrieb ihn folgendermaßen:

Der Hauptweg schwingt sich in leichtem Bogen den Hang hinauf, und teilt das Gelände in zwei Hälften. Links davon befinden sich die fünf Gebäude für die Alten, rechts die drei Gebäude und der Gemeinschaftsraum für das Waisenheim. Der ganze Entwurf ist sehr klar und übersichtlich, er nutzt das Gelände vollkommen aus und läßt sich gut in zwei Etappen verwirklichen.

Sehr glücklich sind die einzelnen Wohngebäude für je vierzig Altersheiminsassen aufgeteilt. In der Mitte sind Gemeinschafts- und Aufenthaltsräume vorgesehen, links davon in jedem Stock Doppel- und Einzelzimmer für je zwanzig Personen sowie Bad und Toiletten, rechts Besucherzimmer, Krankenzimmer, Räume für Heimleiterin usw.

Blick in den Aufenthaltsraum (Quelle: Stadtarchiv Hameln)

Von den Gebäuden für das Waisenheim ist das unterste zweigeschossig, die anderen haben nur ein Geschoß. Die Kinder sollen in „Familien" zu je fünfzehn mit der Kinderschwester zusammenleben, eine „Familie" ist die „Krabbelgruppe" für Kinder im Säuglingsalter bis zu drei Jahren. Erfreulich ist, daß noch genügend Spielfläche zwischen den Wohngebäuden übrig bleibt.

Die Anlage war für damalige Verhältnisse außerordentlich großzügig geplant und dürfte – so das Urteil der Dewezet[117] im Jahre 1958 – „nach Vollendung aller Pläne im Land Niedersachsen einmalig sein". Es dauerte lange, bis der Bau endlich begonnen werden konnte. Um die Gesamtkosten in Höhe von 1,5 Millionen DM aufzubringen, waren Zuschüsse der Regierung und aus dem Lastenausgleich nötig. Auch Kanalisation und Straßen mussten gebaut werden.

1958 war der erste Bauabschnitt, bestehend aus zwei Häusern, fertiggestellt.

Von der Fahrstraße ab führt ein freundlich getönter Plattenweg durch das große Gelände zu den beiden Altersheimen, die ganz in der gleichen Art gebaut und eingerichtet sind. Die mit je vierzig Insassen belegten Häuser haben Doppel- und Einzelzimmer, wovon die Doppelzimmer Balkons, die Einzelzimmer hohe ebenerdige Fenster haben, die vom bequemen Platz im Sessel oder vom Sofa aus einen Blick in die herrliche Umgebung erlauben.

Schon der äußere Rahmen ist sehr anheimelnd und wohltuend. Eine geschmackvolle Einrichtung, die einschließlich Vorhänge, Bezüge und Fußbodenbelag mit Sorgfalt und Liebe ausgesucht und aufeinander abgestimmt wurde, peinliche Sauberkeit und wohltuende Wärme empfangen den Besucher.

Es ist am Spätnachmittag, kurz vor dem Abendessen, und die Pfleglinge befinden sich entweder im allgemeinen Aufenthaltsraum, der mit großen Fenstern die Landschaft ins Zimmer läßt und der mit gemütlichen Sesselgruppen, einer kleinen Bibliothek, einem Radio und vielen gepflegten Blattpflanzen so recht zum behaglichen Verweilen geschaffen ist. Andere der alten Leutchen sind in ihren Zimmern, unterhalten sich mit gleichgesinnten Seelen und freuen sich, dem Besucher sagen zu können, wie schön sie es hier oben haben.

„Wer klagt, tut Unrecht", sagt uns eine rüstige Achtzigjährige, die als Ostvertriebene viel Leid erfahren hat. „Wir hätten es uns nicht träumen lassen, daß wir es nach

all den schweren Wanderjahren noch einmal so schön haben werden!" Und ein altes masurisches Ehepaar, das uns auf einer Ostpreußenkarte im Flur seinen Heimatort zeigt, gesteht, daß es in dieser harmonischen, sorglosen Umgebung fast die alte geliebte Heimat vergißt.

Oft kommen die Heiminsassen aus engsten Wohnverhältnissen, wo sie es in der Familie ihrer Kinder nicht immer leicht hatten. Jetzt nachdem alt und jung für sich allein ist, ist jede Disharmonie beseitigt und die Alten werden wieder frohe Menschen, die nach einem Leben voller Arbeit und Mühe den Feierabend genießen. Wer rüstig ist, geht zur Stadt hinunter und genießt etwas Trubel und Betrieb, um dann gern wieder in den ruhigen Hafen am Reseberg zurückzukehren. Wenn sich die alten Leute an die Hausordnung halten, genießen sie volle Freiheit.[118]

1959 war der Bau des Alters- und Kinderheimes Reseberg zur Hälfte fertig gestellt, so dass etwa hundert Alte und fünfzig Waisenkinder dort aufgenommen werden konnten.

„Schönheit und Hygiene sind hier in glücklicher Weise vereint" – Das neue Hallenbad an der Hafenstraße

Den Stellenwert einer Badeanstalt für die damalige Zeit beschreiben die folgenden Zeilen aus dem Jahre 1951:

Wenn noch vielleicht viele Jahre Tausende in unzureichenden und dunklen Wohnungen hausen müssen, so ist eine Badeanstalt, in der Jugendliche und Erwachsene sich in freier Luft austoben, den Körper der Sonne aussetzen und abhärten können, von unschätzbarem Wert.[119]

Die Badefreuden waren in der Nachkriegszeit beschränkt. Für Schwimmer gab es nur das sehr kleine Hallenbad der Molkerei an der Kaiserstraße, welches das warme Wasser der Molkerei nutzte. Sein Schwimmbecken war 12,50 mal 7 Meter groß, die Halle außerordentlich eng. Das Bad war an den Hallenbadverein verpachtet und von Besuchern überlaufen.

Das Wittekindbad, ein großes Freibad, war nach Kriegsende durch Selbsthilfe der Sportvereine wieder hergerichtet, aber 1947 von der britischen Besatzungsmacht beschlagnahmt worden.

In der Bevölkerung stieß die Sperrung des Bades für die Deutschen auf heftige Kritik. Nach der Schilderung in der Dewezet[120] bot „das Bad Tag für Tag ein Bild gähnender Leere; nur ganz selten einmal kann man einzelne Personen dort antreffen".

Die Sportvereine forderten eine Regelung, wonach wenigstens zu bestimmten Tageszeiten oder Tagen die deutsche Bevölkerung ihr Bad benutzen darf. Ganz abgesehen davon, daß zu diesem Thema befragte Truppenangehörige das Baden im Wittekindbad als „ausgesprochen langweilig" bezeichneten und lieber mit den Deutschen in die Weser gingen, weil da mehr „los" ist!

Wir können uns nicht denken, daß man immer noch mit mittelalterlichen Vorstellungen von Seuchen unter der deutschen Bevölkerung usw. die Aufrechterhaltung dieses Zustandes begründen will und appellieren deshalb an alle zuständigen Stellen: „Habt endlich ein Einsehen und gebt das Wittekind-Bad wieder frei!"[121]

Die Not machte erfinderisch, und mit viel Eigenleistung und Unterstützung der Stadt schufen Jugendliche und Vereine auf dem Gelände der früheren Städtischen Badeanstalt zwischen Kanuklub und Bootsstation 1950 eine Flussbadeanstalt. Es gab zwölf Umkleidekabinen, einen Drei-Meter- und einen Ein-Meter-Sprungturm und sogar eine Wasserrutschbahn. Ruhebänke und Liegestühle wurden aufgestellt und eine Spielwiese geschaffen. Eine weitere Flussbadeanstalt entstand auf demselben Weserufer nicht weit entfernt.

Allein, die Freude am Schwimmen in der Weser währte nur zwei Sommer.

Die Flussbadeanstalt an der Weser (Quelle: Stadtarchiv Hameln)

Im Mai 1953 empfahl das Gesundheitsamt der Stadt, die beiden Flussbadeanstalten nicht wieder zu öffnen. Das Ergebnis der Wasseruntersuchungen war geradezu erschütternd.

Man kann sich nicht darauf besinnen, daß die Weser schon einmal derart verschmutzt war. Wie ungesund das Baden in der Weser gerade im Stadtgebiet Hameln ist, geht schon daraus hervor, daß z. B. Abwässer aus dem Ortsteil Wangelist ungeklärt in den Strom fließen! Das soll zwar kein Dauerzustand sein, aber die Stadt kann nur nach und nach die Mittel aufbringen, um mit der Vergrößerung der Wohngebiete Schritt zu halten. Dazu gehört auch der Neubau einer Kläranlage für das linke Weserufer.[122]

Die Zeit kannte nicht das Wort Ökologie. Auch die Nachricht, dass „auf Anordnung des Gesundheitsamtes der Stadt Würzburg das Mainwasser nicht einmal zum Besprengen der Gemüsegärten verwandt werden soll"[123], berührte die Menschen und die Politiker damals nicht besonders.

Die Wasserqualität in Tönebons Teichen, wo 1951 öffentliche Bademöglichkeiten geschaffen worden waren, wies immerhin ein tragbares Ergebnis auf. Freilich entsprach diese Badeanstalt nach Meinung von Stadtverwaltung und Gesundheitsamt mit ihrer provisorischen Einrichtung in keiner Weise den hygienischen Anforderungen, die an ein großes Freibad gestellt werden müssten.

So war die Lage für die Schwimmer im Jahre 1953 ausgesprochen schlecht. Die Jugendlichen gingen trotz Verbot weiterhin in die gefährliche Weser. In diesem Jahr entspannte sich immerhin der Streit um das Wittekindbad. Die Briten hatten den Bau einer Umwälzanlage als Voraussetzung dafür gefordert, dass sich Deutsche zeitweise auch im Wittekindbad tummeln durften, und beanspruchten das Bad nur noch am Mittwoch.

Pläne für ein neues großes Hallenbad mit 25-Meter-Bahn gab es seit 1951. Treibende Kraft war der Hallenbadverein. Der Rat stimmte den Planungen für das Großprojekt mit einem Volumen von 700.000 DM einstimmig zu, „ohne Unterschied der Parteien und

Skizze des Architekten Simon für das neue Hallenbad an der Hafenstraße
(Quelle: Archiv der Dewezet)

Eingangsbereich und Schwimmhalle. Den Badenden bot sich eine lichtdurchflutete Halle mit einem 25-Meter-Becken und einer schallschluckenden Kassettendecke.
(Quelle: Stadtarchiv Hameln)

Bekenntnisse".[124] Angesichts der vorherrschenden Wohnungsnot achteten die Parteien darauf, bei diesem Gegenstand Einigkeit zu demonstrieren.

Im September 1952 wurde der Grundstein für den Bau an der Hafenstraße gelegt. Er bekam „trinkreines Kühlwasser mit einer Temperatur von etwa 30 Grad" von den Stadtwerken.[125]

Für den Bau des Bades hatte man den zwischen Hafenstraße und Fröbelweg liegenden Teich erheblich verkleinert.

Das Bad hatte der Hamelner Architekten Simon großzügig geplant. Für Sportveranstaltungen wies es an seiner östlichen Längsseite auf einer Galerie Tribünen auf, während an der Westwand eine große vom Boden bis zur Decke reichende Fensterfront Tageslicht hineinströmen ließ. Durch eine in der Glasziegelwand befindliche Tür gelangten die Besucher zu einem Erfrischungspavillon und ins Freie. Der Bau hatte eine damals „hochmoderne" Kassettendecke mit einer Spannweite von 18 Metern erhalten, die geräuschmindernd wirken sollte.

Als das Bad im September 1953 eröffnet wurde, galt es „als das schönste Bad im nordwestdeutschen Raum. Schönheit und Hygiene sind hier in glücklicher Weise vereint." Der Bericht in der Dewezet[126] ergeht sich in schwärmerischen Formulierungen.

Die zuvorkommende Dame in der flugzeugkanzelähnlichen Kasse des Hallenbades drückt auf ein unsichtbares Knöpfchen, und der Badefreudige hat „freie Fahrt" zu seinen Genüssen. 1500 Personen sind in der kurzen Zeit seit der feierlichen Einweihung schon einmal an einem Tage an diesem freundlich lächelnden Wesen, das einem notfalls auch zu einer Badehose verhilft, vorübergezogen, hin zu den Umkleidekabinen, um dann zu brausen oder zu baden und sich anschließend in der gläsernen Milchbar zu erfrischen. Oder sie haben sich oben auf die theaterartige Galerie gesetzt und andächtig in das riesige Bassin geschaut. Ganz Gewitzte auch sparten jeden Aufwand und stellten sich außen an die große Glasziegel-Seitenwand der Schwimmhalle und fanden auch dort zumindest ihre Neugier gestillt.

Der Bademeister und die sonstigen städtischen Angestellten hatten oft Mühe, für jeden der mit Badetuch und Hose Eintreffenden noch eine Umkleidekabine oder einen leeren Schrank für die äußere Hülle aufzutreiben, so wild war und ist oft der Ansturm. Das Auskleiden ist eine Sache von Augenblicken: bei Schallplattenmusik („Schau' mich bitte nicht so an!" vielleicht!) stehen alle in Sekunden als Adam oder Eva (nach Geschlechtern getrennt natürlich!) da und stürmen wasserwärts.

Dieses Wasser hält mit seiner Durchsichtigkeit, was die Glasziegel versprechen. Hier gibt es auch unter der Oberfläche keine Zusammenstöße. Selbstredend haben die Taucher (auch nach Inkrafttreten der neuen Straßenverkehrsordnung!) keine Beleuchtung nötig, denn sie schwimmen einfach – in flüssigem Glas. Wenn sie auftauchen, beleidigt ihr Ohr kein lautes und mißtönendes Geschrei. Die neuartige Decke des Bades schluckt unablässig Geräusch; daß sie sich einmal daran verschluckt habe, ist bislang noch nicht bekannt geworden.

Wer gebadet und auch lange genug auf der Bank vor der Glasziegelwand verweilt hat, dem winkt jenes verglaste Traumgebilde mit seinen Reizen für Auge und Gaumen: die Milchbar, idealer Ort für ein Rendezvous. Auf den hohen Barhockern kann man mit den Beinen schlenkern, und jüngere wie ältere weibliche Wesen wissen sich dort anziehend zu placieren, andächtig ziehend am Strohhalm, der gemalten Mündern keinen Abbruch tun kann. Oder sie ruhen zierlich in den bequeme Sesseln.

Ernster indessen sieht für die kleinen Neptunschüler das Leben aus: sie üben fleißig erst einmal auf dem Trockenen ihre Schwimmbewegungen. Eine – zwei uuund weg! Hoch das Bein und hoch die Arme – bald haben sie ihr Schäfchen (sprich: den Freischwimmer) sicher auf dem Trockenen.

Ein Jahr später wurde die Milchbar ins Bad hinein erweitert, so dass man auch in Badehose „am Strohhalm saugen" konnte.

„*Milch in verschiedensten Farben wird hier geboten, schokoladenbraun, rosa, eigelb; aber man bekommt sie auf Wunsch auch heiß, kalt oder warm.*"[127]

Das Bad erwies sich als ungeheurer Magnet. Schwimmvereine aus der nahen und weiteren Umgebung nutzten das Bad; die Bundeswehr kam aus Holzminden. Gut ein Jahr später wurde bereits der 200.000ste Besucher begrüßt; im Oktober 1959 waren nach sechsjährigem Bestehen eine Million Gäste gezählt worden. Der Preis betrug für Kinder 30 Pfennige (beim Bezug einer Zehnerkarte 25 Pfennig), für Jugendliche 40 Pfennig (bei Bezug einer Zehnerkarte 32 Pfennig).

9 Wiederaufbau und Erhaltung der Altstadt

In einem Bericht an den Regierungspräsidenten in Hannover gab der Hamelner Oberbürgermeister im März 1946 einen Überblick über die Schäden, die der Krieg in der Altstadt angerichtet hatte. Die Kriegsschäden in der Altstadt waren verhältnismäßig begrenzt und hatten keinen flächenhaften Charakter, so dass keine städtebaulichen Neuplanungen wie etwa in Hannover nötig waren.

In der Osterstraße war ein Block von vier Häusern zwischen dem Hotel „Zur Börse" und dem Hotel „Sonne" vernichtet worden. Das Hotel „Zur Sonne" – ein vierstöckiger kaiserzeitlicher Bau mit roter Sandsteinfassade – hatte die Bauverwaltung als Fremdkörper empfunden. So sahen die Stadtplaner in dieser Zerstörung keinen Verlust, sondern eher eine Chance, einen lästigen Fremdkörper zu entfernen und eine Neuplanung aufzustellen, die auf die Hamelner Altstadt abgestimmt war.

Beim schwer beschädigten Rathaus sah die Sache anders aus. Hier hatte nach Meinung des Oberbürgermeisters der „Totalschaden des alten Rathauses ... die Frage der Verbreiterung der Zufahrt vom Pferdemarkt zur Bäckerstraße erneut aufgerollt". Verkehrsinteressen kreuzten sich hier mit denen des Denkmalschutzes, „so dass zuerst einmal die Frage gelöst werden muss, welcher der beiden Punkte den Vorrang erhalten muss".[128] Der Oberbürgermeister sah eine Chance, durch eine gänzliche Beseitigung des Rathauses den Engpass zwischen Bäckerstraße und Pferdemarkt zu beseitigen.

Als dritten und letzten Punkt nannte der Oberbürgermeister die alten Baracken am Langen Wall, die im Kriege als Unterkunft für Zwangsarbeiter und vorher und nachher als Waisenhaus und Altersheim gedient hatten. Sie waren zwar nicht zerstört, aber baulich in so schlechtem Zustand, dass nur ein Abriss in Frage kam.

Diese drei Projekte, und dazu der Wiederaufbau der Marktkirche, sollen im folgenden beleuchtet werden.

Der Abriss des Rathauses und die Diskussionen über einen Neubau

Wie würde die Frage Verkehr versus Denkmalschutz im Falle des Rathauses entschieden werden? Spätestens im August 1946 waren die Trümmer des Rathauses beseitigt; schwere britische Räumfahrzeuge waren nötig gewesen, die einen Meter starken Außenmauern abzubrechen. Man machte sich damals nicht die Mühe, die unversehrten wertvollen gotischen Kellergewölbe zu erhalten, sondern kippte einfach Bauschutt hinein.

Noch im Februar 1946 hatte der Regierungspräsident, aufmerksam gemacht durch den Landeskonservator, Planungen für den „Wiederaufbau" des Rathauses gefordert. In geradezu rüdem Ton hatte der Oberbürgermeister Dr. Harm in einem Schreiben vom 2. März 1946[129] die Kompetenz des Landeskonservators und jeden bauhistorischen Wert des Gebäudes bestritten:

Zu dem dortigen Aktenvermerk teile ich mit, dass die Stadtvertretung auf dem Standpunkt steht, dass über das Stadtbild in allererster Linie die Stadtvertretung zu befinden hat. Tatsache ist, dass das Rathaus zerstört ist und nur noch der Keller und ein Teil der Aussenmauern vorhanden ist.

Als Bauwerk selbst für sich war dieses Gebäude nach Auffassung der Stadtvertretung nie von Bedeutung. Jedenfalls hat das Stadtparlament mit 24 gegen 6 Stimmen sich für den Abbruch des Hauses entschieden.

Beiläufig sei bemerkt, dass ein Wiederaufbau mindestens 250.000,- RM erfordert haben würde, die weder überhaupt, noch für diesen Zweck zur Verfügung stehen würden.

Nach Auffassung der Stadtvertretung kann bei zerstörten Gebäuden nicht mehr von Denkmalschutz gesprochen werden.

Anlässlich eines Besuches des Regierungspräsidenten am 20. März 1946 in Hameln kam das Thema erneut zur Sprache. Offenbar bedrängt vom Oberbürgermeister stimmte der Regierungspräsident „im Interesse einer Verkehrsverbesserung" dem Abbruch des Rathauses zu, „wobei er jedoch eine städtebaulich befriedigende Platzlösung durch die teilweise Wiederüberbauung des Platzes anheim stellte".

Das Thema Abbruch oder Erhaltung des Hamelner Rathauses hat damals die Gemüter sehr beschäftigt, und die Beseitigung hat in ganz Deutschland für Aufsehen gesorgt. Es ist leicht, aus heutiger Sicht über dieser Entscheidung den Stab zu brechen. Aber es drängt sich doch der Eindruck auf, dass man damals die Argumente des Denkmalschutzes einfach vom Tisch gewischt und die Entscheidung übers Knie gebrochen hat, weil man im Interesse des ungehinderten Straßenverkehrs Fakten schaffen wollte.

Grundsätzlich ist zu sagen, dass das Hamelner Rathaus kein bedeutungsloser Bau war. Im Gegenteil! Das ursprünglich gotische, mit mächtigen Stufengiebeln versehene Bauwerk stammte aus dem 13. Jahrhundert. Das wichtigste Zeugnis aus dieser Zeit, das bis ins 20. Jahrhundert überdauert

Rathaus und Marktkirche unmittelbar nach der Zerstörung. Links stehen die Reste des Turmes der Marktkirche, rechts die Mauern des Rathauses. Darüber ragt der Giebel des Hochzeitshauses. (Quelle: Stadtarchiv Hameln)

hatte, war der Keller, der ein wunderbares gotisches Gewölbe aufwies. Im Siebenjährigen Krieg schwer verwüstet, war das Gebäude anschließend im Barockstil erneuert und mit prächtigen Portalen sowie einem Mansardendach versehen worden.

Vielleicht noch wichtiger als das Bauwerk selbst aber war sein stadtbildprägender Charakter. Ihn ignorierte der Oberbürgermeister in seinem Schreiben völlig. Der Hamelner Stadtbaurat Schäfer[130], der den Wiederaufbau dringend befürwortete und bereits eine Kostenplanung aufgestellt hatte, führte in seinem Gutachten aus:

Die Gruppe der 3 Großbauten (Erg. des Verfs.: Rathaus, Hochzeitshaus und Marktkirche) ist so schön und gut gelöst, dass man sie nicht gut besser hinstellen könnte. Die beiden Rathäuser (Erg. des Verfs.: Rathaus und Hochzeitshaus) sind völlig ausgeglichen in ihrer Stellung, das alte Rathaus musste so quer vor dem Hochzeitshaus stehen.

Der Markt hat nach Süden durch die beiden Gebäude Dempter'sches Haus – Rathaus eine Wand bekommen und die Straße „am Markt" führt nun wie durch ein Tor zum „Verkehrsherz" von Hameln, dem Knie Osterstraße – Bäckerstraße. Auch dieses ist im Sinne städtebaulichen Raumes ein „Platz". Die Ecke ‚alte Sonne' ist mustergültig gelöst. Die Straße „am Markt" ist sinngemäß nichts weiter als die Verbindung dieser beiden Plätze. Durch das alte Rathaus ist der „Lüttje Markt" ein stiller, ruhiger Platz geworden.

Das Rathaus hatte durch seine Lage drei harmonische und klar abgegrenzte Plätze geschaffen, den rechteckigen Pferdemarkt nördlich der Marktkirche, den trichterförmigen Rathausplatz, der sich im Zusammentreffen von ausgeweiteter Osterstraße und Bäckerstraße bildete, und schließlich den intimen Lüttjen Markt zwischen Marktkirche und Hochzeitshaus.

Zum Argument, das Rathaus wurde dem Verkehrsfluss zwischen Bäcker-

Das einmalige historische Ensemble aus Rathaus, Hochzeitshaus, Marktkirche und Bäckerscharren aus der Luft gesehen (Quelle: Stadtarchiv Hameln)
Rathaus und Hochzeitshaus waren durch den Bäckerscharren verbunden. Dahinter ragt hoch der Turm der Marktkirche. (Quelle: Stadtarchiv Hameln)

und Ritterstraße im Wege stehen, sagte Stadtbaurat Schäfer:

M. E. wird dieses Verkehrsproblem nicht in der Altstadt gelöst, sondern außerhalb, „extra muros".[131]

Die nächsten 30 Jahre, in denen immer neue Lösungen für den damals noch durch die Innenstadt laufenden Durchgangsverkehr gesucht und wieder verworfen wurden, sind der beste Beweis für die Richtigkeit dieses Satzes. Das Verkehrsproblem der Altstadt konnte und kann nur durch den Bau von Umgehungsstraßen gelöst werden.

Die durch den Abriss des Rathauses entstandene Wunde schmerzte. Im Frühjahr 1950 schrieb die Stadt einen Wettbewerb zur Gestaltung des Stadtkerns aus. Es hatte bereits vorher Ansätze zum Wiederaufbau des Rathauses gegeben, die aber im Sande verliefen, weil die von der Regierung ausgesetzten Preisgelder der Währungsreform zum Opfer fielen. Der Wettbewerb bezweckte die Klärung der Frage, wie der durch die Zerstörung des alten Rathauses entstandene Raum westlich der Marktkirche und des Hochzeitshauses gestaltet werden sollte. In den Wettbewerbsbedingungen wurden die durch den Abriss des Rathauses entstandenen städtebaulichen Probleme im Hamelner Stadtkern deutlich geschildert, eine Analyse, die bis heute zutreffend ist.

Marktkirche, Hochzeitshaus, Rathaus und Bäckerscharren bildeten in ihrer Geschlossenheit und maßstäblichen Beziehung eine Einheit, obwohl sie in ganz verschiedenen Stilepochen entstanden waren. Dieses Bild war nicht nur der einheimischen Bevölkerung ans Herz gewachsen, sondern wurde auch würdig in der Bau- und Kunstgeschichte deutscher Städte hervorgehoben. Die Zerstörung des alten Rathauses hat die historische Baugruppe zerrissen und die Situation der Bauwerke in ihrer Beziehung zur nächsten Umgebung völlig verändert.

Die beiden Kopfseiten des alten Rathauses bildeten ehemals Platzwände für den Pferdemarkt und den Rathausplatz. Der Bau schloß den Hof hinter dem Hochzeitshaus nach Westen ab. Nach drei Seiten zu wirkte das Rathaus also raumbildend. Durch seinen Wegfall ist ein übermäßig in die Länge gezogener Platz vom Pferdemarkt bis zur Einbiegung der Bäckerstraße entstanden. Der Einblick in den Hofraum zwischen Nikolaikirche und Hochzeitshaus wirkt unbefriedigend. Die jetzige Anlage einer Terrasse über den Kellern des Altbaus kann nur eine Zwischenlösung sein.[132]

Die Dewezet hatte schon am 4. Februar 1950, zwei Monate vor der Ausschreibung, energisch für einen Wiederaufbau des Rathauses geworben und seinen Abriss als übereilt verworfen.

Im Herzen der Altstadt klafft noch die schwere Wunde, die Krieg und Unvernunft – durch den voreiligen Abriß des ausgebrannten Rathauses – unserer Stadt geschlagen haben. Die wundervolle Harmonie zwischen Hochzeitshaus und Rathaus mit dem verbindenden Bogen des Bäckerscharren und dem himmelweisenden Akzent des Marktkirchenturms ist seitdem zerstört. Was in Jahrhunderten in verschiedenen Stilepochen und doch aus einheitlichem Bürger-Sinn geboren wurde, war zu einem untrennbaren Ganzen zusammengewachsen und geradezu das Wahrzeichen unserer sonst an Baudenkmälern nicht armen Stadt geworden. Nur wer zwischen diesen ehrwürdigen Zeugen unserer Stadtgeschichte aufgewachsen ist, kann die Größe des Verlustes ermessen.

Sicher wäre es besser gewesen, nach dem Schock im April 1945 nicht gleich alles wegzuräumen, was die Katastrophe an Mauerresten übrig ließ. Viele deutsche Städte haben sich nach dem Zusammenbruch damit abfinden müssen, ihre Ruinen zunächst zu „konservieren" und es einer späteren Zeit zu überlassen, ob sie aus reicheren Mitteln der Vergangenheit wieder Leben einzuhauchen vermöchte. In Hameln hat man sich damals zu einer anderen Lösung entschlossen und den Freiplatz der „Terrasse" geschaffen, wohl aus dem Gedanken heraus, daß die engbrüstige Altstadt ein wenig mehr Licht und Luft an jeder Stelle vertragen könnte. Der Gedanke

So hätte das Rathaus nach den Plänen der Architekten Griese und Fröhlich (Herford) wieder aufgebaut werden sollen. (Quelle: Archiv der Dewezet, Bearbeitung: Matthias Waldeck)

eines kleinen, dekorativen Festplatzes mit der Kulisse des Hochzeitshauses hat zweifellos etwas für sich. Von dort hat der Weihnachtsbaum für alle geleuchtet, und im Sommer hat der Rattenfänger seine Pfeife ertönen lassen und Kinder und staunende Fremde um sich versammelt.

Mit der jetzigen Lösung kann aber nichts endgültiges gemeint sein. Es wäre wohl aus dem Herzen eines jeden Hamelner Bürgers gesprochen, wenn eines Tages das Alte getreu den früheren Formen und Maßen wieder erstehen könnte.

Das Preisgericht, das im August 1950 tagte, hatte aus der riesigen Menge von 83 Einsendungen auszuwählen und setzte einen Entwurf der Architekten Fröhlich und Griese aus Herford auf den ersten Platz. Der Entwurf sah ein recht schlichtes, gegenüber dem Vorgängerbau deutlich in Höhe und Länge verkleinertes zweistöckiges Rathaus vor, das im Erdgeschoss Arkaden aufwies und ein hohes gewalmtes Dach trug. Auch der Bäckerscharren hatte wieder einen Platz gefunden.

Mit diesem konservativen Entwurf sollte beiden Interessen Rechnung getragen werden, dem Verkehr und dem Stadtbild. Das Interesse der Stadtverwaltung an zusätzlichem Büroraum war allerdings auf der Strecke geblieben, weil der Entwurf Platz nur für sieben Büroräume bot.

Im Februar 1951 beriet endlich der Rat über das Ergebnis des Wettbewerbs, fasste aber keinen Beschluss.

Etwa ein Dutzend Ratsherren aller Fraktionen äußerte sich nach dem Vortrag von Stadtbaurat Schäfer zustimmend, das heißt, die Ratsherren waren damit einverstanden, daß der Platz wieder bebaut wird und setzten auch der Auffassung, daß der ‚Bau kein „Museum" werden dürfe, sondern daß eine moderne Lösung nur mit Anklängen an den historischen Stil der Umgebung gesucht werden müsse, nichts Wesentliches entgegen. Einige Einwendungen, daß Wohnungen, Schulen oder ein Hallenbad dringender seien, trafen nicht den Kern der Sache, da ja keineswegs über den sofortigen Bau eines Rathauses zu beschließen war und die Stadtverwaltung die Sache auch nicht über das „Knie brechen", sondern nur eine Ermächtigung haben will, sich mit dem Gedanken weiter zu befassen.

Der Oberstadtdirektor suchte der Gefahr vorzubeugen, daß die Angelegenheit trotz grundsätzlicher Zustimmung „zerredet" wurde und bat um eine Entscheidung. Man brauche nicht nur Zeit zur Reife, sondern müsse auch den Mut zum Beginnen haben.

Die Aussprache bewegte sich jedoch weiter auf derselben Ebene und ein Beschluß unterblieb. Dazu hätte es auch eines besonderen Antrags bedurft etwa in dem Wortlaut ‚Der Rat beschließt, daß der Rathausplatz wieder bebaut werden soll, und die Stadtverwaltung wird beauftragt, entsprechende Pläne vorzulegen.' Dieser Antrag wurde jedoch weder vom Oberbürgermeister noch von anderer Seite gestellt.[133]

Das Thema beschäftigte die Bevölkerung und bewegte die Leserbriefspalten. Seit März 1951 jedoch verschwand es zunehmend aus der öffentlichen Diskussion und schien auf unbestimmte Zeit vertagt zu sein.

Seit 1955 flammte die Diskussion erneut, aber in gewandelter Form, wieder auf. Die Stadtverwaltung, die neben dem Hochzeitshaus zahlreiche über die Stadt verteilte Standorte nutzte, wollte die kostspielige und zeitraubende Zersplitterung durch den Neubau eines Verwaltungsgebäudes beseitigen. Der Standort des ehemaligen Rathauses wurde allerdings nicht mehr genannt.

Sein Wiederaufbau war stillschweigend beerdigt worden.

Die folgenden Standorte für einen Rathausbau waren diskutiert und geprüft worden:

– Die Obergeschosse des Volksbank-Neubaues in der Osterstraße
– Die Schule am Langen Wall
– Der freie Platz neben BHW, Weserberglandhalle und Kunstkreisstudio
– Der Rosengarten (heute Info-Center) und die Pavillons am Bürgergarten
– Zwei damals noch freie Grundstücke in der Osterstraße (heute Hertie)
– Die ehemaligen Tennisplätze am 164er Ring
– Das Clubhaus am Markt (heute Sparkasse Weserbergland)
– Die Strafanstalt, die in den Jahren 1955–1958 leer gestanden hatte
– Die alte Kaserne an der Deisterstraße
– Das Werder

Eine Entspannung brachte 1956 die Anmietung von drei Büro-Etagen zu je 200 qm im so genannten Valentin-Klein-Bau am Ostertorwall, in dessen Erdgeschoss sich eine Fachgroßhandlung für Elektro- und Rundfunkbedarf befand. Aber es war klar, dass dies nur eine Übergangslösung sein könnte.

Im Oktober 1963 legte der Stadtbaurat erneut einen Bebauungsplan für einen Rathausneubau vor. Als Standort war nun der Viehmarkt vorgesehen, also das Gebiet zwischen Wilhelm-Mertens-Platz, Erich-, Gröninger- und Domeierstraße.

Dort sollte in einem ersten Bauabschnitt ein siebenstöckiger Bürotrakt und in einem späteren zweiten ein Sitzungssaal mit Gaststätte und Mehrzweckhalle errichtet werden.

Am 21. Oktober 1963 wurde dieser Bebauungsplan vom Rat beschlossen.[134] Aber auch er sollte nicht zur Ausführung kommen.

Der Wiederaufbau der Marktkirche – Ein Ruhmesblatt der Gemeinde

Wie viele haben die Marktkirche lieb gehabt, wie viele haben darüber getrauert, dass der hohe, schlanke Turm nicht mehr über die Silhouette der Stadt schaute! Während das Münster die Kirche der Geistlichkeit, des Stiftes, war, war die kleinere, intime Marktkirche, gelegen im Zentrum der Stadt nächst dem Rathaus, die Kirche der Bürger.

Am 5. April 1945 hatte amerikanischer Beschuss einen Brand des Turmes ausgelöst.

Es war wohl gegen 11 Uhr, als sich zunächst eine kleine Flamme am Dachstuhl zeigte. Aber es war niemand da, der eingreifen konnte. So nahm das Unheil seinen Weg. Der Turm brannte allmählich aus, das Feuer verbreitete sich dann über das Innere der Kirche und griff auf das Rathaus über.[135]

Die bauliche Sicherung der Ruine und der schließliche Wiederaufbau der Kirche sind ein Ruhmesblatt in der Geschichte der Marktkirchengemeinde. Zum Neubau war es ein langer Weg, gekennzeichnet durch die Bereitschaft zur Improvisation und zum Wagnis.

Im November 1949 konnte im alten Bau eine Notkirche eingerichtet werden, in der etwa 500 Gläubige Platz fanden. Spenden von Firmen und Handwerkern hatten den Bau ermöglicht.

Noch sind die Wände roh und zeigen viele Spuren der Brandkatastrophe. Und dennoch ist auch diesem verstümmelten Raum in seinem unfertigen Zustand etwas von der Andacht erzeugenden Wirkung der alten Marktkirche geblieben.[136]

Noch fehlten Geläut, Orgel und Gestühl und zunächst sogar Kanzel und Altar.

Es ist alles ein Behelf, der aber sicherlich eine herzerfreuende Weihnachtsüberraschung für viele ist.[137]

Das Innere der Marktkirche vor ihrer Zerstörung im April 1945
(Quelle: Archiv der Dewezet)

Die Giebel der Marktkirche waren bei dem zerstörerischen Brand im April 1945 stehen geblieben (Zustand im Jahre 1954). (Quelle: Stadtarchiv Hameln)

Skizze der Notkirche vom 8. April 1950 (Quelle: Archiv der Dewezet)

Die Christvesper des Jahres 1949 konnte in den alten Mauern gefeiert werden. Ab März 1950 erklangen im kleinen Glockenstuhl die ersten drei Glocken, eine bescheidene Orgel wurde zusammen mit dem neuen Altar am 5. November 1950 geweiht.

1954 konstituierte sich unter dem engagierten Vorsitzenden Dr. P. Voigts, einem Arzt, ein Kirchenbauverein, der sich den Wiederaufbau der Marktkirche zum Ziele setzte. Die Kirche sei nicht nur als Gotteshaus notwendig, sondern solle auch als Kulturdenkmal wieder erstehen. Was die viel kleinere katholische Gemeinde mit dem Bau von St. Augustinus geschafft habe, das sollte auch den rund 40.000 Hamelner Protestanten gelingen.[138]

Im Aufruf des Kirchenbauvereins vom März 1954, zu dem Rudolf Riege ein Plakat entwarf, heißt es:

Vor neun Jahren wurde die Marktkirche ein Opfer des Krieges. Seitdem hat die Stadt eine ungeahnte bauliche Entwicklung durchgemacht. Die Kriegsschäden

Holzschnitt von Rudolf Riege für das Plakat des Kirchenbauvereins (Quelle: Archiv der Dewezet)

sind zum größten Teil beseitigt. Um so schmerzlicher empfinden wir es, daß die Ruine der Kirche noch heute im Herzen der aufblühenden Stadt steht und menschlichen Vernichtungswillen anklagt. Die Kirchengemeinde hat mittels Spenden nur einen kleinen Behelfsbau im teilweise erhaltenen Ostteil der Kirche aufgeführt.

Nun besteht in allen Teilen unserer Bevölkerung der dringende Wunsch nach Wiederherstellung der Kirche in ihrer alten Gestalt. Ganz besonders fehlt dem engeren wie dem weiteren Stadtbilde der charakteristische Spitzturm mit seinem patinierten Kupferbelag. Sein Bild schwebte über den Straßen und Gassen der Altstadt und grüßte zugleich weit hinaus über Täler und Höhen. Jeder Wanderer wußte schon von ferne: dort liegt Hameln, die alte Rattenfängerstadt!

Über 700 Jahre lebten Hamelns Bürger ihr Dasein gemeinsam mit dieser Kirche von der Taufe an bis zum Grabe. Vom hohen Turme kündeten die Glocken alles, was christlichem Leben Inhalt gibt. Wie ein Finger Gottes stand er über Stadt und Land. Dann kam das bittere Ende! Brennend stürzten Turm und Kirche ein; die Glocken schwiegen für immer. Seitdem klagen die Trümmer gegen die Vernichtung. Klagen aber auch gegen uns, die wir noch nicht vermocht haben, sie aus der Asche wiederauferstehen zu lassen.

Darum zögern wir nicht länger! Die Kirchengemeinde allein vermag nicht die erforderlichen Mittel aufzubringen. So haben sich denn Einwohner der Stadt Hameln aus allen Ständen und Parteien, Stadtrat und Stadtverwaltung gemeinsam mit den kirchlichen Behörden zusammengefunden, um einen Anfang zu machen und nicht eher zu ruhen, bis dieses Werk des Wiederaufbaues nach jahrelanger Arbeit gelungen sein wird.

Es muß gelingen! Die Kirche fehlt als Gotteshaus, sie fehlt ebenso als eines der ältesten Kulturdenkmäler der Stadt. Und so geht ihr Wiedererstehen jeden Einwohner unserer Stadt an.

Einwohner Hamelns, Bürger in Stadt und Land! Kommt alle und helft mit! Werdet Mitglieder im Kirchenbauverein der Marktkirche St. Nicolai. Jeder trage nach seinen Verhältnissen zu diesem Werke bei. Auch der kleinste Monatsbeitrag ist willkommen. Je mehr mitwirken, um so schneller wird sie wieder stehen und ihr Turm uns wie dereinst grüßen.

Der Vorstand des Kirchenbauvereins St. Nicolai zu Hameln

Die Gemeinde beschloss, die Kirche „in der alten Form und am alten Platz" wieder zu errichten.[139] Tatsächlich war diese Frage kontrovers diskutiert worden. Man hatte einige Zeit lang daran gedacht, auch die stehen gebliebenen Umfassungsmauern der Marktkirche abzutragen und das Gotteshaus an anderer Stelle, etwa am damaligen Stadion nahe der Deisterallee, wieder aufzubauen. So hätte sich ein weiterer Parkplatz im Herzen der Stadt gewinnen lassen.

Das alte Rathaus war mit der Beseitigung seiner Trümmer vergessen worden. Nun erwies es sich als segensreich, dass man die Reste der Kirche nicht abgeräumt hatte.

Die neu errichtete Marktkirche anlässlich der Einweihung eines übergroßen Modells des Bäckerscharren auf der Hochzeitshaus-Terrasse im Jahre 1961
(Quelle: Stadtarchiv Hameln)

Sind nicht die kahlen Giebel drei mahnende Finger, die uns täglich daran erinnern, was wir dem Höchsten schuldig sind?[140]

Stadtbaurat Schäfer beriet die Gemeinde in der Frage des Wiederaufbaus. Neben der Sicherung der Ruinen hatte er bereits 1947 für die Wiedererrichtung drei Möglichkeiten vorgeschlagen:
– Wiederaufbau in alter Form
– Errichtung eines modernen Kirchenbaus
– Erhaltung des äußeren Bildes, aber Innenausbau mit den Mitteln moderner Technik.

Man entschied sich für die dritte Möglichkeit, die Synthese von alter äußerer Form und neu gestaltetem Innenraum. Für die Form des Kirchenschiffes wählte man die Gestalt einer Pseudo-Basilika, also ein leicht erhöhtes Mittelschiff und abgesenkte Seitenschiffe. Die auf rechteckigen Säulen ruhende Konstruktion trägt die Decke und das Dach, um die nicht mehr ganz standsicheren alten Außenwände zu entlasten. Auf diese Weise wurde der Westteil der Kirche zu einem großen Gemeinderaum mit flacher Decke und schlanken Pfeilern gestaltet. Dagegen konnte der nicht zerstörte Ostteil der Kirche, der Chor, seinen ursprünglichen intimen gotischen Charakter bewahren. Er dient bis heute als Taufkapelle. Dort steht als Torso das Standbild des Heiligen Nikolaus, dem die Kirche geweiht ist.

Den Übergang zwischen Alt und Neu markiert der neue steinerne Altar des Hamelner Bildhauers Arn Walter. Im hohen gotischen Bogen hängt das ehrwürdige Kruzifix aus dem 15. Jahrhundert. Das reizvoll gestaltete steiner-

Der neu errichtete Westeingang der Marktkirche mit den Bronzetüren. Bis 1945 war die Marktkirche nur von Norden, vom Pferdemarkt, oder von Süden, vom Lüttjen Markt, aus zugänglich gewesen. (Quelle: Gelderblom)

ne Maßwerk für die bunt verglasten Fenster entwarf in Anlehnung an das gotische Vorbild ebenfalls der Bildhauer Arn Walter.

Die ganz besondere Aufmerksamkeit der Gemeinde galt dem Turm als dem Wahrzeichen der Stadt. Er wurde in moderner Betonskelettbauweise ausgeführt und misst wie sein Vorgänger vom Erdboden bis zur Spitze 63 Meter. Die schlanke kupferbeschlagene Nadel des Helmes hat wieder eine nachts leuchtende Laterne bekommen. Fünf Meter in der Höhe misst die als Schiff mit geblähtem Segel gestaltete krönende Wetterfahne, Symbol des heiligen Nikolaus, des Patrons der Kaufleute.

Zum Nikolaustag des Jahres 1959 konnte die Kirche nach dreijähriger Bauzeit geweiht werden. Die Finanzierung gelang dank der großen Spendenbereitschaft zahlreicher Bürger, die 220.000 DM erbrachte, aber auch dank Zuschüssen des Landes Niedersachsen, der Stadt Hameln (für den Turm) und der hannoverschen Landeskirche.

Im Oktober 1961 konnte die Gemeinde auch die Fertigstellung der westlichen Kirchentür feiern. Auf jedem der beiden Türflügel befinden sich drei in Kupfer getriebene Reliefs. Gestaltet hat sie der Goldschmiedemeister Bolze in Bremen, der auch das Altarkreuz in der Kirche gearbeitet hat. Mit der Auswahl der Symbole wollte der Kirchenvorstand die Verbundenheit der Kirche mit der Stadt demonstrieren. So befinden sich auf der linken Türseite drei Reliefs aus der Geschichte der Marktkirche, auf der rechten drei Reliefs aus der Geschichte der Stadt.

Das oberste Relief auf der linken Seite ist das Bildzeichen für den Patron Sankt Nikolaus: der Bischofsstab und das aufgeschlagene Buch mit Goldklumpen, dazu die Jahreszahl 1200. Um diese Zeit herum wurde die Marktkirche erbaut und dem Heiligen Nikolaus geweiht. Diesem Bildzeichen entspricht auf der rechten Seite das älteste Stadtwappen der Stadt Hameln, das Mühleneisen. Gründung der Stadt und Bau der Marktkirche standen in engem Zusammenhang.

Das linke mittlere Bildzeichen stellt die Lutherrose mit der Zahl 1540 dar, dem Jahr, als die Reformation in Hameln eingeführt wurde. Diesem Symbol geistlichen Reichtums entsprechen auf der rechten Seite das Bild der Weserbrücke der wohlhabenden Hansestadt und das Bild der vier Lachse als Zeichen für den Reichtum des Flusses an Fischen.

Die beiden unteren Bildzeichen sind Zeichen aus der jüngsten Vergangenheit, links die zerstörte Marktkirche, darüber der Vogel Phönix als Zeichen des Wiederaufbaus, auf der rechten Seite das Kreuz des Deutschen Ordens, Zeichen der mittelalterlichen Ostkolonisation, nun aber Verweis auf die große Zahl der Vertriebenen und Flüchtlinge in der Stadt.

Die Erhaltung der Altstadt

Anders als heute war in den 1950er Jahren die Hamelner Altstadt das wichtigste Wohnquartier der Stadt. Eingriffe in die Bausubstanz durch Abrisse oder Neubauten gab es deswegen selten. Dringlich war zunächst die Auffüllung einiger durch den Krieg entstandener Baulücken. Anders als im Falle des Rathauses konnte sich Hamelns Stadtbaurat Schäfer mit seinen Vorstellungen hier durchsetzen.

Ausgesprochen glücklich verlief die Neugestaltung der großen Baulücke in der Osterstraße.

Die beiden westlich liegenden Trümmergrundstücke bebaute die Volksbank. Bereits im Jahre 1951 konnte dieser größte Neubau eines Geschäftshauses in der Altstadt nach dem Kriege bezogen werden.

Der Hamelner Architekt Wilhelm Vollmer musste zahlreiche Vorentwürfe vorlegen: Stadtbaurat und Landeskonservator wollten gehört werden. Gebaut wurde schließlich ein dreigeschossiger Eckbau, dessen Front links vom Eingangsportal einen kleineren bleiverglasten Erker in der Art einer Renaissance-Utlucht und rechts einen hohen über die Dachtraufe hinaus reichenden Erker zeigt. Sonst ist die Fassade schlicht und nur durch die im Erdgeschoss vergitterten und nach oben niedriger werdenden Fenster gegliedert.

Vollmers Bauweise ist sehr charakteristisch. Fast immer hat er für Einfassungen und Gesimse grünen Anröchter Sandstein verwendet. Für Fenster entwarf er schmiedeeiserne Gitter, z. T. mit Bekrönungen aus Tulpenblüten. Die 42 Meter tiefe Front längs der Kleinen Straße ist durch das teilweise Zurücksetzen der Fassade geschickt gegliedert.

Auch der 1950 fertig gestellte Neubau der Schule am Langen Wall, bei dem Baurat Schäfer die Bauleitung und Architekt Wünschmann die Fassadenplanung übernommen hatten, ist be-

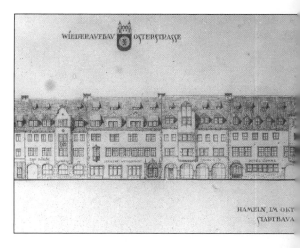

Bereits im Oktober 1945 legte Stadtbaurat Schäfer einen Vorentwurf zur Schließung der empfindlichen Baulücke in der Osterstraße vor. Im Obergeschoss sollte die städtische Verwaltung Räume beziehen. (Quelle: Stadt Hameln-Bauamt)

merkenswert gut gelungen. Obwohl das Gebäude nicht weniger als 24 Klassenräume enthielt, war es durch geschickte Raumausnutzung gelungen, darin auch noch eine Badeanstalt, vier Wohnungen und die Büroräume der Oberweser-Dampfschifffahrts-Gesellschaft unterzubringen. Mehrere Läden an der Promenade waren ursprünglich für geschäftliche Zwecke vorgesehen, nahmen nun aber die städtische Bücherei auf, damit das Rattenfängerhaus frei gemacht werden konnte.

Stadtbaurat Schäfer, der über 30 Jahre lang in Hameln amtierte, hat Hameln eine Reihe wertvoller Bauten hinterlassen. Dazu zählt auch das seit 2007 leer stehende Gebäude der Feuerwehr. Die von ihm wesentlich bestimmten kostbaren Innenausbauten des Hochzeitshauses und der Garnisonkirche („Stadtsaal" mit Rattenfängerrelief) sind allerdings inzwischen anderen Zweckbestimmungen geopfert worden, der Stadtsaal 1953 dem Ausbau der Stadtsparkasse, das Hochzeitshaus 2005 der „Erlebniswelt Renaissance".

Der Neubau der Volksbank in der Osterstraße (Quelle: Gelderblom)

Auf dieser Postkarte ist das Eckgebäude am Pferdemarkt 10 noch im Zustand vor dem Umbau im Jahre 1952 zu erkennen: mit Walmdach und ohne Laubengang. (Quelle: Privat)

Restaurierungsarbeiten waren damals in der Altstadt mangels Geld selten und beschränkten sich auf neue Anstriche. Ein Beispiel verdient hervorgehoben zu werden. Das stattliche um 1500 errichtete Fachwerkhaus Pferdemarkt 10, an der Ecke zur Emmernstraße gelegen, wurde 1952 in seiner ursprünglichen Form wiederhergestellt. Seinen aus gotischer Zeit stammenden Spitzgiebel hatte man bei einem Umbau im 19. Jahrhundert zu einem Walmdach umgestaltet. Dieser Eingriff wurde nun rückgängig gemacht.

Freilich musste sich der Bau gleichzeitig eine andere Umgestaltung gefallen lassen, die nicht zu seiner Verschönerung beitrug. Die Stadtverwaltung bestand – aus verkehrstechnischen Gründen – auf dem Einbau eines Laubenganges für Fußgänger, die auf dem allzu schmalen Bürgersteig der engen Emmernstraße leicht in Gefahr schwebten, von einem Auto erfasst zu werden.[141] Die Baubehörde verlangte damals grundsätzlich bei einem ohnehin fälligen Umbau eines Hauses die Zurückverlegung des Bürgersteiges unter Arkaden, um die schmalen Fahrbahnen zu entlasten. Bei einem Neubau sollte sogar die Fassade zurückgesetzt werden. Die Dewezet[142] sah es humorvoll, war aber auch mit Recht skeptisch:

Arkaden an allen Häusern – das wäre an sich eine „ideale Stadt", die wir auch bei stärkstem Wolkenbruch trockenen Fußes durchschreiten könnten. Aber wo wäre das in einer durch Jahrhunderte natürlich gewachsenen Stadt mit den verschiedensten Bauweisen zu verwirklichen?

So wurde diese der Rücksichtnahme auf den Autoverkehr geschuldete Idee der Stadtverwaltung, die bisher nur beim Kreissparkassengebäude am Pferdemarkt, bei Kolle und beim Gebäude der Feuerwehr verwirklicht worden war, nicht mehr weiter verfolgt.

1957 tauchte die erste moderne Fassade in der Altstadt auf. Die Deutsche Bank bezog ihren Neubau am Markt 2/3. Ob es dem Architekten tatsächlich gelungen ist, die Fassade „in die ehrwürdige Umgebung des Altstadtkerns glücklich einzufügen"[143], mögen wir heute bezweifeln. In Zeiten größter Wohnungsnot und knappen Geldes war man sehr vorsichtig, was den Abriss von Altstadthäusern anging. Dazu kam es in größerem Ausmaße erst seit den 1960er Jahren. Einen großen Verlust stellt zweifellos der Abriss des sog. Lemkeschen Hauses im Jahre 1959 dar, das seit Jahren baufällig in der Neuen Marktstraße 10 gestanden hatte. Das spätgotische Haus wies wertvolle Fachwerkschnitzereien und ein wunderbar gestaltetes Treppenhaus auf. In den 1980er Jahren, den Zeiten der Altstadtsanierung, hätte man das Haus gewiss gerettet. Damals fehlten das Geld und das Bewusstsein für eine unersetzliche Bausubstanz.

Bis zum Jahre 1959 stand das sog. Lemkesche Haus in der Neuen Marktstraße 10. Es wurde abgerissen, weil zu diesem Zeitpunkt die Öffentlichkeit seinen bauhistorischen Wert ignorierte. (Quelle: Hameln, Bilder zur Erinnerung)

10 Antworten auf die rasante Entwicklung des Verkehrs

Der Straßenverkehr in der Altstadt

Der gesamte lokale und ebenso der Fernverkehr flossen damals durch die Innenstadt. Die Wälle, insbesondere der Kastanienwall und der Ostertorwall waren Anfang der 1950er Jahre noch große baumbestandene Alleen, über die nur schmale Autostraßen liefen und die vor allem den Fußgängern vorbehalten waren.

1949 war die Verkehrsdichte von 1937 wieder erreicht, ohne jedoch im Entferntesten an spätere Verhältnisse heranzureichen. Verkehrszählungen ergaben, dass über die noch immer provisorische Weserbrücke täglich zwischen 16 und 18 Uhr fast 1.000 Radfahrer und 111 Lastwagen rollten.

Wie bedrängend das Verkehrsproblem erlebt wurde, lässt sich gut am Beispiel der in ihrem nördlichen Teil deutlich verengten Bäckerstraße zeigen. In einer Zeit, die eine Sperrung der Innenstadt für den Verkehr als völlig undenkbar empfand, kam es – aus heutiger Sicht – zu allerhand skurrilen Vorschlägen und Empfehlungen an die Fußgänger, doch „verkehrsmäßig zu denken". Autofahrer genossen damals noch mehr als heute eine „natürliche" Vorfahrt.

Die Dewezet[144] charakterisierte die Verkehrssituation in der Bäckerstraße im Jahre 1951 folgendermaßen:

Eigentlich muß man sich wundern, daß es auf der Bäckerstraße nicht zu viel mehr Verkehrsunfällen und Verstopfungen kommt. Da auf dem östlichen Bürgersteig

Der Verkehr floss damals durch die engen Straßen der Altstadt. Hier eine Szene aus der Ritterstraße. (Quelle: Archiv der Dewezet)

1953 wurde die Osterstraße noch in beide Richtungen befahren. Später richtete die Verwaltung in der Innenstadt einen flächendeckenden Einbahnverkehr ein.
(Quelle: Archiv der Dewezet)

höchstens zwei Personen nebeneinander Platz haben, genügt schon der Versuch, diese zu überholen oder zu umgeben, um sich in Lebensgefahr zu bringen. Denn dann muß man unvermeidlich auf den ständig von schnellen Fahrzeugen bevölkerten Fahrdamm treten. Wenn aber in dem schmalsten Teil der Straße noch geparkt wird und Lastfahrzeuge ausweichen müssen, kommen sie so nahe an den gegenüberliegenden Bordstein, daß man auch auf dem Bürgersteig nicht sicher ist, gestreift oder mitgerissen zu werden.

Die Stadtverwaltung hat diesen unhaltbaren Zustand schon lange erkannt und die Bäckerstraße zur Einbahnstraße erklärt. Aber das hilft nicht viel, wenn sich nicht auch die Fußgänger nach den Verkehrsgegebenheiten richten. Dazu gehört die Befolgung des hier wirklich dringenden Appells, nur die rechte Straßenseite und den entsprechenden Bürgersteig zu benutzen, nicht nebeneinander zu gehen und nicht stehen zu bleiben, wenn es nicht ganz unvermeidlich ist.

Um diese ständige Gefahrenquelle zu beseitigen, ist auch schon der Gedanke einer völligen Fahrzeugsperre erwogen worden. Viel könnte auch durch das Zurücksetzen der Schaufenster gewonnen werden, wie es das Beispiel eines jüngst umgebauten Lebensmittelgeschäftes lehrt. Vor diesem Schaufenster kann man jetzt ungehindert stehen bleiben, ohne fortgedrängt zu werden. Es lohnt sich also, wenn die Ladenbesitzer selbst verkehrsmäßig denken und den fehlenden Raum bereitstellen. Ein weiterer Ausweg wäre die Schaffung von Arkaden. An eine Änderung der Straßenflucht durch Zurücksetzen ganzer Häuserreihen ist schon wegen der Kosten kaum zu denken.

Wenn wir aber die Bäckerstraße nicht als Bummelstraße ansehen und dort verkehrsmäßig denken, so mag es noch eine Weile gehen. Den „Rechtsdrall" müßte nach so viel Verkehrserziehung eigentlich auch schon jeder im Gefühl haben. Da wir aber alle Menschen sind, wäre vielleicht eine deutliche Erinnerung etwa durch Verkehrsschilder oder durch eine in die Bürger-

„Hier beginnt der Engpaß der Bäckerstraße" – Skizze des Zeichners der Dewezet Federer vom 17. Februar 1951 (Quelle: Archiv der Dewezet)

steige eingelassene Schrift angebracht. Und wenn man keinen Schupo dauernd an den Ecken Oster- und Wendenstraße postieren will – wie wäre es mit einem Lautsprecher, der in Verbindung mit einer Grammophonplatte die den ganzen Tag über notwendige Aufforderung zum Rechtsgehen in die Straßenschlucht ruft? Er braucht ja nicht zu schreien – denn Lärm ist auf der Bäckerstraße natürlich auch genug.

Drei Tage später folgte dieser gereimte Leserbrief[145], der die Obrigkeit zu härterem Vorgehen gegen die säumigen Fußgänger aufrief.

Die Dewezet gab uns zu lesen,
Was lange schon akut gewesen.
Denn auch bei unsrer Fußgeh-Zunft
Vermißt man jegliche Vernunft.

Die Bäckerstraße ward zur Plage;
Verkehr herrscht hier an jedem Tage,
Doch wer von tausend Wanderern
Nimmt Rücksicht auf den anderen?

Drum hab' den Vorschlag ich im Sinn:
Stellt doch mal einen Schupo hin,
Der gleich 'ne D-Mark einkassiert
Und so vom Linksgeh'n uns kuriert!

Die Leute, die im Gehen schlafen,
Sind noch viel härter zu bestrafen,
Der Klatschkonvent, das Standesamt
Sei drum zu drei Mark gleich verdammt!

Hier hilft nicht Radio oder Güte
Und kein Appell an das Gemüte.
Hier hilft nur strenge Disziplin,
Daß alle rechts die Straße ziehn.

Zeichnungen in der Dewezet

Tageszeitungen enthielten in den 1950er Jahren sehr viel weniger Fotos als heute. Dafür beschäftigten sie in der Regel einen Zeichner. Für die Dewezet zeichnete vorwiegend ein Mann namens Federer. Situationen, Stimmungen, Gefühle, Konflikte traf er oft viel sicherer, als es ein Foto hätte tun können. Nicht selten findet sich zu den Zeichnungen noch ein Text in Reimform.

Es wird wieder einmal scharf geschossen – wenn auch nur mit Gummipfeilen. Aber muß es gerade auf der Straße sein?, fragt unser Zeichner mit Recht.
Zeichnung: Federer

Mittwoch, den 11. Januar 1950

Die Osterstraße am Sonnabend nachmittag
Zeichnung: Kurt Jahn

Sonnabend, den 14. Januar 1950

„Nährmittel sind noch nicht aufgerufen. Fettmarken haben Sie nicht mehr...!"
Die Markenschnippelei war nicht nur eine Quelle permanenten Ärgers, sie kostete allen Beteiligten Zeit und Geld.
Zeichnung: Federer

Donnerstag, den 26. Januar 1950

Ob das Eis wohl hält? Es wären keine richtigen Jungen, wenn sie nicht der Hamel erst einmal auf den Zahn fühlen würden
Zeichnung: Federer

Freitag, den 27. Januar 1950

Werden die Stempel-Schlangen kleiner? – Zum erstenmal ging die Arbeitslosigkeit im Bezirk Hameln etwas zurück.
Zeichnung: K. Jahn

Sonnabend, den 4. März 1950

Apfelsinen sind teurer geworden. Umso größer der Stimmenaufwand, mit dem sie angeboten werden: „Probieren Sie, junge Frau, jede einzelne zuckersüß, und geröntgt haben wir sie auch noch!"
Zeichnung: Federer

Mittwoch, den 15. März 1950

Examensnöte
Haben Sie auch einmal so geschwitzt?
Gestern dachte man noch, es „sitzt"!
Doch in dem scharfen Brillengefunkel
Wirkt auch die harmlose Frage dunkel.

Endlos dauert die Stille im Saal.
Wie war das bloß mit dem Integral?
Scheinen nicht alle hämisch zu grinsen,
Geht dir das „Abi" so schnell „in die Binsen"?

Wahrhaftig, man wagt etwas zu lallen.
Endlich ist der Groschen gefallen.
Und selbst Herr Nolte, der sonst so mokant,
Lächelt versöhnt und winkt mit der Hand.

„Meyer, Sie dürfen das Feld jetzt räumen!"
Später wird man noch oft davon träumen,
Von den Gestrengen und all der Qual.
Aber gottlob, – das war einmal!
Zeichnung: Federer, Verse: hardi

Dienstag, den 7. März 1950

„Klassenkloppe"
Die Ursache dieser „Klassenkloppe" auf dem Schulweg konnte unser Zeichner leider nicht erfahren. Sollte der Streit um die Schulgeldzuschüsse schon in die unteren Regionen gedrungen und das ‚Kriegsbeil' zwischen einheimischen und auswärtigen Schülern ausgegraben worden sein?
Zeichnung: Federer

Freitag, den 17. März 1950

An der Hamelner „Klagemauer" ist es am wärmsten. Deshalb ist, wenn sich nur die Sonne zeigt, jedes Plätzchen besetzt
Zeichnung: Federer

Donnerstag, den 30. März 1950

Ist unser Balkonkasten mit den Tomaten nun eine „landwirtschaftliche Nutzfläche"?
Zeichnung: Federer

Dienstag, 12. September 1950

„Mutti, wohnt da der schwarze Mann?"
„Aber nein, Junge, das ist doch die Papenschule!"
(Wie wär's, wenn man die Fassade einmal mit der Schrubberbürste behandelte?)
Zeichnung: Federer

Montag, den 24. April 1950

Auf dem Wege zur verkehrsgerechten Stadt

Mit allen Mitteln versuchte die Stadt, die für den Autoverkehr ungeeigneten Innenstadtstraßen verkehrsgerecht zu machen. 1957 wurde eine ausgeklügelte Einbahnstraßenregelung eingeführt.

Der Verkehr nahm weiter zu und auch außerhalb der Altstadt kam es zu Engpässen. Am „Grünen Reiter", der Kreuzung von Deisterallee, Osterstraße, Ostertor- und Kastanienwall musste ein Verkehrspolizist den Verkehr regeln. Die erste Hamelner Ampel wurde 1953 am Hotel Monopol, der Mündung der Lohstraße in die Deisterstraße, aufgestellt. Die Zeitung[146] mühte sich, das ungewohnte Instrument ihren Lesern zu erläutern.

Es handelt sich um eine Zeigerampel, die als das modernste auf dem Gebiet der automatischen Verkehrsregelung angesehen wird. Sie besteht aus vier Signalscheiben, die einen rot und grün unterteilten Ring enthalten, und in der Mitte wandert jeweils ein weißer Doppelzeiger. Die roten Kreisabschnitte des Ringes liegen rechts und links, die grünen oben und unten. Stehen die Zeiger waagerecht, so ist die Durchfahrt gesperrt, stehen sie senkrecht, ist die Straße frei, wobei die roten Kreisabschnitte, die den Verkehr der Deisterstraße regeln, größer sind. Dadurch läuft der Verkehr auf der Deisterstraße reibungsloser ab und wird weniger von dem Querverkehr behindert.

(Nach zwei Monaten hatten) ... sich Fußgänger, Kraftfahrer und sogar die Radler allmählich daran gewöhnt, sich dem Diktat der Ampel zu fügen. Wer trotzdem bei „rot" weiterprescht, hat doch wenigstens des Gefühl, etwas Verbotenes zu tun.

Die Erfahrungen mit der zunächst probeweise aufgehängten Ampel waren so gut, dass die Stadtverwaltung ihren Ankauf beschloss. Noch haperte es allerdings mit der Rücksichtnahme der abbiegenden Autofahrer auf die Fußgänger.

Wenn etwa die in der Lohstraße wartenden Fahrzeuge das Startzeichen erhalten, so müssen sie den durch das Rotzeichen in der

„Lichtsignal-Anlage" am Ostertorwall
(Quelle: Archiv der Dewezet)

Deisterstraße ausgelösten Fußgängerstrom über den dortigen Fahrdamm kreuzen. Das geht auch ohne Schwierigkeiten, wenn die Fahrer der einbiegenden Gefährte etwas Rücksicht nehmen. Nun ist aber die Zeit für die Lohstraße, die aus der unterschiedlichen Verkehrsdichte errechnet wurde, reichlich kurz, und die einbiegenden Fahrzeuge müssen sich beeilen und zwingen ihr Tempo auch jenen Fußgängern auf, die sich bei dem Rotzeichen für die Deisterstraße über den Fahrdamm bewegen. Das geht

Zebrastreifen über die Osterstraße in Höhe des Hochzeitshauses
(Quelle: Archiv der Dewezet)

dürfe man die Straße überqueren. Wir halten es für besser, wenn für die Fußgänger die unmissverständliche Aufforderung zu gehen (etwa mit dem Text ‚Fußgänger-Gehen!' bzw. ‚Fußgänger-Halt!') aufleuchtet, wie wir es in den Großstädten gesehen haben. Wer farbenblind ist, begibt sich auf eigene Gefahr in das Verkehrsgewühl.

1955 erhielt der Schupo am „Grünen Reiter" ein Häuschen, um wettergeschützt die Ampeln per Hand steuern zu können.

Die ersten Zebrastreifen tauchten seit 1955 auf, wobei die Zeitung[149] Veranlassung sah, die Fußgänger zu mahnen, beim Überqueren der Straße nicht zu „bummeln".

Ende Juli 1958 wurden 115 Parkuhren in der Altstadt aufgestellt. Hier bemängelte die Dewezet[150] die auf 30 Minuten beschränkte Parkzeit.

Aus welchem Grunde will man sie (gemeint waren die Kinogänger) zwingen, zu den Nachmittagsvorstellungen zu Fuß zu gehen?

Heftiger Streit um den Ausbau der Wallstraßen

Die Hamelner liebten ihre baumbestandenen Wälle, die ein besonderes Merkmal der Stadt waren. Thiewall, Kastanienwall, Ostertorwall und Münsterwall umschlossen wie ein Hufeisen die alte Stadt. Sie waren breite Alleen, auf denen die Bäume in Viererreihe standen. Besonders der Ostertorwall war bei Spaziergängern als Promenade beliebt, war doch die Stadt ansonsten an Grünanlagen arm – noch gab es den Bürgergarten nicht.

Früh wurden Vorschläge gemacht, vor allem den Ostertorwall dem Verkehr zu opfern, aber ebenso früh erhoben sich zornige Gegenstimmen.

Die Wälle von Hameln sind nun mal Promenade. Da gehört kein Lastwagendurchgangsverkehr hin.[151]

Die Bäume am Kastanienwall und ebenso am Thiewall fielen in den Jahren 1952 und 1953. Sie waren krank

nicht ohne Schimpfworte und erschrecktes Beiseitespringen ab.[147]

1954 erhielt der „Grüne Reiter" eine Ampel. Hier wurden vier Masten mit „Licht-Signal-Anlagen in der Folge rot-gelb-grün" aufgestellt. Dabei bemängelte die Zeitung[148], dass „sowohl der rote wie der grüne Mann in dem Lichtsignal ‚geht'", während der ‚rote Mann' eigentlich stehen müsste.

Immer wieder kann man feststellen, daß auch ältere Menschen meinen, bei Rot

Linden standen auf dem Ostertorwall. (Quelle: Archiv der Dewezet)

und stellten eine Gefährdung dar. Dieser Verlust hat die Bürger nicht so berührt, war doch eine Neuanpflanzung zugesagt, und gab es noch den unversehrten Ostertorwall. Eine Entlastung für den Durchgangsverkehr brachte die Abholzung nicht, weil ja die „neue" Weserbrücke in Verlängerung des Thiewalls noch nicht gebaut war.

Seitdem am 1. März 1953 die in neuer Gestalt wiederhergestellte „alte" Weserbrücke dem Verkehr übergeben worden war, stand der Ausbau der Ostertorwalls auf der Tagesordnung. Anfang März 1954 stellte der Leiter des städtischen Tiefbauamtes, Baurat Keydel, ausgerechnet vor der Hamelner Ortsgruppe des ADAC die städtischen Pläne zum ersten Male der Öffentlichkeit vor. Unter Opferung der Bäume sollte eine „breite Fahrbahn" entstehen, wobei man die Vorgärten der Anlieger „möglichst schonen" wolle.

Das Vorhaben erregte die Hamelner Bürger außerordentlich, zumal Einzelheiten nicht bekannt waren. Die Dewezet[152] griff vermittelnd ein und forderte die öffentliche Vorstellung der Pläne und „eine echte Beteiligung der Bürger".

Fragt man im Hochzeitshaus (damals noch Rathaus) nach solchen Plänen, so hebt der Betreffende abwehrend die Hände und ist vielleicht gar entrüstet, daß es jemand wagt, seine Nase in die Geburtsstube kommunaler Projekte zu stecken. Man möchte die „Wehen" mit sich allein abmachen und dem Bürger erst den sauber gewaschenen, sorgfältig in Windeln gepackten Sprößling servieren. Die Begründung lautet meistens, daß ja der Ausschuß oder das Plenum des Rates sich überhaupt noch nicht damit befaßt hätten! Die Ratsherren, so behauptet man, würden sehr entrüstet sein, wenn sie erst aus der Zeitung etwas von diesen Plänen erführen!

Warum aber in aller Welt sollen nur die Ratsherren des Recht haben, wichtige städtische Vorhaben zu erörtern, von denen die gesamte Bürgerschaft betroffen wird. Es gibt da nur eine Ausnahme: wenn es sich um Grundstücksankäufe handelt, muß die Vertraulichkeit bis zum endgültigen Beschluß gewahrt bleiben. Sonst aber gibt es keine Verfassung, die dem Bürger auferlegt, über seine ureigensten Angelegenheiten zu schweigen. Der Rat aber hat eine viel schwierigere Aufgabe; er soll nach reiflicher Prüfung aller Gegebenheiten und Ansichten die Entscheidung fällen. Diese Entscheidung wird weit eher das Richtige treffen, wenn der Rat die Meinung der Bürgerschaft kennt.

Deshalb wiederholen wir noch einmal unsere Bitte an Rat und Verwaltung: Gebt die Pläne bekannt, bevor etwas Unabänderliches geschieht! Dies ist keine unzulässige Zumutung.

Nun wurde deutlich, dass die städtischen Planungen eine vierspurige Straße vorsahen, welcher nicht nur alle Bäume, sondern auch große Teile der Vorgärten zum Opfer fallen sollten. Über den gesamten Sommer 1954 wogte eine erregte Schlacht in den Leserbriefspalten der Zeitung.

Mitten in die Diskussionen hinein platzte die Nachricht, dass der Rat in nichtöffentlicher Sitzung am 2. Juli 1954 die Mittel für den Ausbau des Ostertorwalls in Höhe von 545.000 DM bewilligt hatte. Maßgebend für den Entschluss war – so die Dewezet[153] –, dass der Ostertorwall auf jeden Fall ausgebaut werden müsse. Auch wenn eine Umgehungsstraße für den Durchgangsverkehr gebaut werden würde, könnte doch allein der Ausbau des Ostertorwalls die Innenstadt vom Verkehr entlasten. Eine Entscheidung darüber, in welcher Form der Ausbau geschehen solle, sei damit aber noch nicht getroffen, hieß es beschwichtigend.

Es gab erregte Versammlungen der betroffenen „Nachbarschaften". Das waren damals in ganz Hameln verbreitete Zusammenschlüsse von Bürgern nach Wohngebieten. Die große Mehrzahl der Bürger wollte den Wall erhalten wissen und den Durchgangsverkehr auf eine bei Ohr geplante Südumgehung ableiten.

Hier eine Auswahl an Äußerungen, die auf einer Versammlung der Nachbarschaft Am Ring[154] Anfang August 1954 fielen:

- „Als Hamelenserin kann ich die Ostertorwallfrage nur mit dem Herzen betrachten."
- „Nimmt man uns den Wall, so nehme man gleich die ganze Altstadt, denn Hamelns altes Stadtbild ist dann sowieso verdorben."
- „Wenn wir dann hier in Hameln nichts weiter haben als den großstädtischen Verkehrsrummel, wen wird dann noch der Besuch der Rattenfängerstadt reizen?"
- „Je mehr man dem Kraftverkehr gibt, desto kleiner werden wir Fußgänger, bis wir am Ende nur noch Verkehrshindernis sind."
- „Bei zwölf Metern Breite ist die Rennbahn fertig, wer schickt dann noch sein Kind über den Wall zur Schule?"
- „Die Schönheit des Stadtbildes besteht gerade im Schmuck der Wälle."
- „Falls man aber Hameln zur Ferndurchfahrt macht, bietet man dann nicht dem Bund die Handhabe, den Bau einer Umgehungsstraße in späterer Zeit als nicht mehr erforderlich zu bezeichnen? Dies aber wäre eine ‚Torheit auf weite Sicht'."

Immer wieder wurde beklagt, dass die Planung allein dem Verkehrsausschuss des Rates oblag, es aber keinen Ausschuss zur Erhaltung des Stadtbildes gab, der ebenso hätte beteiligt werden müssen.

Eine Anliegerversammlung[155], in der sich der Arzt Dr. Kater und Zeitungsverleger Günther Niemeyer engagierten, legte am 3. August 1954 einen Kompromissvorschlag vor. Bei einer auf neun Meter reduzierten Fahrbahnbreite könnte der Promenadenweg auf der äußeren Fahrbahnseite mit einer Baumreihe erhalten bleiben. Der aus Hannover kommende Verkehr sollte durch Kreuz-, Kaiser-, Hafen- und Mühlenstraße fließen. Dass es sich um eine grundsätzliche Kraftprobe zwischen Rat und Verwaltung auf der einen Seite und den Bürgern auf der anderen Seite handelte, brachte Verle-

Der Ostertorwall nach der Freigabe des Verkehrs (Quelle: Stadtarchiv Hameln)

ger Niemeyer in seinem Schlusswort zum Ausdruck. Man erwarte, dass sich Rat den Wünschen der Hamelner Bevölkerung anpassen werde.

Zur öffentlichen Ratsitzung[156] am 6. August 1954 waren zahlreiche Zuhörer erschienen. Die Stadt argumentierte, dass es nötig sei, den Zielverkehr an die Altstadt heranzuführen, diese aber vom Durchgangsverkehr zu entlasten und Straßen zu schaffen, die den künftig noch wachsenden Verkehr zügig ablaufen ließen. Dafür biete sich der auf 12-Meter-Fahrbahnbreite ausgebaute Ostertorwall als günstigste und wirtschaftlichste Möglichkeit geradezu an. Später könnte man vielleicht einmal eine Umgehungsstraße bauen. Aber dann werde der Zielverkehr so angewachsen sei, dass er zusammen mit dem Lokalverkehr ebenfalls breite Fahrbahnen benötige.

Nur wenige Gegenstimmen wurden im Chor der Ratsherren laut. Ratsherr Witte bekam Beifall, als er sich für den Kompromissvorschlag, die Verbreiterung der Fahrbahn auf nur neun Meter, aussprach und fortfuhr:

Wenn das Bundesfernstraßengesetz das aber nicht zuläßt, dann lassen wir den Ostertorwall eben so wie er ist! Wir bauen auf unsere Kosten keine Straße, die uns nicht gefällt.

Grundsätzliche Bedenken äußerten die Ratsherren Seifert und Dörries. Sie warnten eindringlich vor einer Abholzung. Es gehe nicht nur um die Bedienung des fahrenden Menschen. Alle seien zu sehr Angehörige eines technischen Zeitalters geworden; der Herrschende müsse aber der Mensch bleiben.

Als Seifert sagte, man müsse über den Wall die Hände halten, damit er nicht falle und uns noch Jahre erfreue, da rauschte Beifall auf.

Angesichts der erregten Diskussion in der Bürgerschaft vertagte der Rat seine Entscheidung auf den 14. Oktober 1954. Dort wurde bei neun Gegenstimmen der vierspurige Ausbau beschlossen. Er erforderte erhebliche Eingriffe in die Vorgärten auf der Innenseite des Walles. Den Kritikern wurde gesagt, dass Hameln hier nicht allein habe entscheiden können, weil es sich um eine Bundesstraße handelte, und dass statt der Baumreihen Baumgruppen gepflanzt werden würden.

Im August 1955 fielen alle Bäume, insgesamt 113 Linden. Die Vorgärten auf der Innenseite des Walls wurden beschnitten und die Grenzen zurückverlegt. Eine 40 cm hohe einheitliche Umzäunung wurde aus den Steinen geschaffen, die man beim Abbruch der alten Stadtmauer gewonnen hatte.

Am 13. Dezember 1955 erhielt der Verkehr auf dem Ostertorwall „Freie Fahrt". Oberbürgermeister Janssen, der diesem Straßenbau von Anfang an ein besonderes Interesse gewidmet hatte, meinte, dass nach der vorangegangenen Erregung der Gemüter jetzt auch der letzte Gegner bekehrt sei. Er bekenne gern, dass hier ein Straßenbild entstanden sei, wie es nicht viele Mittelstädte Niedersachsens aufzuweisen hätten.[157]

Auch die Dewezet[158] stimmte nun in diesen Chor ein:

Warten wir also ab! Vielleicht gefällt uns der neue Ostertorwall sogar recht gut, wenn ein breites Verkehrsband die Villen und Vorgärten durchzieht und den geruhsam auf der neuen Promenade Wandelnden ein Hauch von Ferne und Reiselust umweht.

Es war dann nur noch eine Frage der Zeit, bis im Oktober 1960 auch am Münsterwall die Bäume fielen – hier gab es keine Diskussion mehr.

Problematisch am Verhalten von Rat und Verwaltung ist aus heutiger Sicht nicht nur der Umgang mit dem Bürgerwillen, der auch sinnvolle Kompromissvorschläge ignorieren ließ. Bereits damals hätte man sich darüber im Klaren sein müssen, dass die endgültige Lösung für den Durchgangsverkehr nur in einer weiträumigen Umgehungsstrasse bestehen konnte. Deren Bau wurde durch den Ausbau des Ostertorwalls auf unbestimmte Zeit hinausgeschoben.

Das lange Warten auf den Wiederaufbau der Weserbrücke

Was in der Nacht vom 4. zum 5. April 1945 in Hameln geschah, war einmalig in der Hamelner Brückengeschichte. Tausend Jahre hatte man sie gehütet und gegen die Gewalten des Wassers gewappnet. Sie war der Stadt wichtigster Lebensnerv. Die Furt, die sie überspannte, war der Grund gewesen, dass hier eine Stadt entstand. Und nun jagten Pioniere der Wehrmacht sie mit einer gewaltigen Sprengladung in die Luft, um Hameln, die „Weserlinie" und das „Reich" gegen die Übermacht der vorrückenden amerikanischen Soldaten zu verteidigen! Die ganze Stadt erzitterte und ein Hagel von Steinen ergoss sich über die Dächer. Noch in 200 Meter Entfernung warf der Luftdruck einen Mann auf dem Ostertorwall zu Boden.

Mit erst fünfzehn Lebensjahren war die Brücke so stabil, dass ihr östlicher Teil der Sprengung standhielt. Anderthalb Millionen Goldmark hatte sie gekostet, als sie am 2. April 1931 durch den preußischen Oberpräsidenten Gustav Noske dem Verkehr übergeben wurde. Am 12. Dezember 1931 wurde sie auf Vorschlag des Hamelner Bürgervorsteher-Kollegiums wiederum durch durch Noske auf den Namen „Friedrich-Ebert-Brücke" getauft. Nicht einmal zwei Jahre hatte diese Namensgebung Bestand. Am 27. März 1933 – das Dritte Reich war erst wenige Wochen alt – beschloss der Magistrat der Stadt:

Die s. Zt. gemäß Erlaß des damaligen Preußischen Ministers des Innern angeordnete Umbenennung der Weserbrücke in ,Friedrich Ebert-Brücke' wird aufgehoben; die Brücke erhält wieder ihre alte Bezeichnung „Weserbrücke".[159]

Gleichzeitig erhielten die Deisterallee den Namen „Adolf-Hitler-Allee" und der Münsterplatz den Namen „Horst-Wessel-Platz".

Die schlimmste, bis heute nur teilweise geheilte Folge der Brückensprengung war übrigens der Verlust des Rathauses und der Marktkirche. Der Brand dieser beiden Bauwerke entstand durch ein ursprünglich nur kleines Feuer, das viele Stunden lang ganz oben an der Kirchturmspitze geschwelt hatte. Durch die Brückensprengung waren das städtische Wasserleitungsnetz zerstört und die Wasserbehälter entleert worden. Als der brennende Kirchturm schließlich brach und auf das Rathausdach stürzte, stand die Feuerwehr mit leeren Rohren dabei und musste zusehen, wie sich der Brand ruhig weiter fraß.

Die Militärregierung befahl den Bau einer Notbrücke, der unter Leitung des Wasser- und Schifffahrtsamtes Hameln im August 1945 begonnen wurde. Größte Mühe bereitete die Beschaffung der Baumaterialien. Die Notbrücke entstand direkt unterhalb des zerstörten westlichen Brückenteils. Auf dem Werder wurde sie in einer engen S-Kurve auf die intakte östliche Eisen-Fachwerkbrücke geführt.

Dem Eiswinter 1946/47 hielt der Bau nur mit Mühe stand. Der mit den Jahren zunehmende Verkehr wälzte sich mühsam über die holprige Fahrbahn. Die unübersichtliche S-Kurve zwischen alter Brücke und Notbrücke hatte immer wieder Unfälle zur Folge.

Auch die Unterhaltung der Brücke erwies sich als kostspielig, war doch die hölzerne Fahrbahndecke, über die eine Schicht Asphalt gezogen war, dem LKW-Verkehr nicht gewachsen. Im Mai 1950 musste die gesamte Oberfläche erneuert werden. Als die Brücke im Herbst 1953 endlich abgerissen werden konnte, hatte sie doch über sieben volle Jahre mit ganz erstaunlicher Zähigkeit dem Verkehr gedient.

Unermüdlich mahnte die Stadt, mahnten aber auch zahlreiche andere Stellen eine Wiederherstellung der Brücke an. Bereits im Dezember 1950 erfuhr die Öffentlichkeit eine genauere Beschreibung der neuen Brücke und alle rechneten mit dem baldigen Baubeginn. Auf anderthalb Jahre war die Bauzeit angesetzt.

Der Bundesminister für Verkehr, Hans-Christoph Seebohm, sicherte im September 1950 brieflich zu, dass die Ausschreibung der „Wiederherstellungsarbeiten für die Hamelner Weserbrücke in Kürze" vorgenommen werden sollte. Dabei sollte die gesamte Brücke, also auch der östliche Teil, eine vierspurige zwölf Meter breite Fahrbahn erhalten, um sie den aktuellen Verkehrsbedürfnissen anzupassen. Allein, ein fester Termin wurde nicht genannt.

Am 5. Oktober 1950 erhielt der Abgeordnete Fritz Mensing ein Schreiben des Bundesverkehrsministers, wonach der Neubau „zunächst zurückgestellt" werde, weil Hameln immerhin eine Notbrücke besitze. Orte, in denen in Ermangelung einer Brücke der Verkehr auf weite Umleitungen angewiesen sei, hätten Vorrang. Als endlich die Mittel bewilligt waren, konnte die Dortmunder Union AG als ausführende Stahlbaufirma wegen Materialknappheit nicht liefern. Erst im Frühjahr 1952 begannen die Hauptarbeiten.

Der zerstörte Brückenteil wurde in dem damals neuen Spannbetonverfahren gebaut.[160] Das Tragwerk konnte auf diese Weise unter die Fahrbahn gelegt werden. Damit unterschied sich der Westteil wesentlich von dem erhaltenen östlichen Teil der Brücke, der zur Stabilisierung ein über die Fahrbahn aufragendes Fachwerk besaß. Das neue Brückenteil war mit zwölf Metern viereinhalb Meter breiter als die östliche Brücke, die nur einen zweispurigen Verkehr erlaubte. Zum geplanten Umbau des Ostteils der Brücke kam es in der Folge nicht.

In Vorbereitung auf den Brückenneubau wurde 1952 die Straße am „Brückenkopf" auf der westlichen Weserseite umgestaltet. Den „Brückenkopf", damals noch nicht durch den Bau der Hochstraße (1972) verkürzt, hatte Bürgermeister Domeier im 19. Jahrhundert in der Zeit nach den Freiheitskriegen gegen Napoleon als breite Promenade nach Westen anlegen las-

Das „Kaffee Hansa" vor der Umgestaltung des Brückenkopfes mit den ein Jahrhundert alten Alleebäumen. Im Jahre 1972 musste das Haus dem Bau der Hochstraße weichen. (Quelle: Privat)

So ruhig blieb der Verkehr über die Weserbrücke nicht lange. Bereits 1958 tauchte im Generalverkehrsplan der Stadt der Bau einer zweiten Brücke auf.
(Quelle: Stadtarchiv Hameln)

Zur Eröffnung der Brücke kamen Massen von Menschen.
(Quelle: Stadtarchiv Hameln)

Der damalige Verkehrsminister Seebohm (Mitte) und Ministerpräsident Kopf (links) kamen zur Einweihung nach Hameln.
(Quelle: Archiv der Dewezet)

sen. Mit seinen wunderbaren Häusern war er die Einleitung zu einer Idylle, dem Villenviertel längs der Klüt- und der Pyrmonter Straße. Für die Umgestaltung mussten – wie beim Ostertorwall – die alten Bäume fallen und die Vorgärten z. T. erheblich verkürzt werden. Um den Fußgängern das Überqueren der Kreuzung Brückenkopf – Breiter Weg zu erleichtern, wurden Verkehrsinseln geschaffen.

Am 23. April 1953 wurde die unter Leitung des Hamelner Wasser- und Schifffahrtsamtes errichtete Weserbrücke in Anwesenheit von Bundesverkehrsminister Dr. Seebohm, Ministerpräsident Kopf und Regierungspräsidentin Bähnisch feierlich dem Verkehr übergeben. Damit war eine der schwersten Kriegswunden der Stadt nach acht Jahren endlich geschlossen.

Ein Jahr später wurde am Brückenkopf auf gut fünf Meter hohem Sockel ein Steinbild aufgestellt, eine römische Ritterrüstung in Form einer Trophäe. Es hatte in Festungszeiten als Krönung eines kleinen Tores gedient und muss spätestens 1690 geschaffen worden sein, als der festungsmäßige Vorbau des Brückenkopf-Durchlasses fertig war.

Dem genauen Betrachter zeigte sich auf der Rückseite des Steinbildes eine in leicht fehlerhaftem Französisch hinter dem Schild angebrachte Inschrift:
Cette pièce Constate la Demolition de la Forterße de Hameln par Ordre de l'Empereur Napoleon an 1808 (zu deutsch: Dies Stück bestätigt die Niederlegung der Festung von Hameln auf Befehl Kaiser Napoleons im Jahre 1808)

Nach Schleifung der Festung hatte man das Emblem – von den Hamelnern auch „Schmachsäule" genannt – auf einen Sockel an der Brückenrampe gestellt. Beim Brückenneubau 1929 wurde es beseitigt und ins Museum geschafft. Während das beschädigte Original im Museum blieb und heute im Museumshof zu sehen ist, wurde 1954 am Brückenkopf eine vom Hamelner Steinmetz Hans Mainzer hergestellte Nachbildung in Osterwälder Sandstein aufgestellt.[161]

1955 meldete die Dewezet[162], dass die Hamelner Weserbrücke mehr als ausgelastet sei. Der Generalverkehrsplan von 1958 sah den Bau einer zweiten Weserbrücke vor, die im Zuge des Thiewalls zum Kälberanger führen sollte. Dem Bau dieser neuen Brücke wollte man nun den Vorrang geben gegenüber dem ursprünglichen Plan, den östlichen Teil der Brücke zu verbreitern.

Weserschifffahrt und Hafen

Hameln war in den 1950er Jahren nicht nur ein bedeutender Weserhafen, sondern auch Standort zahlreicher Schiffe sowie einer Werft.

Der Hamelner Hafen war damals der größte an der Oberweser; er wurde 1960 von über 1.000 Schiffen besucht. Bis 1951 blieben die Umschlagzahlen unter 100.000 Tonnen. 1956 waren mit fast 300.000 Tonnen die alten Umsätze aus der Zeit vor dem Kriege erreicht. 1959 gab es einen Rückschlag auf fast die Hälfte, weil die Weser fünf Monate lang nicht die nötige Tauchtiefe hatte und die Schifffahrt still liegen musste.

Ein Schlepper mit drei Kähnen fährt in die Hamelner Schleuse ein. Ein großer Teil der Güter wurde damals per Schleppzug auf den Flüssen und Kanälen transportiert.
(Quelle: Stadtarchiv Hameln)

Damals war der Hafen das Herz des Hamelner Industriegebietes. Die stadteigene Hafenbahn bewegte jährlich über 10.000 Waggons und stellte sie den zahlreichen im Industriegebiet ansässigen Firmen zu, vor allem den Wesermühlen und den holzverarbeitenden Betrieben. Die wichtigsten Transportgüter, die im Hafen umgeschlagen wurden, waren mit Abstand Getreide, dann Kohle und Öl, weiter Holz sowie Futter- und Düngemittel. In den letzten Jahren begann der Raum im Hafenbecken knapp zu werden, so stark war der Umsatz gestiegen. „Reicht der Hafen noch aus?", fragte die Dewezet am 27. August 1960.

In Zeiten geringer Wasserführung und auch bei Hochwasser wie im Sommer 1956 gelangte ein Teil der für Hameln bestimmten Güter nur bis Minden. Dort wurden die Schiffe geleichtert, Fracht auf Lastzüge umgeladen und auf dem Landwege befördert. Für die weserabwärts fahrenden Schiffe behalf man sich damit, dass etwa zweimal in der Woche die Wehre der Edertalsperre geöffnet wurden und „eine Welle geboren" wurde, auf der die Schiffe zu Tal rutschen konnten.

Die unsicheren Wasserverhältnisse der Oberweser waren es vor allem, welche die lange diskutierten Pläne zur Erweiterung des Hamelner Hafens nicht gedeihen ließen. Die Kanalisierung der Oberweser war immer wieder im Gespräch, scheiterte jedoch. Sie hätte den Fluss dauerhaft schiffbar gemacht und den Umschlag im Hafen weiter ansteigen lassen.

Den zahlreichen Flößen machte der Wassermangel nichts aus; sie konnten auch bei niedrigem Wasserstand fahren. Der Floßverkehr setzte im Frühjahr ein und wurde erst eingestellt, wenn Eisgang ihn unmöglich machte. Im Juni 1959 wurden 40 Flöße gezählt, im November immerhin noch 15. Sie brachten Holz aus dem Solling oder dem Reinhardswald zumeist nach Bremen. Ein Floß war in der Regel 45 Meter lang und 7 Meter breit. Was da auf der Weser schwamm, waren immerhin 120 Festmeter oder 72 Tonnen Holz. Flöße fuhren „mit kaltem Druck", also mit der Strömung und durften nur fahren, solange Tageslicht herrschte. Von Hannoversch-Münden bis Minden brauchten sie etwa 3 Tage.

Die große Flotte der „Oberweser-Dampfschiffahrt" hatte ihren Standort in Hameln. Sie bediente die 198 Flusskilometer lange Strecke von Hannoversch-Münden bis zur Porta Westfalica bei Minden. Die Orte der Oberweser von Hameln bis Karlshafen wurden im Sommerfahrplan zweimal täglich angefahren. Die Reederei bildete damit das Rückgrat des Fremdenverkehrs im Weserbergland. Im Rekordjahr 1958 zählte sie immerhin 500.000 Fahrgäste. Im Folgejahr brachen die Fahrgastzahlen ein, denn auch die Fahrgastschiffe waren vom Wasserstand abhängig.

Zahlreiche Schiffe der Oberweser-Dampfschifffahrt waren im Kriege zerstört oder beschädigt worden, wie das Motorschiff „Lachs", das nach Artillerietreffern im Hamelner Hafen gesunken war, später gehoben und 1950 wieder fahrbereit gemacht wurde. Als Totalverluste mussten die Dampfer „Kaiser Friedrich" und „Graf Moltke" abgebucht werden, die für Wehrmachtszwecke beschlagnahmt und verloren gegangen waren. Es dauerte bis 1950, ehe die Reederei ihre Kriegsverluste überwunden hatte.

Nach Beseitigung der zahlreichen Hindernisse im Fahrwasser infolge gesprengter Brücken war 1946 erstmals der Personenverkehr wieder aufgenommen worden. 1948 – infolge der Währungsreform – brachen die Fahrgastzahlen ein und erholten sich erst langsam wieder.

Die Oberweser-Dampfschifffahrt verfügte in den 1950er Jahren über eine bedeutende Flotte von Schiffen. Da waren zunächst die drei großen Raddampfer „Kaiser Wilhelm", „Fürst Bismarck" und „Kronprinz Wilhelm", die jeweils bis zu 550 Fahrgäste befördern konnten. Die „Kaiser Wilhelm" war

Der Raddampfer Kaiser Wilhelm legt vom Anleger der Oberweser-Dampfschifffahrt ab (um 1950). (Quelle: Stadtarchiv Hameln)

Die Schiffswerft lag im hinteren Bereich des Weserhafens. (Quelle: Stadtarchiv Hameln)

1900 in Dresden erbaut worden; ihre Dampfmaschine leistete 168 PS. Die betagte „Fürst Bismarck" musste 1960 außer Dienst gestellt werden. Dazu kamen fünf Motorschiffe, die großen „Lachs", „Hecht" und „Stör" und die beiden kleineren „Stint" und „Forelle". Die „Möwe", ein kleines Passagierschiff für etwa 70 Personen, war in Polle stationiert.

Die Oberweser-Dampfschifffahrt unterhielt am Hamelner Hafen eine recht bedeutende Werft und baute in regelmäßigen Abständen Frachtkähne von rund 1.000 Tonnen Ladefähigkeit für den Dienst auf deutschen Binnenwasserstraßen. Zu jedem Stapellauf fanden sich zahlreiche Schaulustige ein, um mitzuerleben, wie der mächtige Schiffsleib ins Wasser glitt. Im November 1949 lief in Hameln das erste nach dem Kriege in Westdeutschland gebaute Binnenschiff vom Stapel, ein 1.000-Tonnen-Frachter.

Außer für die Personenschiffe der Oberweser-Dampfschifffahrt war Hameln Heimathafen der Frachtschiffe und der beiden Schleppdampfer (Borrussia und Germania) der „Hamelner Schiffahrt und Speicherei". Sie war ein Tochterunternehmen der Wesermühlen und untrennbar mit der Mühlenindustrie verbunden. „Hameln" stand damals als Heimathafen auf allen ihren Kähnen und Motorschiffen geschrieben, den großen von 1.000 Tonnen und den kleineren bis zu 600 Tonnen. Und dazu trugen alle eine Nummer – von 1 bis 32.

„Warum eigentlich schäumt die Weser?".[163] Wer damals – 1959 – die Weserbrücke benutzte, dem bot sich unmittelbar das Bild schaumgekrönten Weserwassers. Besonders stark war die Schaumbildung an den beiden Hamelner Wehren und den Turbinendurchlässen. Meterhohe Wattebäusche trug der Wind weit über den Wasserspiegel davon.

Obwohl das Bild des schaumgekrönten Weserwassers damals längst alltäglich geworden war, widmete die Dewezet[164] dieser Frage einen längeren Artikel und klärte ihre Leser über die Ursachen auf. Synthetische, aus Nebenprodukten des Erdöls hergestellte Waschmittel wirkten sich nachteilig auf die Selbstreinigung der Gewässer aus, und die negativen Folgen würden in allen hoch entwickelten Ländern beobachtet. Die Trinkwasserversorgung sei gefährdet und das biologische Leben in den Flüssen werde beeinträchtigt.

Im selben Jahr 1959 beunruhigte ein großes Fischsterben die Menschen. Die Sportfischer meldeten den Verlust von vielen Zentnern Fischen, die mit dem Strom abgetrieben wurden oder an den Ufern lagen. Der Vorsitzende des Hamelner Sportfischer-Vereins, Ferdinand Siegmüller, schrieb:

Es dürfte an der Zeit sein, dass die Behörden sich ernsthaft einschalten, wenn für die Zukunft noch einige Lebewesen in unseren heimischen Gewässern erhalten bleiben sollen![165]

Untersuchungen der Wasserschutzpolizei ergaben, dass Ausgangspunkt des Sterbens wahrscheinlich ein Industriewerk in Holzminden gewesen war. Nach den Ermittlungen wollte die Werksleitung der üblen Geruchsentwicklung der Werks-Kläranlagen vorbeugen und ließ Mengen von Chlorkalk hineinschütten. Diese Chemikalien sollen dann in die offene Weser gelangt sein.

Kurz vorher hatte ein Fischsterben in der Hamel wertvollen Fischbestand und ausgesetzte Brut vernichtet. Wasserproben hatten einen hohen Gehalt von Säure ermittelt; die Untersuchungen über den Verursacher liefen noch. Die Hilflosigkeit der Behörden war offenkundig. Das Staatliche Gesundheitsamt warnte vor dem Baden in der Weser.

„Am Bahnhof war Geduld gefordert"

Der Krieg hatte dem Hamelner Bahnhof schwerste Zerstörungen gebracht. Der Bau, der zuletzt am 14. März 1945 einen fürchterlichen Bombenangriff mit etwa 200 Todesopfern erlebt hatte, befand sich über Jahre in einem desolaten Zustand. Die Menschen standen auf den zugigen Bahnsteigen, ohne ein Dach über dem Kopf zu haben.

Die Bundesbahn konzentrierte zunächst alle Anstrengungen darauf, Strecken wieder befahrbar zu machen. Für Hameln war es ein großer Tag, als am 19. Dezember 1949 zum ersten Mal seit viereinhalb Jahren ein Eisenbahnzug über die wieder aufgebaute 400 Meter lange Klütbrücke fuhr, die deutsche Pioniere am 5. April 1945 gesprengt hatten,

jubelnd begrüßt von der Bevölkerung, von Eisenbahnern, Bauarbeitern und Fotografen, umtutet von der Hafenbahn und der Flottille der Wasserstraßendirektion.[166]

Die Zeit, da Bahnreisende, die über den jetzt wieder in Betrieb genommenen Klütbahnhof weiter nach Aerzen und Richtung Lage fahren wollten, einen zeitraubenden und lästigen Umweg machen mussten, war nun vorbei. Der Frachtweg der Bundesbahn verkürzte sich um nicht weniger als 123 km. Die neue Brücke wurde täglich in beiden Richtungen von drei Triebwagen, sechs Personenzügen und zwei Nahgüterzügen befahren. Der Fußgängersteig, durch den die Bewohner von Wangelist eine bequeme Verbindung zum anderen Ufer erhalten sollten, war bereits im Bau.

Nach 1948 wurden am Hamelner Hauptbahnhof der Güterschuppen wieder hergerichtet, die Lokomotivhallen, die Wagenhallen und Betriebswerkstätten, die Kohlenkräne und Wasserstellen für die Lokomotiven neu geschaffen und eine Wagenschnellausbesserung eingerichtet.

Für die Beseitigung der Schäden am Bahnhofsgebäude fehlte weiter das Geld. Erst in den Jahren 1953 und 1954 erhielten die Bahnsteige Dächer. Am meisten quälte die Reisenden der seit dem Bombenangriff verschüttete Tunnel zum Bahnsteig 1. Sie mussten, womöglich mit schwerem Gepäck, einen

Das Empfangsgebäude des Bahnhofes erhielt 1958 ein neues Gesicht.
(Quelle: Stadtarchiv Hameln)

weiten Umweg über den Bahnsteig 2 zurücklegen und drei Treppen statt einer bewältigen. Hartnäckig hielt sich auch das Gerücht, in dem verschütteten Tunnel würden noch „Hunderte Tote" liegen.

Es dauerte neun Jahre, bis wenige Tage vor Weihnachten 1954 endlich dieser Stein des Anstoßes beseitigt und der Zugang zu den Zügen nach Hannover und Altenbeken wesentlich erleichtert wurde. Damit hatte sich dann auch das Schauermärchen von den Toten erledigt, die im Tunnel eingeschlossen seien.

Wie nah der Krieg noch war, hatte sich im Mai desselben Jahres gezeigt, als eine schwere Zehn-Zentner-Bombe in sechs Meter Tiefe unter Bahnsteig 2 entdeckt wurde. Eisenbahner hatten sich erinnert, dass nach dem schweren Angriff vom 14. März 1945 ein tiefer Einschlagschacht sichtbar gewesen war, ohne dass ein Explosionstrichter entstanden war – Hinweis auf einen Blindgänger. Das furchtbare Ungetüm konnte entschärft werden.

Im Empfangsgebäude des immer noch beschädigten Bahnhofes, das lange für seine Ungastlichkeit und Hässlichkeit berüchtigt war, öffnete 1950 eine Gaststätte mit 120 Sitzplätzen. Sie war allerdings erst nach dem Passieren der „Bahnsteigsperre" erreichbar. Wer nicht im Besitz einer Fahrkarte war, musste zumindest eine „Bahnsteigkarte" lösen.

Erst 1958 erhielt das Empfangsgebäude ein neues Gesicht. Zum ersten Mal bemühte sich die Bundesbahn um so etwas wie Kundenfreundlichkeit. Statt des üblichen Auskunftsschalters wurde neben dem Zeitungsstand ein Raum ausgebaut, der außer einem Tresen auch noch einige Sitzgelegenheiten und sogar eine Schreibgelegenheit bot. Im Vorraum zur Bahnhofsgaststätte waren acht Fahrplanrollen untergebracht, welche den Reisenden ebenfalls Zugverbindungen anzeigten.

Die Bahnhofsgaststätte erhielt einen Zugang außerhalb der Sperre. Zwei Glasveranden dienten der Gaststätte als „Kaffeestuben". Über diese gelangte man auf einen geräumigen Balkon über dem Haupteingang. Hier konnten die Gäste im Freien sitzen und auf das Getriebe schauen, das sich auf dem Bahnhofsvorplatz abspielte.

Die „Schaffnerwannen" an den Sperren, bisher schlecht passierbar und auch für die „Bahnbeamten" unbequeme Holzungetüme, wichen hellen, räumlich vergrößerten und abgerundeten Glaskästen. Die Schaffner hatten jetzt mehr Übersicht und in den Hauptverkehrszeiten, in denen sich manchmal lange Schlangen vor den Sperren bildeten, konnten jetzt vier Schalter an den Bahnsteigsperren besetzt werden.

Jüngeren Lesern muss die Einrichtung der Bahnsteigsperren erklärt werden. Neben den Kontrollen in den Zügen gab es damals die Sperren im Bahnhof, an denen vor dem Betreten der Bahnsteige die Fahrkarten kontrolliert und nach dem Ende der Fahrt eingesammelt wurden.

Wer jemanden nur zum Zug begleiten wollte, musste für einen Groschen am Schalter oder am Automaten eine Bahnsteigkarte kaufen.

Über die Arbeit des Mannes in der „Wanne" informierte ein Interview, das die Dewezet am 7. Juni 1957 führte und unter der Überschrift „Die Tagesleistung sind 1000 Löcher" abdruckte. Seit 1941 war Bahnsteigschaffner Karl Krome bei der Bundesbahn in Hameln tätig, seit 1942 arbeitete er in der „Wanne", dem kleinen Häuschen an der Sperre.

Jedes geknipste Loch hat seine Bedeutung. Wir können damit genau feststellen, wo der Reisende einen Aufenthalt genommen hat und wie lange er unterwegs war, natürlich können wir auch sehen, wie oft er unterwegs den Zug verlassen hat. Denn unsere Knipslöcher in der Fahrkarte sind nicht, wie es vielleicht den Anschein erweckt, ganz planlos irgendwo in die Karte gelocht, sondern es hat seine Bedeutung, wenn ein Loch unten am Rand, auf der linken oder rechten Seite gemacht wurde. Es sieht so einfach aus, aber gerade bei dieser Arbeit muß sehr genau aufgepaßt werden, denn es gibt ja nicht nur die einfache braune Karte, sondern eine ganze Reihe verschiedenster Arten, die durch eine besondere Farbzusammenstellung die Art der Reise kennzeichnen.

„Sorgenkinder" für den Bahnsteigschaffner waren die Schulkinder.

Was man sich jetzt hier manchmal bieten lassen muß, geht auf keine „Kuhhaut". Die Kinder sind frech und unverschämt und wenn man sie zur Rede stellt und einen 12- oder 13jährigen Jungen mit „Du" anspricht, verlangt er eine Anrede mit „Sie". Zu unserer Zeit hätten wir manchmal eine Ohrfeige bekommen bei solch einem Benehmen.

Unter den Benutzern der Bundesbahn gab es natürlich Leute, denen der Fahrpreis zu hoch erschien oder die ihn überhaupt nicht bezahlen wollten. Sie versuchten meistens, mit einer Bahnsteigkarte durch die Sperre zu kommen. Schon öfter musste dann die Tür des Häuschens schnell geöffnet werden, um einen Reisenden zu verfolgen.

Manchmal werden sie dann sehr ausfallend und drohen, gewalttätig zu werden. Und dabei sitzen in der „Wanne" nur Kriegsbeschädigte und Körperbehinderte!

Der Hamelner Bahnhof hatte vor 50 Jahren eine ungleich größere Verkehrsbedeutung als heute. Hameln lag wie eine Spinne im Netz verschiedener Linien und war überregionale D-Zug-Station. Bereits 1949 verkehrten 200 planmäßige Züge über Hameln oder hatten Hameln als Ziel. Seit 1958 konnten durch den Bau einer Umgehungsbahn bei Altenbeken bis zu dreißig Züge mehr über Hameln gelenkt werden.

Hameln war auch als Umsteigebahnhof wichtig. Die fast gleichzeitige Abfahrt der Züge in verschiedene Richtungen verschaffte den Reisenden gute Anschlüsse. Bei Verkehrsspitzen wurden auf einem Bahnsteig zwei Züge bereitgestellt, die in verschiedene Richtungen fuhren. Das machte die Orientierung für die Reisenden schwierig, die lange ohne Lautsprecher auskommen mussten. Nachts dominierte der Güterverkehr. Auf dem großen Güterbahnhof wurde viel rangiert und die Züge verließen nachts oder in der Frühe die Stadt.

Über das fehlende „Häuschen" am Bahnhofsvorplatz ist unendlich viel Tinte geflossen. Die Zahl der Leserbriefe, die darüber in der Dewezet veröffentlicht wurden, steht denen über die Abholzung des Ostertorwalls und den Bau der Weserberglandfesthalle wohl nicht nach. Einen gereimten „Notschrei" druckte die Zeitung am 11. März 1954. Weil sich nach sieben Jahren immer noch nichts an den Zuständen geändert hatte, veröffentlichte ihn die Dewezet[167] 1961 erneut.

Vergebliche Mühe

Ein Fremder, noch leicht durchgedreht
Von langer Reise, steht und späht
Vor unserem Bahnhof in die Runde
Und sucht vergeblich die Rotunde.

Zwar geben ihm auf jeder Seite
Verschiedene Läden das Geleite,
Doch nirgends ihn ein Haus empfängt
Zu dem Geschäft, das ihn jetzt drängt.

Was nützt die Aussicht auf den Klüt?
Der Mangel senkt sich ins Gemüt
Bei allen, die nach Hameln kamen.
Wo ist „Für Herren", wo „Für Damen"?

Gesetzt den Fall, der Fremde ahnt,
Ein solches Haus sei längst geplant,
Er kann, bis diese Pläne reifen,
Den kleinen Wunsch sich kaum verkneifen!

Das Häuschen steht schon im Etat.
Doch effektiv ist es nicht da.
Bei Stadt und Bahn und Post seit Jahren
Ist in der Schwebe das Verfahren.

Der fremde Mann in seiner Qual
Fand gottseidank bald ein Lokal,
Wo Möglichkeiten sich entfalten,
Die uns am Bahnhof vorenthalten.

Auf dem Bahnhofsvorplatz herrschte reger Bus- und PKW-Verkehr.
(Quelle: Stadtarchiv Hameln)

Wie die Dewezet recherchiert hatte, stand dem Bau eigentlich nichts im Wege. Die Bundesbahn hatte sich zur Hergabe des Geländes bereit erklärt, die Stadt wollte die Baukosten übernehmen. Allerdings gehörte die Ausgestaltung des Häuschens in direkten Zusammenhang mit der Gestaltung des Bahnhofsvorplatzes.

Und darüber konnten sich die zahlreich beteiligten Instanzen (Bundesbahn, Bundespost, KVG, Stadt Hameln) nicht einigen und stellten deswegen die Errichtung einer öffentlichen Bedürfnisanstalt immer wieder zurück. Um die Verlegenheit von ungezählten Reisenden zu beseitigen, wiederholte die Zeitung[168] einen Vorschlag, der vor Jahr und Tag gemacht worden war:

Kinder, setzt doch einfach ein schlichtes Bretterhäuschen hin, das ihr nachher wieder abreißen könnt!

Unendliche planerische Energie floss in die Überlegungen zur Gestaltung des Bahnhofsvorplatzes. Ein würdiges Eingangstor für Hameln sollte er sein. Die ersten Entwürfe stammen vom Sommer 1950. Verkehrsinseln für Busse, ein Postamt und eine Ladenzeile waren vorgesehen. 1954 legte die Stadt erneut eine Planung vor. Am 10. November 1960 titelte die Dewezet:

Der neue Bahnhofsvorplatz in Sicht – Das Problem ist planerisch gelöst – Jetzt hat die Bundesbahn das Wort.

Am 16. März 1961 mahnte die Dewezet verärgert:

Wir müssen endlich zum Ziele kommen.

Da war nun immer noch nichts geschehen – und auch das „Häuschen" fehlte weiterhin.

Eine interessante Planung soll am Schluss des Artikels erwähnt werden: Der Haltepunkt Hameln-Nord. Bereits in den 1920er Jahren war ein Vorortbahnhof an der Löhner Bahn erwogen worden. Gedacht war an einen Haltepunkt etwa dort, wo der Wehler Weg die Bahn kreuzt oder auch in Höhe von Goethe- bzw. Schillerstraße. 1950 wurde die Frage erneut aufgeworfen. Die Nordstadt wuchs in dieser Zeit erheblich, und ein Haltepunkt hätte den Anwohnern den knapp drei Kilometer weiten Weg zum Bahnhof erspart. 1950 im Dampfzugzeitalter hatte die Bundesbahn den Planungen noch eine Absage erteilt. 1954 wohnten noch mehr Menschen in der Nordstadt. Auch die Zeitung[169] drängte und fragte:

Will die Bundesbahn so lange warten, bis sich alle Berufstätigen und sogar Hausfrauen ein Moped angeschafft haben?

Leider ist der Haltepunkt Hameln-Nord nie realisiert worden.

11 Von der Unfähigkeit, sich zu erinnern

Das Verhalten von Rat und Verwaltung gegenüber der eigenen Schuld

Die mangelhafte Entnazifizierung der Stadtverwaltung

In den 1950er Jahren wurde die NS-Vergangenheit nur mäßig aufgearbeitet, meist jedoch verdrängt. Das Millionenheer der Mitläufer, aber auch Zehntausende kleinerer und größerer NS-Täter sind in die neue Gesellschaft integriert worden. Nicht wenige machten erstaunliche Karrieren in Wirtschaft und Verwaltung.

In der Öffentlichkeit überwog eine Schuld abwehrende „Schlussstrichmentalität". Der Widerstand gegen das NS-Regime wurde weithin diffamiert und vom Holocaust sprach man nicht. Bundespräsident Theodor Heuss fand sich bisweilen in der Rolle des einsamen Rufers, wenn es darum ging, den Widerstand gegen Hitler zu rehabilitieren. Ein Skandal war die Flaute bei der Strafverfolgung von NS-Verbrechen, die sofort mit der Gründung der Bundesrepublik einsetzte. Die Gerichte akzeptierten die Berufung der Angeklagten auf einen angeblichen Befehlsnotstand. Vieles wurde vertuscht.

Die Amnestierung und Integration von ehemaligen Nationalsozialisten wurde parteiübergreifend als eines der vordringlichen innenpolitischen Probleme verstanden. Die Gesellschaft „entnazifizierte" sich quasi selbst, indem sie sich mit den vermeintlich „Entnazifizierungsgeschädigten" solidarisch erklärte. Schuld an den Verbrechen sei allein ein kleiner Kreis von höchsten NS-Funktionsträgern gewesen.

Erst am Ende der 1950er Jahre trat ein Wendepunkt ein. Die Gründung der Ludwigsburger „Zentralen Stelle zur Aufklärung nationalsozialistischer Verbrechen", die staatsanwaltliche Vorermittlungen aufnehmen konnte, war ein Markstein. Und die antisemitischen Skandalwellen 1959 mit der Schändung zahlreicher jüdischer Friedhöfe riefen endlich die Politik auf den Plan. So wurden 1960 beispielsweise die Richtlinien für den Geschichtsunterricht an den Schulen verändert, und der Gesetzgeber führte den Straftatbestand der „Volksverhetzung" ein.

In der Zeit der Besatzung hatte es seitens der Alliierten eine sehr weit ausgreifende Entnazifizierung gegeben. Die Entnazifizierung gehörte zu den Bestimmungen, die auf der Potsdamer Konferenz von den Siegermächten festgelegt worden war. Ihr Ziel war die Umerziehung des deutschen Volkes, um ihm ein Leben auf demokratischer Grundlage zu ermöglichen.

In den drei westlichen Zonen waren mehr als sechs Millionen Verfahren anhängig, in denen etwa eine Million Personen mit unterschiedlichen Sanktionen belegt worden war. Nationalsozialistische Funktionsträger waren vor allem in der Politik, in der Kultur und im Bereich der Medien ausgeschaltet worden.

Nachdem aber die Alliierten die Entnazifizierung 1948 in deutsche Hände übergaben, verlief sie im Sande und endete schließlich Anfang der 1950er Jahre mit allgemeinen Amnestien.

Von 1939 bis zu ihrer Deportation im Jahre 1942 mussten die Hamelner Juden in den beiden städtischen „Judenhäusern" Neue Marktstraße 13 (oben) und Pferdemarkt 8 (rechts) leben. (Quelle: Gelderblom)

Dadurch ergab sich eine ungleiche Behandlung. Gerade weniger schwere Fälle waren anfangs mit drakonischen Strafen abgeschlossen worden, während etliche prominente Parteigänger des Regimes wenige Jahre später, als sich der rechtliche Rahmen und das politische Klima verändert hatten, nicht mehr behelligt wurden.

Um die Verwaltung und die Versorgung der Bevölkerung zu sichern, beließen die Briten die deutschen Experten in Amt und Würden. Um dennoch Erfolge melden zu können, entließen sie kleine Beamte und Arbeiter. Das wirkte auf die deutsche Bevölkerung verheerend.

Die Menschen fühlten sich den Alliierten gegenüber politisch ohnmächtig und total ausgeliefert. Die Entnazifizierung stieß in wachsendem Maße auf Ablehnung; sie wurde als ungerecht und willkürlich, letztlich als Siegerjustiz empfunden.

Nach einer bisweilen verordneten Zwangspause (Internierung, Haft, Entlassung, Suspendierung usw.) kam es Anfang der 1950er Jahre zu einer Integration selbst belasteter ehemaliger Funktionäre in die private Wirtschaft, aber auch in den öffentlichen Dienst. Während im privaten Erwerbsleben häufig persönliche Netzwerke bestanden, die eine Integration erleichterten, wurde dies bei den Staatsdienern durch gesetzliche Regelungen befördert.

In Artikel 131 des Grundgesetzes war eine Regelung für jene öffentlichen Bediensteten angekündigt worden, die 1945 aus anderen als beamten- oder tarifrechtlichen Gründen hatten ausscheiden müssen. In Ausführung dieses Auftrages beschloß der Bundestag im Mai 1951 mit den Stimmen der SPD ein Gesetz, das die öffentlichen Arbeitgeber verpflichtete, 20 Prozent ihrer Planstellen für die Einstellung dieses Personenkreises zu verwenden. Auf diese Weise erhielten etwa 150.000 Personen ihre Versorgungsansprüche und Arbeitsmöglichkeiten im öffentlichen Dienst zurück, die im Zuge der Entnazifizierung ihr Amt verloren hatten.

Aus dem Raum Hameln deportierte Juden bei einem Zwischenaufenthalt in Hildesheim. Sie durften nur wenige Habseligkeiten mitnehmen.
(Quelle: Stadtarchiv Hildesheim)

Im Folgenden schildere ich zwei Beispiele von höheren Beamten aus der Hamelner Stadtverwaltung.

Gerhard Reiche, geboren 1888, war als Vermessungsrat seit 1913 bei der Stadt Hameln beschäftigt. Reiche war überzeugter Nationalsozialist und seit 1933 Mitglied im Reitersturm der Hamelner SA-Standarte 164, später auch Parteimitglied.

Der Vermessungsrat hatte eine wichtige Funktion im Zusammenhang mit der Ausgrenzung und Isolierung der Hamelner Juden. Er war seit 1939 verantwortlich für die Zusammenlegung der Hamelner Juden in sogenannten Judenhäusern. Er sorgte dafür, dass die jüdischen Menschen ihre angestammten Wohnungen und Häuser verlassen mussten und auf engstem Raum in zwei Gebäuden, die er ausgewählt hatte, zusammengefasst wurden, den „Judenhäusern" Neue Marktstraße 13 und Pferdemarkt 8. Außerdem hatte Reiche das Vermögen der geflohenen und deportierten Juden zu verwerten.

Nach Kriegsende hatte sich Reiche einem Entnazifizierungsverfahren unterziehen müssen. Er wurde von den Briten in Kategorie III („Nazi, minderbelastet") eingestuft und deswegen aus dem Dienst bei der Stadt Hameln entlassen. Reiche ging in Berufung und erreichte vor der zweiten Instanz am 3. September 1948 die Einstufung in Kategorie IV („Unterstützer"). Damit stand einer Wiedereinstellung in die Hamelner Stadtverwaltung nichts mehr im Wege, und Reiche setzte sie 1951 auch durch.

Dr. Hans Krüger, geboren 1905, war auf Veranlassung des NSDAP-Kreisleiters Dröge nach Hameln geholt worden. Er wurde hier 1936 zum besoldeten Stadtrat ernannt, war Stadtrechtsrat und Vertreter des Oberbürgermeisters.

Dass Krüger ein überzeugter Nationalsozialist gewesen ist, wird aus seinen Partei-Ämtern deutlich. Er war „Kreisbeauftragter des rassenpolitischen Amtes" der NSDAP und hielt in dieser Funktion Vorträge über „Rassenschande". Die SA-Mitgliedschaft besaß er seit 1933, Parteimitglied war er seit 1935, außerdem war er Rechtsberater der SA-Standarte.

Der Oberbürgermeister übertrug Krüger 1938 „die Bearbeitung aller Angelegenheiten der Juden". Es war die Stadt Hameln und nicht die Hamelner NSDAP, die unter Leitung von Stadtrechtsrat Krüger die Ausgrenzung der Juden, ihre Zusammenpferchung in „Judenhäusern" und die Verwertung des Vermögens der deportierten Juden organisierte.

Für Krüger endete wie bei Vermessungsrat Reiche das Entnazifizierungsverfahren am 28. Januar 1949 mit der Einstufung in die Kategorie IV („Unterstützer"). Er ging damit straflos aus und unterlag keiner beruflichen Beschränkung.

Unmittelbar nach Abschluss des Verfahrens verlangte er seine Wiederbeschäftigung als Stadtrechtsrat bei der Stadt Hameln.

Der damalige Oberbürgermeister sträubte sich vergeblich gegen die Wiedereinstellung. Seit dem 1. November 1949 arbeitete Krüger wieder für die Stadt, zunächst als „juristischer Mitarbeiter", ab 1. November 1950 in seinem alten Amt als Stadtrechtsrat – bis zu seiner Pensionierung im Jahre 1969.

Am 10. Oktober 1951 erreichte eine Anfrage der Stadt Hannover die Stadt Hameln. Die Stadt Hannover war von einem Juden, der im Herbst 1941 seine Wohnung und seine Möbel hatte aufgeben müssen und in eine sog. Judenwohnung eingepfercht worden war, auf Wiedergutmachung verklagt worden. Nach Meinung der Stadt Hannover war für diese „Aktion" aber nicht die Kommune, sondern die NSDAP verantwortlich. Für ihre Position suchte die Stadt Hannover nun Zeugen und Verbündete in anderen Städten.

Der Brief landete auf dem Schreibtisch des neuen und alten Stadtrechtsrats. Zusammen mit Vermessungsrat Reiche, der gerade wieder im Amt war, formulierte Krüger[170] die folgende Stellungnahme:

Auf die dortige Anfrage ... teilen wir mit, daß nach den hiesigen Feststellungen die Zusammenfassung der in Hameln wohnenden jüdischen Familien in sog. Judenwohnungen auf Veranlassung der Kreisleitung der NSDAP. erfolgte.

Bei der Feststellung der betreffenden Wohnungen wurde das städtische Wohnungsamt beteiligt. Nach unseren Ermittlungen soll für diese Maßnahme eine Verfügung der Regierung maßgebend gewesen sein, die hier aber nicht bekannt ist. Es wird angenommen, daß diese Vorgänge während des Krieges beseitigt wurden.

Über den Verbleib der in den früheren Wohnungen zurückgelassenen Möbel ist ebenfalls nichts Näheres bekannt, wahrscheinlich hat auch darüber die Kreisleitung der NSDAP. verfügt.

Dieselben Beamten, die im Dritten Reich in Hameln die „Judenangelegenheiten" „bearbeitet" hatten, saßen nach dem Kriege wieder in Amt und Würden. Nun wälzten sie alle persönliche Verantwortung und jede Beteiligung der Stadt auf die NSDAP ab.

Die personelle Kontinuität der Jahre vor und nach 1945 reichte tief. Wie gelang es, die Demokratie trotzdem zu stabilisieren? Durfte die Demokratie auf die Wandlungs- und Lernfähigkeit der autoritär geprägten NS-Täter setzen? Die ehemaligen NS-Täter passten sich den Regeln des neuen demokratischen Systems, der neuen Autorität, an, zunächst gewiss nur formal, nur äußerlich, aber zu einem Teil und allmählich wohl auch aus innerer Überzeugung.

Der zögerliche Umgang mit der Schuld an der Ausplünderung, Vertreibung und Deportierung der Juden

In keinem Jahrzehnt der Bundesrepublik Deutschland sind weniger Mahnmale und Gedenkstätten für die Opfer des Nationalsozialismus errichtet worden als im ersten. In den 1950er Jahren kam es zum „großen Frieden" mit den Tätern. Die größten Verbrechen, welche die Geschichte kennt, nämlich die an den Juden, wurden verdrängt. Das zeigt ein erschreckendes Defizit an „Trauerarbeit", aber auch eine Gleichgültigkeit gegenüber der Notwendigkeit von Schuld und Sühne.

Die „Unfähigkeit zu trauern" – so ein bekannter Buchtitel von Alexander und Margarete Mitscherlich – schloss übrigens bei den meisten die Verdrängung der eigenen Leiden mit ein, in den Bombennächten, auf der Flucht, als Soldat.

Skandalös blieben die „Kosten" der Integration der Täter und des Schweigens über die Vergangenheit. Die Politik begünstigte die ehemaligen Täter. Die Opfer wurden häufig missachtet und mit ihrem Schmerz und Verlust allein gelassen. Großzügigen Amnestien der Täter stand – wenn überhaupt – eine kleinmütige Wiedergutmachung gegenüber.

In einer Regierungserklärung im Bundestag am 27. September 1951 bekannte sich Adenauer zur Pflicht moralischer und materieller Wiedergutmachung gegenüber den Vertretern des Judentums und dem Staate Israel. Nach komplizierten Verhandlungen wurde ein Jahr später ein Wiedergutmachungsabkommen mit Israel unterzeichnet. Dieses Abkommen bildete im übrigen eine Voraussetzung für die gleichzeitigen Londoner Verhandlungen über die Anerkennung der deutschen Vorkriegsschulden sowie der Schulden, die aus der Wiederaufbauhilfe für die Westzonen nach dem Zweiten Weltkrieg resultierten. Insofern erleichterte die Verständigung mit Israel die Eingliederung der Bundesrepublik in die westliche Weltwirtschaft.

Dennoch löste das Abkommen mit Israel im Bundestag heftige Debatten aus, vor allem wegen der Höhe der vereinbarten Zahlungen in Höhe von etwa 3,5 Milliarden DM. Adenauer konnte sich im Bundestag nur mit den Stimmen der SPD durchsetzen, weil sich ein Teil der Koalitionsabgeordneten der Stimme enthielt oder das Abkommen sogar ablehnte. Damit, so wurde in repräsentativen Umfragen ermittelt, drückten sie „Volkes Stimme" aus.

1953 verabschiedete der Bundestag auch ein Gesetz zur Entschädigung der Opfer der nationalsozialistischen Verfolgung. Nicht entschädigungsberechtigt waren Personen, die sich nach Inkrafttreten des Grundgesetzes weiterhin als Kommunisten betätigten, ferner Homosexuelle sowie Sinti und Roma und die meisten der im Dritten Reich als „asozial" Verfolgten.

101 Hamelner Juden waren in der Deportation ermordet worden.[171] Das gesamte jüdische Vermögen war verkauft und vom Finanzamt zugunsten des Deutschen Reiches „verwertet" worden.

In den allermeisten Fällen kam es in den folgenden Jahren zu gerichtlichen Wiedergutmachungsverfahren. Häufig waren es die überlebenden Angehörigen von deportierten Juden, die Prozesse anstrengten. Falls es keine Überlebenden gab, wurde die Jewish Trust Corporation for Germany (JTC) tätig. In vielen Fällen führten die Prozesse zu Entschädigungszahlungen; die Verkäufe selbst wurden in der Regel nicht rückgängig gemacht.

Das Synagogengrundstück in der Bürenstraße, auf dem die am 9. November 1938 zerstörte und anschließend beseitigte Synagoge gestanden hatte, hatte sich die Stadt gegen einen extrem niedrigen Kaufpreis 1939 angeeignet.[172] Nach dem Kriege blieb es unbebaut. Eine Zeit lang erinnerten noch die Pfeiler des Zaunes an das zerstörte Gebäude. Das angrenzende ehemalige

Das leere Synagogengrundstück nach dem Kriege wurde zunächst als Gemüsegarten genutzt. Noch stehen die Pfosten des Zaunes. (Quelle: Stadtarchiv Hameln).

Lehrerhaus, das beim Brand beschädigt, aber nicht zerstört worden war, hatte die Stadt vermietet. Der Mieter hatte das Grundstück gepachtet und nutzte es als Gemüsegarten.

Es gab früh Anregungen, hier eine Gedenkstätte zu errichten. Am 2. Oktober 1946 wandte sich Herr H. Fischer, Ehemann von Adelheid Fischer, die als in „Mischehe" lebende Jüdin noch im Februar 1945 aus Hameln deportiert werden sollte, an die Stadt und forderte die Herrichtung des Synagogengrundstückes und die Aufstellung eines Gedenksteines.[173]

Im Protokoll der Friedhofsausschusssitzung vom 15. November 1946 heißt es dazu:

Der Ausschuß ist der Meinung, daß es sich hier um eine Wiedergutmachung handelt. Der Platz soll nicht länger als Gemüseland weiter bearbeitet werden, sondern als gärtnerische Anlage in Erscheinung treten. Inmitten einer von entsprechender Pflanzung umrahmten Rasenfläche soll ein schlichter Gedenkstein errichtet werden, woraus hervorgeht, was hier am 8. und 9. November geschehen ist. Entsprechende Vorschläge sind dem Ausschuß vom Stadtbauamt und der Friedhofsverwaltung zu unterbreiten.

Weil die Stadt augenscheinlich untätig blieb, wandte sich Herr Fischer an die Jüdische Gemeinde in Hannover. Diese schrieb am 17. November 1947 an die Stadt und bat,

daß das Grundstück, auf welchem die Synagoge gestanden hat, in ehrwürdiger Form wieder hergerichtet wird.

Wir glauben bestimmt, dass es der Stadt Hameln möglich sein müsste, dieses zu bewerkstelligen. Voraussetzung ist natürlich, dass man den guten Willen zur Wiedergutmachung resp. zur Herstellung des Platzes hat. Wir glauben auch, dass diese Voraussetzungen bei Ihnen vorliegen.

Möglicherweise als Reaktion auf diese Aufforderung legte Stadtbaurat Schäfer am 28. Januar 1948 eine Skizze für einen pyramidenförmigen Gedenkstein vor. Zur Ausführung kam der Entwurf nicht.

Im Rahmen des Wiedergutmachungsgesetzes machte die Jewish Trust Corporation (JTC) am 7. September 1951 Ansprüche auf Rückerstattung des Grundstückes der Synagoge geltend. Die JTC forderte die Rückgabe des Grundstückes oder die Zahlung einer Entschädigung in Höhe von 14.000 bis 15.000 DM. Den Wert für Grundstück und ehemaliges Lehrer-

Gedenken an die Pogromnacht am
9. November 1963. Von links Pastor von
Vietinghoff, Stadtjugendwart Sielaff und
Vertreter der evangelischen Jugend.
Noch ist der Gedenkstein nicht errichtet.
(Quelle: Privat)

Der Gedenkstein zur Erinnerung an die
Pogromnacht (hier unmittelbar nach
seiner Aufstellung 1963) wurde auf
Anregung eines ehemaligen Hamelner
Juden gesetzt.
(Quelle: Stadtarchiv Hameln)

haus hatte die staatliche Preisbehörde als neutraler Gutachter ermittelt.

Den Termin mit dem Wiedergutmachungsamt in Sachen Synagogengrundstück nahm Stadtrat Dr. Hans Krüger wahr, ausgerechnet der Mann, der 1938/39 die demütigenden Verhandlungen mit der jüdischen Gemeinde um die Beseitigung der Trümmer der zerstörten Synagoge und den Verkauf des Grundstücks geführt hatte.

In einem Vermerk für Oberstadtdirektor Wilke vom 26. April 1952 plädierte Krüger dafür, die geforderte Entschädigung zu zahlen und argumentierte:

Inzwischen habe ich das Grundstück in der Bürenstraße besichtigt und bin zu der Ansicht gekommen, daß es sich mit einem Mehrfamilienhause sehr gut bebauen lässt. Es liegt an ausgebauter Straße und auch in der Himmelsrichtung günstig.

Oberstadtdirektor Wilke stimmte Krügers Vorschlag zu. Zur Abfindung der Rückerstattungsansprüche zahlte die Stadt Hameln am 9. September 1952 14.340 DM an die Jewish Trust Corporation.[174] Mit dieser Zahlung waren alle Rückerstattungsansprüche gegenüber der Stadt Hameln erledigt. Die Pläne, auf dem Grundstück ein Wohnhaus zu errichten, wurden glücklicherweise nicht realisiert.

Von den Überlegungen, eine Gedenkstätte zu errichten, war aber auch nicht mehr die Rede. 1967 verkaufte die Stadt Hameln das ehemalige Lehrerhaus samt einem Teil des Grundstücks in Größe von 361 qm an einen Privatmann. Das ursprünglich 982 qm messende Synagogengrundstück war damit um mehr als ein Drittel verkleinert und zusätzlich mit einem Wegerecht belastet.

Während die Stadt in Sachen Gedenken untätig blieb, gab es kleine Gruppen der Bevölkerung, welche die Erinnerung an das jüdische Gotteshaus und seine Zerstörung wach zu halten versuchten. Gewerkschaftsmitglieder und die evangelische Jugend legten regelmäßig zum 9. November, dem Jahrestag der Zerstörung, Kränze am Grundstück nieder. Mangels eines Gedenksteines geschah das am Maschendrahtzaun, der den inzwischen dort errichteten Spielplatz umschloss.

Zur Errichtung eines bescheidenen Gedenksteines kam es erst 1963, 18 Jahre nach Kriegsende, auf Grund einer Anregung von Louis Moshe Keyser, eines ehemaligen Hamelner Juden. Keyser hatte bis 1933 ein Schuhhaus Am Markt/Ecke Fischpfortenstraße besessen und war 1934 nach Palästina ausgewandert, während der Großteil seiner Familie ermordet wurde. Nach dem Kriege kam er öfter in seine Heimatstadt.

Aufgestellt auf einer kleinen Fläche, die vom Spielplatz abgetrennt und durch Maschendrahtzaun von diesem getrennt war, lautete die das schreckliche Geschehen fast verschleiernde Inschrift des Steins:

Menschen verstummen – Steine reden immer. Zum Gedenken an den Untergang der jüdischen Gemeinde Hameln in den Jahren 1933-1945.

Am 26. November 1963 wurde der Gedenkstein feierlich eingeweiht. Es sprachen Oberbürgermeister Dr. Sander, Norbert Prager, der Vorsitzende der Jüdischen Gemeinden in Niedersachsen, und Pastor von Vietinghoff für die evangelischen Christen.

Die Ächtung der Aktivitäten des VVN

Die Vereinigung der Verfolgten des Naziregimes (VVN) wollte 1949 an den vierten „Jahrestag der Befreiung" erinnern. Sie beantragte, der Oberbürgermeister möge die Schirmherrschaft der Veranstaltung und die Stadt die Kosten übernehmen.

Der Rat lehnte den Antrag der VVN einstimmig ab und auch

der Oberbürgermeister war nicht geneigt, das Protektorat über einen sogenannten Befreiungstag zu übernehmen. Grundsätzlich vertraten alle Herren den Standpunkt, daß den wirklich Geschädigten des Naziregimes eine angemessene Unterstützung (wie sie das Gesetz vorsieht) zuteil werden soll. Veranstaltungen dienen nicht dazu, das Los der tatsächlich Geschädigten zu mildern.[175]

Die ablehnende Haltung gegenüber derartigen Veranstaltungen war sicherlich keine Hamelner Besonderheit, sondern Ausdruck einer Haltung, die in der Gründungszeit der Bundesrepublik von allen politischen Parteien (mit Ausnahme der KPD) vertreten wurde.

Für den 16. Juni 1949 plante ein privater Veranstalter im Monopolsaal an der Deisterstraße ein Gastspiel mit der Schauspielerin Kristina Söderbaum. Kristina Söderbaum, gebürtige Schwedin, war mit dem Filmregisseur Veit Harlan verheiratet und hatte in vielen seiner Filme mitgewirkt. Beide hatten in der NS-Zeit eine wichtige Rolle gespielt, Veit Harlan besonders mit seinen Filmen. „Jud Süß" (1940) hetzte in mörderischer Weise gegen das Judentum, „Kolberg" (1945) rief zu sinnlosem Durchhalten bis zur hin Selbstvernichtung auf. Veit Harlans ganzes Wirken förderte die Mordhetze der Nazis und die Massenvernichtung Andersdenkender.

Während Veit Harlan 1945 Arbeitsverbot erhielt und seine Filme verboten wurden, hatte sich Kristina Söderbaum dem Prozess entzogen, indem sie 1944 ihre schwedische Staatsbürgerschaft wieder angenommen hatte.

Der Monopolsaal stand damals in der Verfügung der Stadtverwaltung, die der Veranstaltung zunächst unbesehen zugestimmt hatte. Der VVN forderte nun die Stadt auf, den Auftritt von Frau Söderbaum in Hameln zu verhindern. Sie sei für die Demokratie untragbar und ungeeignet, die Kunst eines freien Volkes zu vertreten. Die Stadt[176] fürchtete, bei einer Absage könnte Frau Söderbaum Schadensersatzforderungen stellen und argumentierte folgendermaßen:

Eine rechtliche Handhabe und auch ein Grund zur Verhinderung des Gastspiels besteht nicht.

Weil Frau Söderbaum plötzlich erkrankte, fiel die Veranstaltung glücklicherweise aus.

Anders hatte sie die Stadtverordnetenversammlung von Braunschweig verhalten.

Mit der Begründung, die Frau von Veit Harlan habe eine der Hauptrollen in dessen berüchtigtem antisemitischen Hetzfilm „Jud Süß" gespielt, protestierte sie gegen das für den 9. und 10. Juli 1949 geplante Auftreten von Kristina Söderbaum.[177]

Die Kampagne zugunsten des von den Alliierten als Kriegsverbrecher verurteilten Johann Neitz

Als die Bundesrepublik 1951 mit den Alliierten über einen deutschen Wehrbeitrag verhandelte, setzte in der Öffentlichkeit ein massiver Druck auf die Alliierten ein, die letzten Kriegsverbrecher zu begnadigen. Alle Zeitungen waren voll davon. Nicht nur ehemalige Nazis, sondern Politiker aus allen Lagern und auch sehr viele Bürger standen hinter der Kampagne.

Der aus Hameln stammende Gefreite Johann Neitz hatte einen abgeschossenen kanadischen Flieger bei einem Fluchtversuch angeschossen und war daraufhin zu lebenslänglicher Haft verurteilt worden. Neitz saß im Zuchthaus Werl ein.

Veit Harlan und Kristina Söderbaum 1949 in Hamburg (Quelle: Archiv der Dewezet)

1951/52 – Neitz war inzwischen fünf Jahre in Haft – startete eine massive Kampagne der Stadt Hameln und der Dewezet zugunsten von Neitz. Der Rat behandelte den Fall in aller Ausführlichkeit. Mehrere Gnadengesuche gingen an die britische Königin und nach Kanada. Typisch für die Art, wie damals argumentiert wurde, ist der folgende Brief des Oberstadtdirektors Wilke[178] an den britischen Hohen Kommissar.

Die Gesamtlage der Welt ist wieder außerordentlich gespannt. Den neuen Gefahren kann nur wirkungsvoll begegnet werden, wenn alle westlichen Völker in voller Einmütigkeit zusammenstehen.

Die deutsche Jugend kann für die Verteidigung der europäischen Zivilisation nicht begeistert werden, solange ein Unrecht wie im Falle Neitz bestehen bleibt. Soldatische Tapferkeit würde dann ja als Verbrechen mit schwerer Freiheitsentziehung entehrend bestraft.

Der Rat und die Verwaltung der Stadt Hameln wären Ihnen, sehr geehrter Herr

Hoher Kommissar, von Herzen denkbar, wenn Sie im Gnadenwege Herrn Neitz aus der Kerkerhaft befreien würden. Für diese große Geste würde ihnen das ganze deutsche Volk dankbar sein und der europäischen Verständigung wäre damit sehr gedient.

Die Bemühungen der Stadt und mancher ihrer Bürger führten am Ende zur vorzeitigen Freilassung von Neitz.

Der völkische Schriftsteller Hans Grimm als Ehrengast bei der Einweihung der Weserbergland-Festhalle

Zu der feierlichen Eröffnungsveranstaltung der Weserbergland-Festhalle im Jahre 1953 lud die Stadt zahlreiche Ehrengäste ein, darunter neben Agnes Miegel auch Hans Grimm. Beide Schriftsteller gehörten zu den Vertretern völkischer Literatur, die Hitler die dichterische Weihe gegeben hatten. Hans Grimm hatte das im Dritten Reich weit verbreitete und von Hitler hoch geschätzte Buch „Volk ohne Raum" geschrieben. Dieser Titel wurde zu einem der berüchtigtsten Schlagworte der NS-Propaganda und diente der Legitimierung des Eroberungskrieges gegen die Sowjetunion.

Nach dem Kriege zeigte sich Grimm, der nicht weit von Hameln in Lippoldsberg an der Weser lebte, unbelehrbar. Die von ihm seit 1934 organisierten „Dichtertreffen" in Lippoldsberg verstanden sich nach 1945 als geistiger Widerstand gegen die „Fremdbelehrung" durch die Siegermächte. Den „deutschen Volksgenossen" sollte gezeigt werden, dass es immer noch eine „freie, deutsche, gesunde, unangekränkelte Dichtung" gebe. Der Nationalsozialismus sei „nicht unnötig" gewesen. Er, Grimm, wende sich entschlossen gegen Versuche, „Deutsche vor sich selbst erbärmlich" zu machen.

Bei der Bundestagswahl 1953 kandidierte Grimm als Spitzenkandidat auf der Liste der rechtsextremen Deut-

Eine Neuausgabe des NS-Bestsellers von Hans Grimm „Volk ohne Raum" erschien 1956. (Quelle: Privat)

schen Reichspartei (DRP) und war immer wieder Ehrengast auf ihren Parteitagen. In vierter Auflage veröffentlichte er 1954 im Klosterhaus-Verlag Lippoldsberg unter dem Titel „Warum-Woher-Aber wohin?" erneut eine umfassende Verteidigung des Nationalsozialismus. Darin findet sich der folgende Passus über die von den Briten in Hameln hingerichteten Kriegsverbrecher:

Unter den Hingerichteten befanden sich Ärzte, Soldaten, Frauen, die angeblich als weibliches KZ-Personal tätig waren, Industrielle usw. ... Ein Überlebender der Hamelner Verurteilten, der im letzten Augenblick begnadigt wurde und heute in Freiheit ist, berichtet, dass bei vorsichtigster Schätzung 60 % aller Todesurteile zu Unrecht erfolgt seien.[179]

Damit nahm Grimm an der Legendenbildung teil, die unter rechten Kreisen verbreitet war. Die Hingerichteten wurden zu Opfern stilisiert, die eine gnadenlose Siegerjustiz auf dem Gewissen hatte.

Als Grimm im Alter von 84 Jahren 1959 auf seinem Klostergut in Lippoldsberg starb, wurde sein Sarg mit einer schwarz-weiß-roten Fahne bedeckt.

Das Auftreten rechtsradikaler Parteien und Verbände in Hameln

1949 mit Gründung der Bundesrepublik formierte sich eine starke Sammlungsbewegung auf Seiten der Rechten, mit dem Ziel, nationale Parteien zu bilden. Jetzt, als nicht mehr die Besatzungsmächte über die Zulassung von Parteien entschieden, erhielten rechtspopulistische und rechtsextreme Gruppierungen in Westdeutschland einen starken Zulauf.

Die Deutsche Reichspartei

Die nationalistisch-konservative, rechtsextremistische Deutsche Rechtspartei (DRP) ging 1950 in der Deutschen Reichspartei (DRP) auf, deren Mitgliedschaft später den Kern der Nationaldemokratischen Partei Deutschlands (NPD) bildete. Im November 1949 gab es eine Versammlung der Deutschen Rechtspartei im nahen Bad Pyrmont. Hauptredner war der Bundestagsabgeordnete Franz Richter, der in Breecheshosen und Reitstiefeln auftrat und sich mit einer Art uniformierter Leibgarde umgab. Über die Menschen, die während des Dritten Reiches Deutschland verlassen hatten, sagte er:

Diese Emigranten, die sich während des Krieges ins Ausland verzogen haben, in fremden Uniformen gegen die deutschen Soldaten kämpften und heute mit den Gesinnungslumpen aus den KZ's 150 DM Haftentschädigung verlangen, werden in jedem anständigen Land aufgehängt.[180]

Die Sozialistische Reichspartei – 1949 in Hameln gegründet

Noch radikaler war die Sozialistische Reichspartei Deutschlands (SRP), die sich 1949 von der Deutsche Rechtspartei abspaltete. Die Führung der SRP lag in den Händen überzeugter Nationalsozialisten. Ihre Aushängeschilder waren der ehemalige Generalmajor der Wehrmacht Otto Ernst Remer und der „völkische" Schriftsteller Fritz Dorls, die damals bekanntesten deutschen Rechtsextremisten.

Der „völkische" Schriftsteller Fritz Dorls bei einer Rede (undatiert)
(Quelle: Archiv der Dewezet)

Generalmajor a. D. Remer war Kommandeur des Wachbataillons Großdeutschland gewesen und hatte sich besonders bei der Niederschlagung des Widerstands vom 20. Juli 1944 hervorgetan. Charakteristisch für das Selbstverständnis der SRP ist sein Ausspruch:
Wenn wir Frontsoldaten damals bereit waren, bis 5 Minuten nach 12 zu kämpfen und heute wieder angetreten sind zur Wiederherstellung des Deutschen Reiches, sind wir unserer inneren Linie treu geblieben.[181]

Über sich selbst sagte er bei einer Wahlveranstaltung der SRP in Melverode (Braunschweig):
Ich verbitte es mir, mich Nazi zu nennen. Ich war, ich bin und bleibe Nationalsozialist.[182]

Die neofaschistische SRP wollte die Demokratie beseitigen und predigte Antisemitismus im Stile der NS-Propaganda. In ihrem Programm forderte sie die „Wiederherstellung von Ehre, Recht und Ordnung in Deutschland", die „Treue zum Reich" und den „Schutz der Ehre des deutschen Soldaten". Dorls[183] formulierte 1950 auf einer Pressekonferenz in Bonn, die Zeit des Nationalsozialismus sei
der Höhepunkt der deutschen Revolution und der abendländischen Entwicklung sowie die Geburtsstunde eines neuen Lebensprinzips gewesen.

Die Partei profilierte sich besonders eindeutig, provokativ und erfolgreich als Nachfolgeorganisation der NSDAP. Der bloße Augenschein genügte, dies zu erkennen.

Uniformierte Saalordner, rote Fahnen mit schwarzem Reichsadler an Stelle des verbotenen Hakenkreuzes, Marschmusik – vorzugsweise Hitlers Erkennungsmelodie, der „Badenweiler" und dergleichen mehr.[184] Scharfe Angriffe richtete sie gegen die „Eidbrecher" des 20. Juli 1944.

Besonders Remer erreichte als Zugpferd der Partei begeisterte Zustimmung, und Veranstaltungen mit tausend und mehr Teilnehmern waren keine Seltenheit.

Die SRP rekrutierte ihre Gefolgschaft vor allem unter ehemaligen Soldaten, aber auch NSDAP-Angehörigen. Ihr Parteiprogramm basierte in wesentlichen Teilen auf dem der NSDAP. Die offensiv auftretende Partei hatte ihr Hauptverbreitungsgebiet in Niedersachsen und erzielte bei den niedersächsischen Landtagswahlen im Mai 1951 11,0 % der Stimmen. In Hameln blieben die Wahlerfolge der rechtsradikalen Parteien begrenzt. Nur 1956 erhielt die DRP einen Sitz im Stadtrat.

Bemerkenswert ist die Tatsache, dass die Gründung der SRP in Coppenbrügge und Hameln erfolgte.[185] Am 2. Oktober 1949 saß hier die Führungstroika aus Fritz Dorls, Gerhard Krüger und Otto Ernst Remer zusammen und bestimmte Fritz Dorls zum Vorsitzenden. Neben personellen Beziehungen war für die Ortswahl vermutlich die Tatsache ausschlaggebend, dass die Organisatoren hier weniger Proteste einer kritischen Öffentlichkeit erwarteten. In Großstädten und Universitätsstädten wurden Versammlungen rechter Kreise in der Regel gestört oder gar gesprengt, von Falken, SPD, KPD, Gewerkschaften, Studenten, der VVN etc.

Wenige Tage später trat die Partei in Hameln an die Öffentlichkeit. Mit deutlicher Kritik am Auftritt von Remer, aber nicht ohne Sympathie für die Zielsetzungen von Krüger und Dorls beschrieb der Redakteur der Dewezet[186] die Neugründung.

Die Sozialistische Reichspartei stellte Mittwochabend in einer von Gegenkundgebungen nicht gestörten Versammlung im sehr gut besetzten Monopolsaal ihre führenden Persönlichkeiten mit recht gedankenreichen Formulierungen ihrer Zielsetzung vor. Der Name einer neuen, ihre Lizenzierung fordernden Partei mag an sich keine hinreichende Charakterisierung sein, wenn man auch das Wort „Reich" nicht ungern wiedersehen wird.

Dr. Krüger gab die Abgrenzung zu den schon bestehenden Parteien und wandte sich vor allem an die Jugend, der ein neues politisches Ideal hier gegeben werden sollte, und nicht an die Soldaten des letzten Krieges. Er lehnte eine Plazierung rechts oder links im Parlament für seine Partei ab, will vielmehr in der Mitte zum Ausgleich aller Gegensätze alle deutschen Kräfte sammeln, in der Vereinigung des sozialen und nationalen Denkens.

Er wandte sich gegen den Föderalismus im Deutschland der Nachkriegszeit, als dessen besonderen Exponenten er den Bundeskanzler Dr. Adenauer auffaßt. Als Symbol eines einigenden Wiederaufbauwerks soll der Reichsadler gelten.

Aus seinem Schlußwort sei vorweggenommen eine kurze Rechtfertigung des viel angefehdeten Standpunktes seiner Partei in der Frage des Sudetenlandes, die darin bestand, daß er nicht einen gegen völkerrechtliche Bestimmungen verstoßenden Anspruch auf dieses Land von vornherein stellt, sondern über das Recht der Selbstbestimmung zum gleichen Ergebnis zu kommen hofft.

Der Bundestagsabgeordnete Dr. Fritz Dorls gab in einer temperamentvollen Rede seine Auslegung einer Reihe von Völkerrechtsfragen. Er sieht in der Bildung des Ruhrstatuts die Anerkennung rechtswidriger Eingriffe in das Privateigentum, in der Amnestie der Entnazifizierung das Zugeständnis, daß Recht mit rückwirkender Kraft Gültigkeit bekam. Der Reichsgedanke enthalte die Voraussetzung der Selbstachtung und solle als Leitmotiv unseres ganzen Handelns gelten.

Als Dritter nahm der ehemalige Generalmajor Remer das Wort. Hierzu soll nur eines festgestellt werden: Wenn eine Partei sich ernsthaft die Einigung aller Deutschen zum Ziel gesetzt hat, dann erleichtert sie bestimmt nicht diese sich selbst gestellte Aufgabe, indem sie eine der umstrittensten Persönlichkeiten der Gegenwart an das Rednerpult treten läßt, auch nicht, wenn diese wirklich glauben sollte, einer inneren Berufung Folge leisten zu müssen.

Anders als in Hameln gab es bei einer Versammlung der SRP in Bad Pyrmont am 13. Dezember 1949 lautstarke und tumultartige Proteste.[187] Unter anderen war der Hamburger VVN-Vorsitzende Franz Heitgres an-

Otto Ernst Remer bei seinem Auftritt in Hameln. Remer war das eigentliche Zugpferd der SRP und füllte mit seinem Auftreten große Hallen.
(Quelle: Archiv der Dewezet)

wesend. Bereits bei ihrem Einzug tönten der SRP-Führungstroika Rufe wie „Mörder!" und „Nazis raus!" entgegen. Die Rede Krügers, in der er die Bonner Parteien beschuldigte, sie verträten nur den Willen der Westalliierten, wurde von einer Vielzahl von Zwischenrufen unterbrochen. Die größte Unruhe im Saal entstand, als Remer das Podium betrat.

Wegen ihres offenen Bekenntnisses zur NSDAP und der immer schärferen Kritik der westlichen Alliierten beantragte die Bundesregierung am 22. November 1951 beim damals neu geschaffenen Bundesverfassungsgericht ein Verbotsverfahren. Karlsruhe verbot die SRP am 23. Oktober 1952.

Auch die Alliierten wachten sehr aufmerksam über ein Wiederaufleben des Nationalsozialismus und sahen besonders die Aktivitäten der SRP sehr kritisch. Anfang 1953 verhaftete die britische Militärpolizei einstige NS-Größen, die begonnen hatten, die Landesverbände der FDP in Nordrhein-Westfalen und Niedersachsen zu unterwandern.

Der Politik einer strikten Abgrenzung gegenüber neonazistischen und rechtsextremen Parteien und Verbänden stand freilich die weitgehende soziale Integration der NS-belasteten Eliten gegenüber. Zugunsten von Funktionstüchtigkeit und gesellschaftlicher Harmonie verzichtete die bundesdeutsche Gesellschaft auf eine konkrete Analyse der jüngsten Vergangenheit.

Zwei Deutschland-Treffen ehemaliger Mitglieder der Waffen-SS in Hameln

Selbst nach der bedingungslosen Kapitulation und der Aufdeckung der nationalsozialistischen Verbrechen gab etlichen repräsentativen Erhebungen zufolge mehr als die Hälfte der befragten Deutschen an, dass der Nationalsozialismus eine gute Idee gewesen sei, die nur schlecht ausgeführt worden wäre.

Seit der Gründung der Bundesrepublik 1949 kam die Strafverfolgung von NS-Verbrechen nahezu zum Erliegen; im besonderen Maße setzten sich die Kirchen für die Amnestie der noch in alliierten Gefängnissen auf dem Boden der Bundesrepublik einsitzenden Häftlinge ein.

Die Parole „Eigentlich hätten wir den Krieg gewinnen müssen!" war weit verbreitet. Die Deutschen fühlten sich als Opfer, von Hitler verführt, von ihm um den Sieg betrogen und von den Alliierten gedemütigt. „Verlorene Siege" hieß ein bis in die sechziger Jahre hinein viel gelesenes Buch des Generalfeldmarschalls von Manstein.

Die Beisetzung von Generälen der Wehrmacht wurde zur Demonstration. Die Bestattung des ehemaligen Generalfeldmarschalls Gerd von Rundstedt am 28. Februar 1953 auf dem Stöckener Friedhof in Hannover fand in Gegenwart von 2000 Trauergästen statt. Keine Berührungsscheu zeigten staatliche Repräsentanten bei der Beisetzung des ehemaligen Generaloberst Hans Guderian in Goslar am 20. Mai 1954.[188] Als der mit der Reichskriegsflagge bedeckte Sarg, auf dem ein Stahlhelm lag, ins Grab gesenkt wurde, schoss eine Hundertschaft des Bundesgrenzschutzes mehrere Ehrensalven ab. An dem Zeremoniell beteiligten sich auch Vertreter der niedersächsischen Landesregierung und der „Dienststelle Blank", aus der später die Bundeswehr hervorging.

Über die Beisetzung von Theodor Duesterberg, des ehemaligen Bundesführers des „Stahlhelm", eines rechtsextremen Wehrverbandes der Weimarer Zeit, auf dem Hamelner Deisterfriedhof liegt ein ausführlicher Bericht der Dewezet vom 9. November 1950 vor. Kommentarlos erwähnt die Zeitung, dass sein Sarg mit der Reichskriegsflagge und einem Stahlhelm bedeckt war und am Grab der Hornruf zum Gebet aus dem Großen Zapfenstreich und der Ruf „Front-Heil" ertönten.

Der „Panzer-Meyer" genannte ehemalige Generalmajor der Waffen-SS Kurt Meyer war wegen der Erschießung von Kriegsgefangenen ursprünglich von einem kanadischen Militärgericht zum Tode verurteilt, saß dann aber „lebenslänglich" in der Haftanstalt Werl ein. Bei einem Besuch in Werl sprach ihm Bundeskanzler Adenauer Mut zu. Nach seiner Begnadigung wurde er von der Bevölkerung seines nordrhein-westfälischen Heimatortes wie im Triumphzug empfangen.

Am 18./19. Juli 1953 trafen sich in Hannover an die 15.000 ehemalige Angehörige der Wehrmacht und der Waffen-SS und feierten die „hohen Werte echten Soldatentums".[189] Die Soldatenverbände waren ein weitgehend akzeptierter Teil der bundesrepublikanischen Öffentlichkeit der 1950er Jahre. Ihnen gelang es, das Bild des „unbefleckten Soldaten" erfolgreich zu etablieren, wobei ihnen der beginnende Kalte Krieg und die Einbindung der Bundesrepublik in das westliche Verteidigungsbündnis zu Hilfe kamen. Die antikommunistische Agitation der Westmächte ließ sich ohne große Probleme als Fortsetzung des Hitlerschen Antibolschewismus verstehen.

Die „Hilfsgemeinschaft auf Gegenseitigkeit der ehemaligen Angehörigen der Waffen-SS" (HIAG) wurde auf regionaler Ebene um die Jahreswende 1948/49 gegründet. Ihr Ziel war, die Anerkennung der Waffen-SS als regulären Teil der Wehrmacht durchzusetzen. Durch Urteil des Internationalen Militärtribunals in Nürnberg war die SS mitsamt der Waffen-SS zu einer verbrecherischen Organisation erklärt und verboten worden.

Die HIAG schaffte es in den 1950er Jahren, Großveranstaltungen mit mehreren tausend Teilnehmern zu organisieren. In Verden kamen 1952 rund 5.000 Leute zusammen, in Minden (1956) und in Hameln (1959) sollen es über 10.000 gewesen sein.

Die HIAG, die in ungebrochener Kontinuität zur Waffen-SS stand, verstand es geschickt, den karitativen Charakter ihrer Organisation, besonders als Suchdienst für vermisste Soldaten, in den Vordergrund zu stellen. Die Treffen selbst erwiesen sich dann rasch als Großveranstaltungen unverbesserlicher Alt-Nazis, die mit einem offen zur Schau getragenen Antisemitismus kokettierten.

Der General der Fallschirmjäger Bernhard Ramcke formulierte beim Treffen in Verden 1952[190]:

Wer sind denn wirklich die Kriegsverbrecher? Es sind die, die den unseligen Frieden gemacht haben, die ohne taktische Gründe ganze Städte zerstörten.

Die Organisatoren der HIAG-Treffen mussten sich nur selten über eine Einschränkung ihrer Aktivitäten beklagen, im Gegenteil. Zu ihrer gesellschaftlichen Akzeptanz trugen Bündnisse mit anerkannten Organisationen wie dem Deutschen Roten Kreuz ebenso bei wie lokale Politiker, die als Gastredner auftraten. Angesichts der Präsenz staatlicher Stellen bei den Treffen kann es nicht verwundern, welchen Auftrieb sich davon die militaristischen Organisationen versprachen. Das von „Panzer-Meyer" mit Stolz verkündete Credo, sie wollten nicht über die Hinter-, sondern „über die Vordertreppe" in den Staat, erschien keineswegs als illusionär.

Gegen die Treffen demonstrierten wechselnde Bündnisse von Gewerkschaftlern, Verbänden von Opfern des Nationalsozialismus, Studenten und Ortsvereinen der SPD, ohne jedoch auf große Resonanz zu stoßen. Die HIAG fand Ende der 1950er Jahre immer mehr Anerkennung bei den demokratischen Parteien, auch bei der SPD.

In den sechziger Jahren begannen die Volksparteien zaghaft, sich von der HIAG zu entfernen. Zu einer förmlichen Distanzierung von der Organisation kam es jedoch nicht. Erst in den 1980er Jahren stießen Veranstaltungen der HIAG auf nachhaltige öffentliche Proteste.

Am 14. Oktober 1951 fand der bundesweite Kameradschaftsabend der Soldatenkameradschaft „Wiking" in Hameln statt. Im November 1951 erschien das erste Heft des „Wiking-Ruf", das „Kameradschaftsblatt" der HIAG. Der Wiking-Ruf (später umbenannt in „Wiking-Ruf – Der Freiwillige") hatte seine Schriftleitung in Hameln („Postfach") und wurde bei C.W. Niemeyer gedruckt.

Acht Jahre später, am 5./6. September 1959 gab es in Hameln eine Großveranstaltung ehemaliger Angehöriger der Waffen-SS.[191] Die HIAG veranstaltete in Hameln ein „Suchdiensttreffen",

Der Wiking-Ruf war das Mitteilungsblatt der HIAG. Hier die erste Ausgabe des in Hameln gedruckten Blattes aus dem Jahre 1951. (Quelle: Privat)

zu dem nach Angaben der Veranstalter 15.000 Teilnehmer kamen.

Ort der Veranstaltung war der Hamelner Schützenplatz, wo riesige Festzelte aufgebaut waren. Am Kopfende des Kundgebungszeltes prangte ein überdimensionales „Eisernes Kreuz", dazu Spruchbänder, auf denen in altdeutschen Buchstaben auf schwarzem Tuch der Koppelspruch der SS „Unsere Ehre heißt Treue" und „Ewig lebt der Toten Tatenruhm" zu lesen war. Der ehemalige Kommandeur der SS-Leibstandarte „Adolf Hitler" Sepp Dietrich wurde mit minutenlangem Beifall empfangen. Sepp Dietrich, 1934 Chef des Mordkommandos, das im Auftrag Hitlers Röhm und andere prominente SA-Führer umbrachte, war 1945 von den Alliierten als Kriegsverbrecher verurteilt worden.

Das anfangs als Mitveranstalter des „Suchdiensttreffens" genannte Deutsche Rote Kreuz distanzierte sich von der Veranstaltung. Der niedersächsische Ministerpräsident Hinrich Kopf (SPD) und der Oberbürgermeister der Stadt Hameln Helmut Greulich (SPD) sandten hingegen die besten Grüße und Wünsche.

Als Hauptredner trat der HIAG-Bundesvorsitzende Kurt Meyer („Panzer-Meyer") auf. Der ehemalige Generalmajor der Waffen-SS beschwor die Erinnerung an einstige Kampfgefährten:

Wir leben, und wir haben zu beweisen, daß ihr Sterben nicht sinnlos gewesen ist. Wie könnte und wie dürfte unser eigenes Dasein sonst vor ihnen bestehen? ...

Wir standen bis zur letzten Stunde des entsetzlichen Krieges als letzte, als verlorener Haufen am Feind in der fast irrsinnigen, wahnwitzigen Hoffnung, doch noch das Schicksal aufzuhalten und abzuwenden, das uns das Ende von Gott und der Welt bedeutete. Und der ferne Sinn dieses Denkens war uns in der Verschmelzung all der Bilder von Heimat, Familie und Zukunft der Begriff Deutschland![192]

Dann wurde er deutlicher:

Sollte eines Tages die Zeit reif sein und uns die große Erlösung vom Übel anzeigen, ein Weiser aufstehen, dann würden wir ohnehin alle glücklich seine Maxime befolgen. Und wir würden die Pflichten einer neuen Wende erfüllen.

„Panzer-Meyer" empfahl den Mitgliedern seiner Organisation, sich an die demokratischen Spielregeln zu halten. Nur so habe man eine Chance, die „rechte Sache" wahren zu können. Am Ende seiner Rede erhoben sich alle

Links oben: Das Heft September 1959 des „Kameradschaftsblattes der HIAG" mit der Ankündigung des Treffens in Hameln (Quelle: Privat)

Links unten: Blick über den Parkplatz auf die großen Festzelte, die anlässlich des HIAG-Treffens auf dem Hamelner Schützenplatz aufgebaut worden waren (Quelle: Privat)

Rechts oben: Für das „Suchdiensttreffen" der HIAG hatte die Stadt Hameln die Berufsschule am Münster zur Verfügung gestellt. (Quelle: Privat)

Rechts unten: Die ehemaligen SS-Generale Kurt Meyer (links) und Paul Hausser bei einem HIAG-Treffen 1957 (Quelle: Archiv der Dewezet)

Kurt Meyer („Panzer-Meyer") bei seiner
Ansprache in Hameln 1959
(Quelle: Privat)

Teilnehmer von ihren Bänken und sangen die erste Strophe des Deutschlandliedes.

Im Wiking-Ruf vom September 1959 lesen wir in einem Bericht vom Treffen in Hameln:

Der Sonntagvormittag fand alle Kameraden vereint am Grabe unseres Bernhard Siebken, des ersten Grenadier's seines Bataillons bei den Kämpfen an der Invasionsfront, der 1949 in Hameln von den Engländern erhängt wurde. Dies war der wahre Ausklang unseres Treffens, Zeichen und Mahnung zur gleichen Zeit.

Bernhard Siebken war wegen der Beteiligung an der Tötung von drei kanadischen Kriegsgefangenen zum Tode verurteilt und im Zuchthaus Hameln gehängt worden.

Das anonyme Gräberfeld der von den Briten in Hameln hingerichteten Kriegsverbrecher auf dem Friedhof Wehl war Wallfahrtsstätte militanter und rechtsradikaler Gruppen und rechten Kreisen Beleg für die Willkür der alliierten „Siegerjustiz".

Offene Kritik an der Veranstaltung hat es in Hameln augenscheinlich nicht gegeben. Allein die nicht in Hameln erscheinende Gewerkschaftszeitung „Metall" vom 23. September 1959 kritisierte an der Mammutveranstaltung insbesondere einen Aspekt:

Völlig unverständlich und bedauerlich war vor allem die Tatsache, daß demokratische Parteien offizielle Vertreter zu diesem Treffen entsandt hatten.

Die in Hameln stationierten Einheiten der britischen Armee hatten am Sonnabend-Abend Ausgehverbot.

Für den 21. und 22. September 1963 war übrigens ein weiteres Bundestreffen der Soldaten der ehemaligen Waffen-SS geplant. Wegen zunehmender Proteste gegen ihre Aktivitäten sagte die HIAG jedoch das Treffen ab.[193]

Im letzten Drittel der 1950er Jahre begann sich in Deutschland das Klima für die Auseinandersetzung mit der NS-Vergangenheit zu wandeln. Einen wichtigen Beitrag hierzu leisteten Informationen durch dokumentarische Bücher, Zeitschriftenserien und erstmals auch das Fernsehen. Die 16 Folgen der TV-Serie „Das Dritte Reich" im noch einzigen bundesdeutschen Fernsehprogramm erreichten 1960/61 eine hohe Sehbeteiligung.

Der Ulmer „Einsatzgruppenprozess" (1958) gegen Verantwortliche der „Einsatzgruppen", die hinter der Front in Polen und der Sowjetunion zahllose Menschen ermordet hatten, führte zu einer Sensibilisierung der Öffentlichkeit. Er rückte die Dimension der Verbrechen im Osten und die bisherigen Versäumnisse der Strafverfolgung in das Bewusstsein der Bevölkerung.

Einen weiteren Höhepunkt erreichte die Diskussion über die nationalsozialistische Vergangenheit nach einer antisemitischen Schmierwelle, die Ende 1959 mit der Schändung der Kölner Synagoge begonnen und zahllose jüdische Friedhöfe verwüstet hatte. In den folgenden Jahren, mit der zunehmenden zeitlichen Distanz zum Dritten Reich und dem Heranwachsen einer neuen Generation, gewann die Debatte an Intensität.

12 Der Hamelner Kulturbetrieb

Eine Hochschule in Hameln? – Kultur versus wirtschaftlicher Wiederaufbau

Während es die oft und gern erzählte Wahl zwischen Universität oder Strafanstalt in Hameln in Wahrheit nie gegeben hat, bot sich der Stadt im Jahre 1946 tatsächlich die Chance zur Einrichtung einer Hochschule. Nachdem die Briten viele Lehrer als belastet entlassen hatten, herrschte großer Lehrermangel. Notwendig war daher die Ausbildung von neuen Lehrern und die demokratische Schulung der unbelasteten „Altlehrer". 1946 wurden deswegen die Pädagogischen Hochschulen im Lande wieder geöffnet und einige neu gegründet.

Für die Provinz Hannover war die Errichtung einer neuen Hochschule mit zwölf Dozenten und 120 Studenten vorgesehen. Als Standort standen dafür Lüneburg oder Hameln zur Wahl. Der Buchhändler und Verleger Fritz Seifert, zugleich Mitglied im Kulturausschuss, ergriff die Initiative und machte Oberbürgermeister Harm am 24. Februar 1946 auf die Chance aufmerksam.[194] Sowohl die Regierung als auch Teile der Dozentenschaft seien geneigt, Hameln den Vorzug zu geben.

Der Oberbürgermeister nahm die Anregung auf und teilte der Provinzregierung mit, dass Hameln an der Hochschule interessiert sei. Gleichzeitig bat er die Stadtverwaltung um eine Stellungnahme. Oberstadtdirektor Wilke und Schulrat Bremer meldeten jedoch Bedenken an, weil sie befürchteten, die Einrichtung könnte auf Kosten bestehender Schulen gehen.

Der Vertreter der Dozentenschaft in Hannover, Prof. Lehmann, schlug daher vor, keinen Schulbau, sondern das leer stehende Gebäude der ehemaligen Domag zu verwenden. Dagegen erhob erneut der Oberstadtdirektor[195] Einspruch:

Die Auffassung des Oberstadtdirektors geht dahin, daß es im Interesse der Stadt liegt, dieses Gebäude für industrielle Zwecke (nämlich die AEG) nutzbar zu machen. Damit wäre der Stadt zweifellos besser gedient, als eine Hochschule in diese Räume hineinzulegen.

Die Pädagogische Hochschule kam nicht nach Hameln, sondern nach Lüneburg. Der Oberstadtdirektor hatte ein klares Votum für den wirtschaftlichen Wiederaufbau gegeben und gegen eine Bildungsinstitution, die gewiss zunächst Kosten verursacht hätte, aber – wie wir heute im Falle Lüneburg sehen – ein unglaubliches Zukunftspotential hatte.

Im März 1961 übrigens bewarb sich die Stadt Hameln tatsächlich um eine im norddeutschen Raum geplante neue Universität. Damals sollte eine überschaubare Reform-Universität für 6.000 bis 8.000 Studenten errichtet werden, die dem universitären Massenbetrieb entgegenwirken und menschliche Kontakte ermöglichen sollte. Hameln war jedoch gegenüber einem Standort wie Oldenburg ohne jede Chance.

Der Vorfall aus dem Jahre 1946 ist für das damalige Hameln symptomatisch.[196] Auch in der folgenden Zeit behielt die Kultur ein Nischendasein. Im ordentlichen Haushaltsplan für 1951 waren bei einer Endsumme von 13,6 Millionen DM ganze 83.000 DM für die Kultur vorgesehen. Regelmäßige Unterstützung aus dem städtischen Etat gab es im wesentlichen nur für Bücherei, Museum und Volkshochschule, und das auch nur in bescheidenem Rahmen.

Die Pflege des Theaters und der Vortragskultur hatte die Stadt in die Hände von Vereinen wie der „Volksbühne" und dem „Verein für Kunst und Wissenschaft" gelegt, die für ihre Arbeit eine geringe Unterstützung bekamen.

Die Träger der heimischen Kultur

Der Verein für Kunst und Wissenschaft

Dem „Verein für Kunst und Wissenschaft" übertrug die Stadt die Trägerschaft und Organisation des Kulturlebens. Der Verein organisierte Vortragsreihen, Konzerte, Theateraufführungen und Tanzabende und kümmerte sich um die Heimatpflege.

Am 20. Juni 1945 trat Oberstudiendirektor Henning vom (späteren) Schiller-Gymnasium im Stadtsaal ans Rednerpult. Das Thema seines Vortrags war: „Goethe und Schiller – was haben sie uns in unserer Zeit zu sagen?" Es war die erste Veranstaltung des 1945 neu gegründeten Vereins.

Der Verein wollte dem Publikum den Anschluss an die moderne kulturelle Entwicklung ermöglichen und holte erstmals moderne Theaterstücke von John Osborne, Romain Rolland und Thornton Wilder nach Hameln. Im Mai 1947 gab es eine Lesung, bei der unter anderem aus Bertolt Brechts Mutter Courage vorgetragen wurde.

Bis 1949 nahm der Verein eine Monopolstellung ein und war mit Hilfe der Verwaltung die treibende Kraft beim weiteren Aufbau des Hamelner Kulturlebens. Als mit der Währungsreform das Geld knapper wurde, sanken die Zuschauerzahlen und in der Folge auch die Zahl der Veranstaltungen deutlich.

Die Heimatbühne und die Volksbühne

Noch ohne das Massenmedium Fernsehen waren die 1950er eine theatersüchtige Zeit. Gespielt wurde unter primitivsten Bedingungen. Die Bühne wurde in einer Turnhalle oder einem Wirtshaussaal aufgebaut. Unter der Leitung von Oberspielleiter Peter Bruno Richter existierte mit der 1945 gegründeten „Heimatbühne" ein eigenständiges Hamelner Theater. Im Juli 1946 debütierte sie in Ermangelung eines Saales in Hameln in Tündern mit dem Rührstück „Flachsmann als Erzieher" von Otto Ernst.

Der Spielplan der später in „Theater Hameln" umbenannten Heimatbühne kam ohne zeitgenössische Stücke aus und war von Klassikern, Komödien und Unterhaltungsstücken bestimmt, die helfen sollten, die Trümmertristesse zu verdrängen. Richter vertrat die Auffassung, dass „Sartre-Williams-Dürrenmatt pp. für seinen Spielplan Brunnenvergiftung" seien.[197] Theater sollte der Unterhaltung dienen, nicht aber der Auseinandersetzung mit der Gegenwart.

1951 wurde in Hameln ein Gedicht von Peter Bruno Richter veröffentlicht, das er eigens für das Gedenken an „die drei Gefallenen vom Klüt" geschrieben hatte. Am 5. April 1945 waren bei letzten, völlig aussichtslosen Kampfhandlungen mit amerikanischen Soldaten auf dem Klüt drei deutsche Soldaten getötet worden. Sie wurden am Fuße des Klütturmes begraben. Die Grabstelle beschäftigte die Hamelner Bevölkerung nachhaltig.

Auszüge aus dem Gedicht von Peter Bruno Richter:
Wie war es doch rasch? –
Verrat – oder Eid? –
Ein sterbendes Land und kein Mensch weit und breit, der uns hätte sagen können: Tut so! –

*Drum waren wir fast so etwas wie froh
über peitschende Schüsse – und
sickerndes Blut.
Ein Wähnen und Trügen war aus –
das war gut. –
Hands up!!! Schrie man her. Wir hoben
sie nicht. ...
Wir sahen, versinkend, nur eins noch –
die Pflicht! ...
Doch schmäht nicht das Schönste, die
Treue!*

Es waren die alten, furchtbar missbrauchten Vokabeln von deutscher Soldatentreue und deutschem Opfersinn, mit denen Peter Bruno Richter den Irrsinn und die Menschenverachtung des letzten Krieges rechtfertigen wollte.[198]

Wie schwer es moderne, kritische Literatur in der Nachkriegszeit hatte, die sich mit der NS-Zeit auseinander setzen wollte, zeigt die Kritik von Dr. Müller-Bühren in der Hannoverschen Presse[199] über das Theaterstück „Herz im Sturm" von Fritz Hochwälder.

Das ‚aktuelle' Schauspiel Herz im Sturm (Der Flüchtling) spielt unerkennbar im besetzten Deutschland oder während des Krieges in einem von Deutschland besetzten Land.

Es wird dann ein von der Besatzungsmacht verhafteter und der drohenden Deportage entflohener ‚Flüchtling' verherrlicht, weil er sich auflehnt und Verbindung mit den sich im Walde versteckt haltenden Illegalen sucht.

Man wundert sich über die Instinktlosigkeit der Theaterdirektion Wilde, die es für nötig hält, die Gedanken der Zuschauer in Bahnen zu lenken, die vorerst überwunden sein sollten. Soweit Deutschland angeklagt werden sollte, können die harten Vorwürfe keineswegs akzeptiert werden.

Mit der Währungsreform verschlechterte sich die Situation des Theaters Hameln. Die Schauspieler erhielten kaum noch Gagen und waren auf Arbeitslosenunterstützung angewiesen. Die Qualität der Aufführungen sank. 1952 war die Heimatbühne so verschuldet, dass sie ihren Betrieb einstellen musste.

1948 wurde die 1933 von den Nationalsozialisten aufgelöste „Volksbühne" wieder gegründet. Sie gewann rasch eine bedeutende Zahl an Mitgliedern. Ihr gelang es in den folgenden Jahren, gute Aufführungen auswärtiger Bühnen nach Hameln zu holen und damit wesentliche Tendenzen der westdeutschen Theaterkunst der Nachkriegszeit zu präsentieren. Schon bald platzte der Spielort, der Monopolsaal, aus allen Nähten.

Die Stadtbücherei

Die britische Besatzungsmacht hatte die städtische Bücherei 1945 geschlossen und angeordnet, vor einer Neueröffnung den Bücherbestand zunächst auf NS-Literatur zu sichten. 810 Bände wurden aussortiert.

In den Nachkriegsjahren prägten vor allem Raumnot, aber auch Mangel an Büchern die Situation der städtischen Bücherei. Vom Leseraum in der Alten Marktstraße zog sie Ende 1945 in das Rattenfängerhaus, wo die Räumlichkeiten nicht besser waren. Den öffentlichen Leseraum, für den die Briten kostenlos Zeitungen zur Verfügung stellten, nutzten viele als Wärmeraum, so dass er im Winter ständig überfüllt war.

Der Buchbestand war weitgehend veraltet und für die Nachfrage zu klein. Nennenswerte Neuanschaffungen waren erst seit 1948 möglich, als nach der Währungsreform die deutsche Buchproduktion wieder in Gang kam. Bücher für Kinder und Jugendliche waren rar.

Die Bildungsaufgabe, die der städtischen Bücherei in den 1950ern zukam, war immens. Nur etwa ein Drittel der westdeutschen Bevölkerung lasen gelegentlich oder öfter ein Buch. Mehr als ein Drittel der Haushalte besaß Mitte des Jahrzehnts überhaupt keine Bücher. Die belletristischen Bedürfnisse der Bevölkerung wurden zu einem guten Teil von privaten Leihbüchereien mit eigens dafür produzierter Trivial-

Hinter diesen Fenstern der neu errichteten Schule am Langen Wall war seit 1950 die Stadtbücherei untergebracht. Hier singt – anlässlich der Einweihung des Gebäudes – die Hamelner Kurrende. (Quelle: Stadtarchiv Hameln)

literatur und durch eine Unmenge von Heftchenromanen mit Landser-, Heimat-, Arzt-, Liebes-, Kriminal- oder Wildwest-Thematik befriedigt.

Im August 1950 erfolgte der Umzug der Stadtbücherei in die neu errichtete Schule am Langen Wall. Dort, wo ursprünglich – hinter den großen Schaufensterscheiben – Läden vorgesehen waren, bekam sie ihre Räume. Aber wieder war es zu eng, so dass die gewünschte Umwandlung in eine Freihandbücherei mit selbstständiger Ausleihe nicht möglich war und es beim Thekensystem bleiben musste. Der gerade 15 Quadratmeter große Leseraum war von erwachsenen Zeitungslesern überfüllt, so dass darüber nachgedacht wurde, eine gesonderte Lesehalle für Kinder und Jugendliche zu schaffen.

1957 zog die Jugendbücherei in die Alte Kaserne, und zwar in Räume des ehemaligen Arbeitsamtes an der Hermannstraße. Mit der Umstellung auf eine Freihandbücherei nahm sie dort einen starken Aufschwung und gewann zahlreiche neue Leser. In den hellen Räumen konnten sich die Kinder die Bücher selbst aus den Regalen holen. Beim Betreten der Bücherei erhielt jedes Kind einen nummerierten Holzstab, den es in die Lücke steckte, die bei der Entnahme eines Buches entstand.

Mit dem Auszug der Jugendbücherei aus den Räumen am Langen Wall hatte sich die Raumsituation der Stadtbücherei nur kurzfristig entspannt. Der Wunsch nach einem neuen Büchereigebäude in zentraler Innenstadtlage blieb in den 1950ern unerfüllt.

Die Volkshochschule

Der Aufbau einer Volkshochschule in Hameln begann früh, initiiert von sozialdemokratischen Kreisen und unterstützt von der Militärregierung. Das Konzept der Volkshochschulen kam aus der gewerkschaftlichen und sozialdemokratischen Tradition der Weimarer Zeit. Auf der Basis der britischen

Ein Blick in die Verwaltung der Stadtbücherei (Quelle: Stadtarchiv Hameln)

Zeitungswerbung der Volkshochschule aus dem Jahre 1946
(Quelle: Marlis Buchholz)

Kinowerbung der Volkshochschule Anfang der 1950er Jahre
(Quelle: Marlis Buchholz)

Demokratisierungs- und Umerziehungspolitik konnten sie sich erfolgreich entwickeln. Sie wollten offen sein für alle Menschen und grundsätzlich alle Wissensgebiete umfassen, wobei der politischen Bildung ein besonderer Vorrang zukam.

Der von der Militärregierung eingesetzte Stadtrat beschloss am 25. Januar 1946 die Gründung einer Volkshochschule in städtischer Trägerschaft. Bereits im Mai 1946 nahm diese ihre Arbeit auf. Insgesamt 400 Hörer hatten sich in die Kurse eingetragen, wobei englische Sprachkurse der „Renner" waren, während die Geisteswissenschaften, allen voran die politische Bildung, ein geringes Interesse verzeichneten.

Die finanzielle Situation der Volkshochschule war andauernd angespannt. Die Stadt war insbesondere nach der Währungsreform, als die Zahl der Hörer stark zurückging, nicht bereit, die Honorare der Dozenten in der alten Höhe zu zahlen und zog sich im Herbst 1948 aus der Trägerschaft zurück.

Nach der Trennung von der Stadt gelang es der Volkshochschule, sich besser zu entfalten und politische Gruppen wie die Gewerkschaften, aber auch Handel und Handwerk mit einzubeziehen. Für Hameln gründeten DGB und Volkshochschule die Arbeitsgemeinschaft „Arbeit und Leben", die es sich zur Aufgabe gemacht hatte, die Bildungsbedürfnisse der arbeitenden Bevölkerung zu befriedigen.

Stark umstritten – Der Bau der Weserbergland-Festhalle

Wohl kein Thema nach dem Abriss des beschädigten Rathauses und dem Ausbau des Ostertorwalles hat die Hamelner Bürger so intensiv beschäftigt wie der Bau eines neuen Theaters.

Angesichts des geringen Stellenwertes, den die Kultur in Nachkriegsjahren im städtischen Haushalt spielte, ist es aus heutiger Sicht erstaunlich, dass 1951 das Vorhaben auftaucht, ein Theater zu bauen.

Für die damalige Öffentlichkeit kam es auf jeden Fall überraschend. In nichtöffentlicher Sitzung am 31. August 1951 hatte der Rat einstimmig bei einer Enthaltung den „Kulturhausbau" beschlossen.

Die Bezeichnungen für das, was da entstehen sollte, wechselten zwischen Kulturhaus, Theater, Stadthalle und städtischer Festhalle. Das Kulturhaus sollte in der Hauptsache einen großen Theatersaal aus Parkett und Rang für etwa 900 Personen enthalten. Daneben waren ein kleinerer Versammlungsraum mit etwa 300 Plätzen und eine Gaststätte geplant.

Als Bauplatz war ein Teil des Sedanplatzes vorgesehen, auf dem bisher der „Rummel" Platz gefunden hatte. Für das südöstlich an den Sedanplatz sich anschließende Stadion, das damals noch die Briten beanspruchten, war die Umwandlung in einen „Bürgerpark" geplant. Dessen Abschluss sollte der repräsentative Theaterbau mit der breiten, gerundeten Glasfront seines Foyers bilden.

Begründet wurde der Bau damit, dass „eine Stadt von der Größe Hamelns einen solchen Bau nicht länger entbehren" könne. Oberbürgermeister Schütze[200] betonte sinnreich:
Der Mensch lebt nicht vom Brot allein, und viele hungerten gerade nach dem „geistigen" Brot.

Zuschüsse für den auf 800.000 DM geschätzten Bau konnte die Stadt nicht erwarten. Ihr Kulturhaus musste sie ganz aus eigener Kraft bezahlen.[201] Maßgeblich für die Entscheidung der Stadt dürfte gewesen sein, dass damals große Gewerbesteuerrückzahlungen flossen und es damit eine einmalige Gelegenheit gab, dem niederliegenden Kulturleben der Stadt aufzuhelfen.[202]

Bei seinem Beschluss wusste der Rat nicht, wie dringlich der Bau tatsächlich war. Der Monopolsaal an der Deisterstraße, in dem bisher Theateraufführungen und Konzerte stattfanden, war an ein Kinounternehmen verpachtet worden und sollte umgebaut werden. Nur noch an einem Tag in der Woche sollte er künftig dem Verein für Kunst und Wissenschaft und damit der „Hochkultur" zur Verfügung stehen.

Es war sicher kein Zufall, dass der Rat in nichtöffentlicher Sitzung abstimmte und dass auch in den Fraktionen offenbar auf Einmütigkeit im Rat großen Wert gelegt worden war. Der Rat wollte sich gegenüber der erwarteten Kritik keine Blöße geben und die Bevölkerung vor vollendete Tatsachen stellen.

Nachdem der Ratsbeschluss öffentlich geworden war, kam es zu einer außerordentlich heftigen Reaktion in der Bürgerschaft. Sie fand Platz in den Leserbriefspalten, aber auch in mehreren Versammlungen. Dieses Mal ging der Riss mitten durch die Bürgerschaft.

Ein Leserbriefschreiber[203] verlangte, in Zeiten des Wohnungselends „alle verfügbaren Mittel restlos dem Wohnungsbau zuzuführen". Ein weiterer sprach angesichts des in nichtöffentlicher Sitzung gefassten Beschlusses von „Rathausdemokratur" und verlangte nach Schweizer Vorbild einen städtischen Volksentscheid.[204]

Die Nachbarschaften erörtern das Thema eingehend.[205]

Großen Beifall fand die Meinung eines Nachbarn, der sagte, daß man mit dem Bau eines Kulturhauses der heutigen und der kommenden Jugend diene. Er sagte: „Wenn man heute sieht, daß die Jugendlichen in Scharen zu Wildwest-Filmen gehen oder andere ‚leichte' Veranstaltungen besuchen, dann muß sich die verantwortliche Elternschaft die Frage stellen:

‚Wo soll die wahre Kultur bleiben, die gerade bei uns Deutschen so geschätzt wurde?'" Das Wort „Kultur" wollte er dabei auf gute Musik und wirkliche schauspielerische Leistung bezogen wissen.

Allein, das blieb eine Einzelmeinung. Der „Nachbarschaftsrat" bezeichnete den Bau als „verfrüht" und bemängelte, dass für den Wohnungsbau nur ein Bruchteil dessen ausgeschüttet werde, was das Kulturhaus kosten solle.[206]

Die massivsten Proteste kamen verständlicherweise von den Flüchtlingen. Für den 21. September 1951 riefen sie zu einer „Protestkundgebung" im Gasthaus „Goldener Stern" zum Thema „Kulturhausbau oder Wohnungsbau" auf. Dort stellte ein Sprecher[207] fest:

Erst muß der Kulturbestand in seiner Keimzelle, nämlich in der Familie, gesichert sein. Darum wollen wir erst ein behagliches Heim.

Offenkundig wurden bei der Sitzung auch Drohungen laut:

Man werde sich die für das Kulturhaus stimmenden Ratsherren genau ansehen und sie in einer „schwarzen Liste" vermerken.[208]

Die Dewezet[209] warf dem Rat schwere taktische Fehler vor. Er habe es unterlassen, die Bevölkerung auf den Gedanken eines Neubaus genügend vorzubereiten. Der entscheidende Antrieb für ein solches Vorhaben dürfe nicht von der Verwaltung, sondern müsse von den Bürgern kommen.

Der Rat reagierte und kündigte für den 2. Oktober 1951 abends 19.30 Uhr eine öffentliche Ratssitzung über den Bau einer städtischen Festhalle in der Aula der Mittelschule an. Aus dem Bericht der Dewezet[210]:

Die Abstimmung hatte angesichts der überfüllten Mittelschulaula den Charakter eines Bekenntnisses. Man erhob sich von den Plätzen und brachte damit zum Ausdruck. daß man sich auch angesichts der am Vortage in einer Versammlung erhobenen Drohungen nicht scheute, die Verantwortung für den Bau des Kulturhauses zu übernehmen.

...

Eine festliche Note erhielt die Sitzung noch durch die Mitwirkung eines Männerchors, des MGV 48, der mit dem Vortrag des Goethewortes „Feiger Gedanken bängliches Schwanken" und dem Schlußchor „Ans Werk" das Vorhaben musisch verbrämte.

Aus der Aussprache sei nur eine charakteristische Stimme angeführt.

Ratsfrau Krüppel (SPD) „führte die Gefährdung der Jugend nicht so sehr auf die Wohnungsverhältnisse, als vielmehr auf die Schundliteratur und die Wildwestfilme zurück und sah hierin eine Notwendigkeit, ein Kulturhaus zu bauen und der Jugend etwas Besseres zu bieten. Sie erhielt dafür starken Beifall bei der anwesenden Jugend.

Architekt des Baues, für den es keine Ausschreibung gegeben hatte, war Werner Wünschmann; Schäfer war beratend tätig gewesen. Weich geschwungene Formen lassen die verschiedenen Funktionsbereiche – hohes Bühnenhaus, Saal, Foyer und Treppenhaus – im Äußeren zur Geltung kommen. Die leicht gebogene Glasfront des

Das Foto zeigt den großen, klar nach Funktionen gegliederten Baukörper der Weserbergland-Festhalle.
(Quelle: Stadtarchiv Hameln)

Zur Eröffnung am 2. Januar 1953 waren u. a. Ministerpräsident Kopf, Regierungspräsidentin Bähnisch, Landesbischof Lilje, Agnes Miegel und Hans Grimm geladen. Heinz Hilpert vom Deutschen Theater Göttingen hielt den Eröffnungsvortrag. Am Abend der Eröffnung wurde Mozarts „Zauberflöte" durch das Landestheater Hannover aufgeführt und die geladenen Gäste in festlicher Gala ins Reich der reinen Töne entführt.

Die Theater als Orte bürgerlicher Repräsentation und Festlichkeit erlebten in den 1950ern einen Bauboom. Hameln war eine der ersten norddeutschen Mittelstädte, die sich trotz katastrophalem Wohnraummangel entschlossen hatte, erhebliche Geldbeträge in ein großes Kulturbauwerk zu investieren. Der Bau der Festhalle kostete mit 1.375.000 DM deutlich mehr als ursprünglich veranschlagt.

Foyers ist zum geplanten Bürgergarten ausgerichtet. Ein auffallendes Merkmal waren die blauen Eingangstüren mit ihren Bullaugenfenstern.

Die leichte Konstruktion mit ihrer kargen Ästhetik und der Verwendung von viel Glas ist typisch für den Baustil der Nachkriegszeit.

Es gab aber anschließend keinen Zweifel an der Notwendigkeit, das Hamelner Theater als städtische Einrichtung zu betreiben.

Vom Foyer aus führen zwei filigran gestaltete Treppen zum Rang.
(Quelle: Stadtarchiv Hameln)

Die repräsentative Eingangsfront nachts (Quelle: Stadtarchiv Hameln)

Der Bau erhielt den Namen Weserbergland-Festhalle und der darin liegende Anspruch war durchaus berechtigt. Schon der Vorverkauf von Anrechtskarten für ein Abonnement lief außerordentlich erfolgreich. Bereits vor Eröffnung waren etwa 1.000 Abonnements vergeben. Im weiten Umkreis von Eschershausen bis Bad Nenndorf zog das Theater Besucher an. Die Reichhaltigkeit des Spielplans verdankte sich dem Entschluss, auf ein eigenes Ensemble zu verzichten und nur Gastspiele zu veranstalten. Der Bau machte Hameln zum kulturellen Mittelpunkt des Weserberglandes.

Die Theaterspielpläne der 1950er Jahre zeigen in allen Städten ähnliche Tendenzen. Auf der subventionierten Bühne standen Klassiker an der Spitze der meistgespielten Autoren, allen voran Schiller und Shakespeare. Zeitgenössische Stücke waren Mangelware. Lediglich die beiden Schweizer Autoren Friedrich Dürrenmatt und Max Frisch wurden immer wieder aufgeführt.

Der Bau der Weserbergland-Festhalle brachte nicht nur Theaterbesucher, sondern auch überregional wichtige Tagungen, Kongresse und andere Veranstaltungen nach Hameln. Besonders das „Kleine Haus" war häufig ausgebucht und erwies sich bald als zu klein. Hameln wurde Tagungsstadt.

Die Pflege der bildenden Künste und der Bau des Kunstkreisstudios

Die NS-Diktatur hatte die freie Diskussion über die Kunst untersagt und Deutschland von der Entwicklung anderer Länder abgekoppelt. Jetzt galt es, Anschluss zu gewinnen an europäische Kunst, an die Weltkunst. Innerhalb der verschiedenen Kunstsparten waren auf dem Gebiet der Bildenden Kunst die Defizite in Hameln wohl am größten.

Bereits 1945 bildete sich eine Hamelner Ortsgruppe des Bundes der Bildenden Künstler. Dazu gehörten z. B. Josef Apportin, Max Finné und Rudolf Riege. Aus diesem Kreis gründete sich 1952 die Künstlergruppe Arche, die in Hameln regelmäßig Ausstellungen veranstaltete. An die Verfertigung von Kunst war zunächst aber gar nicht zu denken. Um ein paar Mark zu bekommen, wich man aus auf Werbung und Gestaltung von Kinoplakaten, Buchillustration und Schriftgestaltung. Farben zu bekommen, war fast unmöglich. Teure Leinwand wurde ersetzt durch Nessel oder Pappe.

Der 1948 auf Initiative von Charlotte und Rolf Flemes gegründete Kunstkreis setzte sich zum Ziel, größere Kreise für die Arbeit von Künstlern zu interessieren. Er unterstützte und präsentierte vor allem Künstler der Region. Neben Ausstellungen, Studienfahrten, Diskussionsabenden und Führungen für die wachsende Mitgliederzahl vergab er auch Reisestipendien an Künstler (vgl. die Ausstellungsreihe „Maler auf großer Fahrt") und unterstützte Künstler durch Ankäufe ihrer Arbeiten.

In einem Brief an den Regierungspräsidenten umriss Rolf Flemes[211] die Ziele folgendermaßen. Der Kunstkreis diene

zur Förderung der Bildenden Künste, als Zusammenschluß von Kunstförderern und Künstlern, um insbesondere die Notlage der lebenden Künstler zu mildern und ganz allgemein die Menschen wieder mit den Dingen der Kunst vertraut zu machen, insbesondere auch die Jugend für unsere Ziele zu gewinnen.

Die Suche nach einem geeigneten Ausstellungsraum und nach Sponsoren erwies sich als schwierig; das Museum lehnte ab und die Stadt war nur zu einer geringen Förderung bereit. Die Hannoversche Presse[212] sprach von einem „peinlichen Passivposten".

Die bildende Kunst fand (in Hameln) bisher keine Pflegestätte.

Die erste Ausstellung musste im August 1949 im Möbelhaus Tospann in der Osterstraße stattfinden. Gezeigt wurden Werke des Bildhauers Fritz Klimsch. Dieser war nun gerade ein Künstler, der sich im Nationalsozialismus stark exponiert hatte. Aber man wollte offenbar mit einem traditionellen Künstler beginnen, der bekannt war und der naturalistisch arbeitete. Das Publikum war froh, Plastiken zu sehen, die der Tradition entsprangen.

1952 rückte der Gedanke eines eigenen Studiobaus näher. Verhandlungen mit der Stadt über die Überlassung eines Bauplatzes waren 1954 erfolgreich. Die Kunsthalle sollte auf dem Sedanplatz, dem heutigen Rathausplatz, neben der Weserbergland-Festhalle verwirklicht werden. Kleine und kleinste Spenden der Mitglieder, Zuwendungen der Industrie und ein Zuschuss des Kultusministeriums ließen auf einen Baubeginn im Frühjahr 1954 hoffen.

Dem Neubau war ein Wettbewerb voraus gegangen, aus dem Professor Dieter Oesterlen aus Hannover als erster Preisträger hervorgegangen war. Der ursprünglich vorgesehene Standort unmittelbar neben der Festhalle, den Oesterlen stark favorisierte, bereitete der Stadt jedoch Kopfzerbrechen. Er hätte den Platz, den die Stadt als Parkraum vorgesehen hatte, stark verkleinert.

Auf Drängen der Stadt wurde das Studio schließlich ganz am Rande, auf dem Gelände neben bzw. hinter dem Finanzamt (später Landeszentralbank), gebaut. Oesterlen musste seinen Entwurf umdrehen, weil der Eingang nun von Westen erfolgte. Dadurch befanden sich die eigentlichen Ausstellungsräume rechts neben der Eingangshalle. Durch diese Verzögerung konnte erst 1957 im April das Richtfest gefeiert werden. Weil es kein rauschendes Fest werden sollte, trank man das Bier aus der Flasche.

Der funktionalistische, in den Formen ganz zurückhaltende und sehr qualitätsvolle Bau war und ist in Hameln einzigartig. Im Inneren birgt er einen 200 qm großen Ausstellungsraum und hinter dem Foyer ein kleines Atrium, das durch eine Mauer vom Bürgergarten abgeschirmt ist.

Oesterlen[213] betonte in seiner Ansprache zum Richtfest, dass der Bau kein Vorbild habe. Von außen sehe man nur Mauern. Der Baukörper sei vollständig

Ursprünglich sollte das Kunstkreisstudio „gleichberechtigt" neben der Weserbergland-Festhalle zu stehen kommen.
(Quelle: Archiv der Dewezet)

Das Studio des Kunstkreises steht heute am östlichen Rand des Rathausplatzes.
(Quelle: Archiv der Dewezet)

von der Außenwelt abgeschlossen und erhalte sein Licht durch die Decke. Dadurch seien alle Wände frei für die Kunstwerke; der Besucher werde durch nichts abgelenkt. Um auch Seitenlicht zu haben, habe er eine große Öffnung zum Hof gelassen, die man aber durch einen Vorhang nach Bedarf schließen könne.

Am 26. Oktober 1957 wurde das Haus des Kunstkreises eingeweiht. Bundespräsident Theodor Heuss hob in einem Glückwunschbrief hervor, es sei beispielhaft, was hier aus privater Initiative geschaffen worden sei. Professor Dr. Georg Hoeltje, Hannover, hatte seinem Festvortrag den treffenden Titel „Vom Ort der Kunst" gegeben.

Aus dem reichen Ausstellungsprogramm der Jahre 1949 bis 1959[214] seien folgende Namen hervorgehoben: 1951 Hokusai, Rudolf Riege und Gerhard Marcks, 1952 Alfred Kubin, 1953 Georg Kolbe, 1955 Frans Masereel, 1958 Wilhelm Hauschteck, 1959 Marc Chagall und Pablo Picasso. Damit führte der Kunstkreis das Hamelner Publikum schrittweise an die Moderne heran und widersetzte sich erfolgreich dem konservativen Kunstbegriff, der in Deutschland vorherrschte.

Über den Weg der zeitgenössischen Malerei kam es in den 1950er Jahren in Deutschland zu einer erbitterten Kontroverse. Der österreichische Kunsthistoriker Hans Sedlmayr konnte vom „christlich-abendländischem" Standpunkt her die Abstraktion in der Bildenden Kunst nur als Abfall von Gott und „Verlust der Mitte" bewerten. Die Befürworter der Moderne sahen dagegen in der nichtgegenständlichen Malerei die allein ehrliche und zeitgemäße Auseinandersetzung mit einer chaotisch entgleisten Welt.

Abstrakte Kunst, wie sie auf den imponierenden Ausstellungen der Kasseler Documenta 1955 und 1959 gezeigt wurde, schien mit westlicher Freiheit verbunden. Das breite Publikum war von der Diskussion um die moderne Kunst ziemlich unberührt. Soweit überhaupt bekannt, war Picasso für die Mehrheit der Deutschen nur ein Symbol schrägen Geschmacks. Man liebte gegenstandsnahe, leicht verständliche Kunst.

Das Jahrzehnt des Kinos

Die Briten sicherten dem Kinobesuch einen hohen Stellenwert zu und setzten die Kinos bei der Materialversorgung, etwa mit Glühbirnen, nach den Krankenhäusern an die zweite Stelle – noch vor die Schulen. Das Kino sollte die willkommene Abwechslung vom grauen Alltag bringen.

Bevor die Zuschauer für 90 Minuten dem Alltag entfliehen konnten, wurden ihnen via Wochenschau („Die Welt im Film") die Besatzungsmächte als Garanten des demokratischen Aufbaus präsentiert.

Dieser kritische Kamerablick war bei der Bevölkerung wenig beliebt. Als die Militärregierung im Juli 1945 den von den Alliierten in den Konzentrationslagern nach der Befreiung gedrehten Dokumentarfilm „Todesmühlen" in Hameln aufführen ließ, kam es zu massiven Protesten.[215] Das Publikum liebte andere Filme. In den Jahren nach 1945 wurden überwiegend unpolitische Unterhaltungsfilme aus deutscher Kriegsproduktion gezeigt, z.B. die Feuerzangenbowle (1944) und Große Freiheit Nr. 7 (1944).

Bei erschwinglichen Eintrittspreisen von 0,90–1,50 DM blieb auch nach der Währungsreform der Kinobesuch sehr gut, ja, er nahm noch stark zu. Die 1950er Jahre gelten als das deutsche Kinojahrzehnt. In den Hochzeiten des Kinos gab es sechs Lichtspieltheater in Hameln, nicht gerechnet das britische Soldatenkino („Globe", Ecke Süntelstraße/Basbergstraße). Zunächst hatte es drei gegeben, die Schauburg in der Deisterstraße 70, die bis 1947 von den Briten beschlagnahmt war, die Kammerspiele in der Osterstraße 13 und das Capitol am Ostertorwall. Die Besucherzahl dieser Kinos war außerordentlich hoch und lag Ende 1948 bei monatlich 68.000.

Im Oktober 1951 wurden im umgebauten „Monopol"-Saal die UT-Palast-Lichtspiele (später Deli, zuletzt Kino-Center) mit 800 Plätzen als größtes Hamelner Kino eröffnet. Die Besucher saßen nun durchweg auf Polstersitzen, in Reihen, die nach hinten zu anstiegen. Im Klütviertel gab es ein mit 260 Plätzen recht kleines Kino, die Fortuna-Lichtspiele im Pyrmonter Hof, später umbenannt in Klüt-Lichtspiele.

Als sechstes Hamelner Kino öffnete 1952 der Neubau der Scala-Lichtspiele mit 450 Plätzen in der Deisterstraße 47. Das von dem Architekten Wilhelm Vollmer errichtete Haus besaß als Fassade eine große, nachts erleuchtete Glaswand mit moderner Lichtreklame. Der Zugang zum Foyer befand sich unter Arkaden.

Gedämpfte Farbengebung, dezente Beleuchtung und der harmonische Zusammenklang von Parkett, Rang und Bühne geben dem Theater einen kammerspielartigen Charakter und lassen etwas von dem festlichen Gefühl aufkommen, durch das ein Kunstgenuß so sehr erhöht wird.[216]

Die Front des Scala-Lichtspieltheaters hat ihren ursprünglichen Stil teilweise verloren. (Quelle: Gelderblom)

Zur Eröffnung wurde der Film „Grün ist die Heide" gezeigt. Weil der Film den damaligen Publikumsgeschmack charakterisiert, sei aus einer Besprechung der Dewezet[217] zitiert:

Das Dämmern des Waldes, durch das ein Kapitalhirsch geistert, der Morgennebel, der zartrosa Untergrund des blühenden Heidekrautes, das Dunkelgrün des Wacholders und das Ziegelrot der Heidedörfer erfreuen das Auge, ohne daß es durch ein Zuviel ermüdet wird.

Der Film hat Stimmung und berührt auch das Herz der Vertriebenen, wenn das Riesengebirgslied aufklingt und wenn sie ihre Landsleute in alten schlesischen Trachten sehen. In dem heimatvertriebenen Gutsbesitzer, der im fremden Wald von seiner Jagdleidenschaft übermannt wird, und in dem jungen Förster, der Wald und Wild zu hüten hat, fand das Drehbuch die beiden Gegenpole. Aber da ist auch das Töchterlein des Wilderers, das rechtzeitig den todbringenden Lauf des Forstmanns beiseite schlägt und mit der Kraft der Liebe alles ins reine bringt.

Plakat zum Film „Grün ist die Heide" (Quelle: Archiv der Dewezet)

Landstreicher, Zirkusleute und die kleinen Honoratioren des Heidedörfchens stehen am Rande dieses Geschehens und sorgen für Abwechslung und Unterhaltung. Gewiß, das Drehbuch ist leichte Ware, aber mit der Qualität der Darstellung und auf dem echten Hintergrund der Heidelandschaft hat der Farbfilm alle Voraussetzungen, ein Publikumsfilm zu werden.

Die „größte Umwälzung an der Leinwand seit der Einführung des Tonfilms"[218] fand in Hameln 1954 statt. Damals waren die ersten amerikanischen Cinemaskop-Filme zur Vorführung bereit. Als erstes Kino erhielt im Juni 1954 das Capitol eine 8,20 Meter breite konkave Großleinwand. Durch die Verbreiterung des Bildfelds und vier stereophonische Lautsprecher wollte man den Zuschauer unmittelbar ins filmische Geschehen hineinversetzen. Die Wiedereröffnung des Capitol wurde mit dem Film „Rosen-Resli" nach der Novelle von Johanna Spyri gefeiert.

In den Filmen der fünfziger Jahre, besetzt mit den vertrauten Ufa-Stars der Zeit vor 1945 und gedreht von deren Regisseuren, spiegelte sich die nach den Katastrophen besonders ausgeprägte Sehnsucht nach einer heilen und von materiellen Sorgen freien Welt. Etwa ein Viertel aller westdeutschen Uraufführungen entfiel auf das Genre „Heimatfilm", den typischen Tagtraum der Wiederaufbaujahre.

Auch in anderen Filmstoffen, besonders über den privaten Alltag populärer Monarchen (legendär die „Sissi"-Filme) wurden vorzugsweise politikferne und autoritäre Verhaltensmuster transportiert. Gegenüber „Förstern und Fürsten" hatten es die wenigen „Problem"-Filme schwer. Seit Mitte der 1950er Jahre kam auch eine ganze Reihe von Kriegsfilmen in die Kinos, die das hohe Lied der Wehrmachtskameradschaft sangen. Etwa 40 Prozent der Filme wurde aus Hollywood importiert, vornehmlich Kriminalfilme und Western.

Film-Club Hameln – Spielfilme – Kulturfilme – Vorträge – Diskussionen
(Quelle: Privat)

Dass in Hameln Interesse an anspruchsvollen Filmen vorhanden war, zeigte die Gründung eines Filmklubs im Jahre 1954. Er wollte „Wegbereiter für den guten, künstlerisch wertvollen Film" sein.

Der Filmclub veranstaltete in den Klüt-Lichtspielen jährlich zwölf Filmabende und lud darüber hinaus zu Diskussionsabenden ein. Leider waren besonders die Diskussionsabende nicht gut besucht und die Zahl der Mitglieder ließ zu wünschen übrig. Der Filmclub erwies sich als nicht lebensfähig und wurde im November 1957 aufgelöst.

Die Pflege der Sage vom Auszug der Kinder

Das Rattenfängerspiel als Touristenmagnet

Am 27. August 1951 fand sich die folgende Reportage in der Dewezet:

Menschenmauern um die Terrasse, parkende Autobusse auf dem Pferdemarkt und bis zur Deisterstraße. Fremde zu Fuß, zu Rad, im eigenen Kraftwagen, deutsche, englische, ja, französische Laute, Hälserecken und artistische Versuche, über die Köpfe der tausendköpfigen Menschenmenge doch etwas zu erhaschen – das war gestern um 12 Uhr wieder das Kennzeichen der Gegend um das Hochzeitshaus. Es hat sich anscheinend schon weithin herum gesprochen, daß aus dem Aufzug des Rattenfängers nun ein wirkliches Spiel in schönen Kostümen geworden ist und der Andrang war womöglich noch größer als bei der ‚Premiere' vor acht Tagen.

Überdies hat der Verkehrsverein ein zugkräftiges neues Plakat ausgehängt, das hoffentlich auch noch an den Einfallstraßen angebracht wird, um nichtsahnende Durchreisende wenigstens für die Zeit der Spiele hier festzuhalten.

Wieder stieß der Herold ins Horn, der Bürgermeister hatte seine Stimme verstärkt und die Handlung war schon ein wenig mehr nach vorn verlegt worden, so daß der „Rat" nicht mehr der Mehrzahl der Zuschauer den Rücken zuwendet. Trotzdem gab es noch allzu viele Enttäuschte, die nicht das Ende abwarteten. Oberbürgermeister und Oberstadtdirektor, die mit zahlreichen Ehrengästen dem Spiel beiwohnten, werden sich überzeugt haben, daß der Auftritt ihres „Kollegen" Bürgermeister aus früheren Tagen seinen Zweck verfehlt, wenn nicht noch bessere Sicht geschaffen werden kann. Was helfen die Dutzende von Spiegeln, die gestern wieder gezückt wurden? Und nicht jeder kann wie der Tommy auf die Schultern seines Vordermannes klettern, um mit der Kamera zum Schuß zu kommen. Auch die halsbrecherischen Kletterkünste der Jugend würden besser unterbunden.

Ausländer kommen jetzt in Massen. Wir sahen in der Osterstraße einen französischen Luxus-Omnibus, der nach den Wimpeln und Fähnchen über dem Führersitz den Weg von der Biskaya und den Pyrenäen zu uns gefunden hat. Auch von den Angehörigen der Besatzung will jeder wenigstens einmal das Spiel von der in England so berühmten Sage erlebt haben, und die Besucher kommen selbst aus entfernter liegenden Garnisonen.

Wir brauchen unbedingt Tribünen! – Diese Ansicht äußerte auch der Geschäftsführer des Verkehrsvereins, Herr Schlegel. Für dieses Jahr wird es allerdings wohl zu spät sein. Aber da die Spiele noch bis zum Oktober dauern, läßt sich vielleicht noch ein Provisorium schaffen.

Die Rattenfängerspiele waren Anfang der 1930er Jahre durch Magda Fischer begründet worden. Magda Fischer, die selbst den ersten Rattenfänger darstellte, hatte die Spiele als einfachen Reigentanz zu Flötenmusik gestaltet. Am 19. Juni 1949 wurden die Spiele in der von Magda Fischer gestalteten Form wieder aufgenommen, nun auf dem „Platz", den der Abriss des Rathauses hatte entstehen lassen.

Viele alte Kostüme mussten zunächst aufgefärbt werden. Jetzt strahlt alles in leuchtenden Farben. Sämtliche ‚Rattenschwänze' wurden neumontiert, Blumen für Haarkränze gehäkelt, Mützen mit Samtbandgitter hergestellt, alles dies mit sparsamsten Mitteln.[219]

Ein Bildberichterstatter aus Washington filmte eifrig vom Erker des Hochzeitshauses.[220]

Schon damals sicherte das Spiel um die alte Sage der Stadt die Aufmerksamkeit in- und ausländischer Touristen.

Wo die Spiele ihren besten Platz hätten, wurde immer wieder diskutiert. Der Platz zwischen Marktkirche und Hochzeitshaus erwies sich als ungünstig, weil mangels Tribünen oder einer erhöhten Bühne die Sicht vielen Zuschauern versperrt blieb und weil durch den zwischen Hochzeitshaus und Marktkirche liegenden Lüttjen

Die Rattenfängerspielschar beim Reigentanz mit Rattenfänger Albin Schiebel 1954 auf einem Podium vor dem Hochzeitshaus (Quelle: Stadtarchiv Hameln)

Markt ein rückwärtiger Abschluss fehlte. 1957 und 1958, aber auch schon früher, fanden die Spiele deswegen im Bereich der Alten Marktstraße vor der Kulisse der Feuerwehr statt, wurden aber wegen der zu beengten Raumverhältnisse zur 675-Jahr-Feier der Sage 1959 wieder an ihren alten Ort zurück verlegt.

So wie im Jahre 2008 auch gingen die Ansichten über die Ausgestaltung der Hochzeitshaus-"Terrasse" weit auseinander. Damals „zierte" zusätzlich noch ein für die Bediensteten der Stadtverwaltung errichteter massiver Fahrradschuppen den Ort.

1961 wurde ein vergrößertes Holzmodell des Bäckerscharrens, der ursprünglich Rathaus und Hochzeitshaus verbunden und den Krieg fast unversehrt überstanden hatte, fest zwischen Kirche und Hochzeitshaus installiert. Er sollte den Spielen die nötige Kulisse bieten und gleichzeitig die Rattenfängerkunstuhr und das Glockenspiel aufnehmen. Doch auch diese Lösung hielt nicht stand. Der eigentlich zierliche Scharren wirkte an diesem Ort wie ein „Triumphbogen" und wurde 1964 wieder entfernt.

In den Jahren entwickelte sich auch das Spiel weiter. 1951 erlebten die Zuschauer eine Wiedergabe der alten Sage durch die Laienschauspieler in flüssiger und temperamentvoller Handlung. 1956 übernahm Studienrat Friedrich Flügge, Leiter der Theatergruppe des Schillergymnasiums, die Regie und schuf auf Grundlage einer Textfassung von Frau Sponholtz eine völlige Neuinszenierung, die vom Charakter her einer lebendigen Freilichtaufführung nahe kam. Zur 675-Jahr-Feier des Rattenfängers im Jahre 1959 wurde dann ein umfangreiches Programm mit Oper und Film aufgestellt.

Ein neues Rattenfänger-Denkmal

In den frühen 1950er Jahren beschäftigten sich Rat und Öffentlichkeit intensiv mit Überlegungen für die Schaffung eines neuen Rattenfängersymbols. Im Interesse des wachsenden Fremdenverkehrs, der 1950 bereits über 28.000 und 1955 über 60.000 Übernachtungen in Hotels und Gaststätten zählte, suchte die Stadt, die ohnehin an Denkmälern und Brunnen arm war, eine künstlerische Verkörperung der weltberühmten Sage, um den Gästen mehr zu bieten als Brotratten und andere Andenkenartikel.

Die Überlegungen gingen hin und her, schwankten zwischen der Schaffung eines neuen Denkmals bzw. Brunnens einerseits oder der Wiederherstellung der Rattenfängerkunstuhr mit ihrem Glockenspiel andererseits. Die Kunstuhr hatte den zum Lüttjen Markt schauenden Giebel des abgerissenen Rathauses geziert. Die vorhandenen Denkmäler wurden entweder als ungenügend empfunden oder befanden sich an Orten, die der Öffentlichkeit entzogen waren.

Die einzige öffentliche Plastik war damals die von „Hunold und Gertrud". Das Denkmal aus den 1880er Jahren hatte ursprünglich auf der Einmündung der Thietorstraße in den Thiewall gestanden. Der „Hunold" des Brunnens war ein tändelnder Troubadour, dem es niemand glauben mochte, dass er junge Menschen dazu verführen könnte, ihm ins Verderben zu folgen. Hunold und die frei erfundene Gestalt der „Gertrud" entstammten der romantischen Sagenauslegung des Dichters Julius Wolff vom ausgehenden 19. Jahrhundert. Schon in den 1930er Jahren hatte der Rat das künstlerisch recht unbedeutende Denkmal an eine weniger auffällige Stelle – auf den nahen Spielplatz am Thietor – versetzen lassen, wo es Kindern eine Freude

Die Steinskulptur des Erfurter Künstlers Hans Walther-Ihle wurde 1931 als tragende Säule neben einem Ehrenmal für die im Ersten Weltkrieg gefallenen städtischen Angestellten im Eingangsbereich des Hochzeitshauses aufgestellt. Die Rattenfängersage wird hier mit der Totenehrung in Verbindung gebracht. Die wertvolle Skulptur wurde 2004 wegen des Umbaus des Hochzeitshauses für die „Erlebniswelt Renaissance" entfernt. (Quelle: Stadtarchiv Hameln)

bereiten mochte. 1957 befand es sich in einem derart verwahrlosten Zustand, dass es auf den städtischen Bauhof geräumt wurde.

Der von dem Künstler Hans Walther-Ihle geschaffene Rahmenfries der Bühne im ehemaligen Stadtsaal der Garnisonkirche war seit der Nutzung des Gebäudes durch die Stadtsparkasse nicht mehr für jedermann zugänglich. Im Jahre 1925 hatte die Stadt in die schon lange nicht mehr als Gotteshaus genutzte Garnisonkirche eine Zwischendecke einziehen lassen. Der untere Teil diente für Kunstausstellungen, der obere wurde als Stadtsaal mit Bühne ausgebaut. Hans Walther-Ihle folgte bei diesem Fries einer Deutung der Rattenfängersage, die den Kinderauszug als Auszug der wehrhaften Mannschaft zur Schlacht bei Sedemünder deutete. Im Kampf mit den Soldaten des Mindener Bischofs wurde das kleine Hamelner Heer im Jahre 1260 vollständig aufgerieben.

Beim Umbau des Hochzeitshauses gestaltete derselbe Künstler 1931 die Treppensäule im Eingangsbereich. Die Rattenfängersage wird auch hier mit der Schlacht bei Sedemünder in Verbindung gebracht und dient der Totenehrung. Vielleicht war diese Figur in ihrer Haltung und Schlichtheit die reifste Verkörperung der Hamelner Sagengestalt. Die Skulptur wurde 2004 wegen des Umbaus des Hochzeitshauses für die „Erlebniswelt Renaissance" entfernt.

Die Diskussion krankte daran, dass alles offen war, nicht nur die Art der Darstellung, sondern auch der Standort. Dabei war die Frage, wie das Denkmal aussehen sollte, ganz davon abhängig, wo es seinen Standort finden würde.

Es fehlte nicht so sehr das Geld, sondern die „zündende Idee", der „künstlerische Funke". Für die nahe liegende Wiederherstellung der Rattenfängerkunstuhr schien das Rathaus ein idealer Ort; aber dessen Wiederaufbau schien auf unbestimmte Zeit vertagt.

Erst 1960 war der Prozess des Suchens und Überlegens abgeschlossen. Noch einmal hatte die Stadt den Künstler Hans Walther-Ihle um einen Entwurf gebeten. Der damals siebzigjährige Künstler hatte 18 Monate an dem umfangreichen Projekt gearbeitet. Nun erwies sich, dass sich das lange Warten gelohnt hatte.

Der neue Rattenfängerfries war in leicht bläulich schimmerndem Terrakotta, also gebranntem Ton, gestaltet und schmückte als Relief die Aulawand der Frauenberufsschule hinter dem Münster. Formal lehnte er sich an den Bühnenfries im Stadtsaal an.

In vollplastischer Darstellung tritt die über zwei Meter große Gestalt des Rattenfängers aus der ihm folgenden Schar heraus und steht dem Betrachter Auge in Auge gegenüber. Das ist nicht der verführerische Spieler, der Vagant mit flottem Hütchen, der mit seinen bunten Melodien Ratten und Kinder hinreißt.

Der Künstler folgte der damals neuen Sagendeutung durch den Sudetendeutschen Dr. Wann, welche den Kinderauszug mit der Ostkolonisation in Verbindung brachte, und verknüpfte diese mit dem aktuellen Geschehen der Vertreibung aus dem Osten. Dem legendären Auszug im Jahre 1284 steht die erzwungene Rückkehr in die Stadt der Väter gegenüber, aber auch das durch Flucht und Vertreibung verursachte vielfache Sterben.

In einem Faltblatt des Hamelner Verkehrsvereins aus dem Jahre 1961 findet sich der folgende von Moritz Oppermann formulierte Erläuterungstext. Er sei im Wortlaut zitiert, um das Denkmal aus der damaligen Zeit zu würdigen.

Die Pfeife ist abgesetzt, kein Lied erklingt; ein ernstes, von schwerer Verantwortung gezeichnetes Gesicht blickt in eine ungewisse, fast bange Zukunft. Hinter ihm keine Kinder, sondern Männer und Frauen, ernst und entschlossen in allen Zügen des Ausdrucks und der Haltung, wissend um was es geht. In mitreißender Gestaltung

Der von Hans Walther-Ihle geschaffene, in Terracotta gestaltete Rattenfängerfries (Ausschnitt) schmückt inzwischen den Eingang zum Bürgergarten.
(Quelle: Gelderblom)

folgen zwei Planwagen, die noch deutlicher werden lassen, daß es sich um einen wohlvorbereiteten Auszug handelt, um den der Zeit schuldigen Tribut der Stadt an Männern und Frauen für die Ostlandsiedlung. Unheilschwanger nimmt der zweite Wagen die scharfe Kurve, aber aufrecht und zuversichtlich drängt hinter ihm der nicht endenwollende Zug, der aus den Toren der Stadt quillt. Die Jahreszahl 1284, die über diesem Teil des Zuges in der Mauer schwebt, gibt die Beziehung zu dem Unglücksjahr der Stadt, an dessen Aufhellung man seit Jahrhunderten wie auch hier rätselt.

Wiederum ist der Stadt wie allem deutschen Land ein unfaßbarer Schicksalsschlag bereitet worden. Das Jahr 1948 schwebt über dem zermürbten und geschlagenen Haufen von Männern und Frauen, die ohne Wagen, ohne jeglichen Besitz von rechts heranziehen und hoffen, in den Mauern der schützenden Stadt eine Zuflucht zu finden. Deutsches Ostlandschicksal vollendete sich, zerbrach nach 700 Jahren.

Nicht nur deutend, auch symbolisch ist der Unglückszug des Hamelner Pfeifers in dieses erschütternde Schicksal und sein in Würde und Größe gestaltetes Denkmal einbezogen.

Zahlreiche ergreifende Einzelheiten hat Hans Walther-Ihle in dem insgesamt 58 Figuren umfassenden Relief gestaltet. Im Zug, der die Vertriebenen von 1945 verkörpert, zieht ein Elternpaar einen Kinderwagen – aber wer diesen Wagen mit schiebt, ist der Tod. Der letzte des Zuges wendet noch einmal den Blick zu den verlassenen Häusern im Hintergrund. Dennoch soll dieser Zug nicht hoffnungslos erscheinen, denn hinter den Vertriebenen leuchtet die Sonne auf.

Ein großartiges Denkmal – bis heute von starker künstlerischer Ausdruckskraft, auch wenn uns fünfzig Jahre später das Erleben von Krieg, Flucht und Vertreibung nicht mehr so bedrängend nahe ist wie den Menschen damals.

Nach der Erweiterung der Berufsschule steht das Denkmal seit 1990 auf einem eigens dafür geschaffenen Torbogen am Südeingang zum Bürgergarten.

13 Anstelle eines Rückblickes

Am Ende der 1950er Jahre begann das Adjektiv „modern" zum Inbegriff für den Abschied von der Fixierung auf die „guten alten Zeiten" zu werden. Die neuen Zeiten selbst gaben zu immer mehr Optimismus Anlass. So viel Aufbruch war nie.

Es gab keinen Zweifel: Die Moderne ist westlich; sie kommt aus den USA. Die politische und wirtschaftliche Orientierung nach Westen verband sich besonders für den jüngeren Teil der Bevölkerung am Ende der 1950er Jahre zu einem Lebensgefühl, das mit Begriffen wie Freiheit, Lockerheit und Zivilität umschrieben werden konnte.

Mit Bauwerken wie dem Kunstkreis, der Weserbergland-Festhalle und dem Verwaltungsgebäude des Beamtenheimstättenwerkes dokumentierte auch Hameln seinen Anspruch, an der westlichen Moderne teilzuhaben.

1960 hatte sich Hameln zu einer ausgeprägten Industriestadt entwickelt und litt bereits unter dem Mangel an Arbeitskräften. Nach der Armut der ersten Nachkriegsjahre zeichneten sich die Konturen des Massenkonsums ab. Die stetige Zunahme des Wohlstandes hatte dafür gesorgt, dass die großen gesellschaftlichen Kräfte die Grundfragen der Wirtschafts- und Sozialpolitik im Konsens angehen konnten. Die 1950 noch unlösbar scheinende Aufgabe der Integration der Flüchtlinge und ihrer Versorgung mit Wohnraum war weitgehend bewältigt.

Die Krise der deutschen Industrie, die ein Jahrzehnt später einsetzen sollte, war 1960 noch nicht in Sicht. Mit einer wirtschaftlichen Rezession und der Bergbaukrise an der Ruhr gab es 1966 erste Alarmsignale.

Mit der Verlangsamung des wirtschaftlichen Wachstums traten in den 1960er Jahren soziale Probleme auf. Fragen der Einkommens- und Vermögensverteilung, der Mitbestimmung und der gesellschaftlichen Chancengleichheit rückten in den Vordergrund der Auseinandersetzung. Um den Umgang mit der NS-Vergangenheit sollte es zum Bruch zwischen den Generationen kommen.

Anhang

Anmerkungen

1 Dewezet vom 13.7.1950
2 Dewezet vom 13.7.1950 und 14.11.1954
3 Hannoversche Presse vom 13. Mai 1948
4 Zu den vorstehenden Informationen vgl. Hameln um die Mitte des 20. Jahrhunderts. Ein zusammenfassender Bericht aus Kultur, Wirtschaft und Verwaltung, S. 256–260
5 Zu den Zahlen vgl. Hameln um die Mitte des 20. Jahrhunderts. Ein zusammenfassender Bericht aus Kultur, Wirtschaft und Verwaltung, 1950, S. 7–9
6 Dewezet vom 17.1.1951
7 Dewezet vom 15.10.1955
8 Dewezet vom 29.11.1949
9 Dewezet, Kurzmeldung vom 17.2.1950
10 Dewezet vom 22.3.1950
11 Dewezet vom 14.10.1952
12 Dewezet vom 17.4.1952
13 Dewezet vom 30.9.1953
14 Dewezet vom 27.4.1953
15 Dewezet vom 20.12.1951
16 Dewezet vom 29.10.1955
17 Dewezet vom 17.3.1950
18 Dewezet vom 27.4.1953
19 Dewezet vom 13.12.1949
20 Vgl. für das Folgende Hubertus Rollfing, Hameln als Aufnahmeort für Flüchtlinge in der Zeit nach dem Zweiten Weltkrieg,
21 Die Zahlen nach Gerhard Guckel, Leserbrief in der Dewezet vom 21.6.2008
22 Dewezet vom 21.12.1949
23 Dewezet vom 1.12.1950
24 Dewezet vom 21.12.1949
25 Dewezet vom 22.6.1951
26 Dewezet vom 29.11.1949
27 Dewezet vom 22.6.1951
28 Dewezet vom 22.3.1952
29 Dewezet vom 15.10.1955
30 Dewezet vom 4.2.1950
31 Dewezet vom 3.12.1953
32 Dewezet vom 3.12.1953
33 Dewezet vom 28.4.1954
34 Dewezet vom 26.4.1952
35 Dewezet-Titel am 16.9.1950 und 26.8.1954
36 Dewezet vom 14.2.1950
37 Dewezet vom 10.3.1953
38 Dewezet vom 10.3.1953
39 Dewezet vom 16.3.1951
40 Dewezet vom 17.3.1955
41 Dewezet vom 11.4.1958
42 Protokoll der Dienstbesprechung vom 6.4.1950, Archiv der Jugendanstalt Hameln
43 Dewezet vom 12.2.1955
44 Dewezet aus dem Jahre 1950
45 Dewezet vom 8.11.1951
46 Dewezet vom 21.7.1953
47 Dewezet vom 26.2.1955
48 Dewezet vom 29.3.1960
49 Dewezet vom 26.3.1959
50 Jugendgerichtsgesetz § 91
51 Dewezet vom 29.3.1960
52 Zitiert nach Benno Geils, Demokratischer Neubeginn in Hameln 1945–1949, S. 25
53 Vgl. zum Thema Nachbarschaften das entsprechende Kapitel bei Benno Geils, Demokratischer Neubeginn, S. 62–66
54 Vgl. den Leserbrief von Paul Koch in der Dewezet vom 5.1.1950
55 Dewezet vom 23.4.1951
56 Stadtarchiv Hameln, Best. 1, Nr. 3541
57 Stadtarchiv Hameln, ebd.
58 Stadtarchiv Hameln, ebd.
59 Dewezet vom 23.4.1951
60 Dewezet vom 20.1.1950
61 Dewezet vom 11.3.1957
62 Dewezet vom 14.5.1959
63 Dewezet vom 28.4.1959
64 Dewezet vom 9.12.1949
65 Dewezet ebd.
66 Dewezet vom 6.10.1955

67 Dewezet vom 26.9.1957
68 Dewezet vom 28.2.1952
69 Dewezet vom 24.3.1950
70 Dewezet vom 10.11.1951
71 Dewezet vom 15.11.1952
72 Dewezet vom 3.9.1955
73 Dewezet vom 3.9.1955 und 11.10.1955
74 Dewezet vom 13.8.1955
75 Dewezet vom 2.7.1957
76 Dewezet vom 18.10.1957
77 Dewezet vom 13.3.1959
78 Dewezet vom 13.3.1959
79 Dewezet vom 18.11.1949
80 Dewezet vom 16.7.1960
81 Dewezet vom 17.11.1949
82 Dewezet vom 4.9.1951
83 Dewezet ebd.
84 Dewezet vom 22.9.1959
85 Vgl. für das Folgende Dieter Franck, Hrsg., Die fünfziger Jahre, München 1981, S 56f
86 Dewezet vom 20.4.1950
87 Dewezet vom 21.10.1952
88 Die Zeichnungen stammen aus den vom Hamelner Verkehrsverein herausgegebenen Broschüren „Gastliches Hameln" und „Hameln – Die Rattenfängerstadt an der Weser".
89 Die Fotographien stammen aus dem Stadtarchiv Hameln.
90 Dewezet vom 6.12.1949
91 Dewezet vom 25.11.1959
92 Dewezet vom 7.7.1964
93 Dewezet vom 28.10.1949
94 Dewezet vom 5.5.1950
95 Vgl. Dewezet vom 3.8.1950
96 Dewezet vom 3.8.1950
97 Vgl. dazu Dewezet vom 30.9.1952
98 Dewezet vom 15.10.1955
99 Dewezet vom 29.9.1953
100 Dewezet ebd.
101 Dewezet vom 2.4.1952
102 Dewezet vom 28.4.1950
103 Dewezet vom 7.12.1951
104 Dewezet vom 19.8.1954
105 Dewezet vom 13.6.1950
106 Dewezet vom 2.11.1951
107 Dewezet vom 2.6.1962
108 Dewezet vom 15.5.1956
109 Dewezet vom 1.7.1959
110 50 Jahre St. Augustinus-Kirche Hameln, S. 21
111 50 Jahre St. Augustinus-Kirche Hameln , S. 34
112 Vgl. 50 Jahre St. Augustinus-Kirche Hameln, S. 45f
113 Dewezet vom 11.9.1951
114 Dewezet vom 30.3.1951
115 Dewezet vom 22.2.1955
116 Dewezet vom 15.9.1955
117 Dewezet vom 18.1.1958
118 Dewezet vom 18.1.1958
119 Dewezet vom 17.3.1951
120 Dewezet vom 13.7.1950
121 Dewezet vom 13.7.1950
122 Dewezet vom 23.7.1953
123 Dewezet vom 23.7.1953
124 Dewezet vom 22.9.1952
125 Dewezet vom 13.9.1952
126 Dewezet vom 22.10.1953
127 Dewezet vom 10.2.1954
128 Schreiben an den Regierungspräsidenten vom 25.2.1946, Stadtarchiv Hameln, Best. 1, Nr. 2403
129 Stadtarchiv Hameln, Best. 1, Nr. 3102
130 Stadtarchiv Hameln, ebd.
131 Stadtarchiv Hameln, ebd.
132 Dewezet vom 20.4.1950
133 Dewezet vom 24.2.1951
134 Dewezet vom 29.10.1963
135 Dewezet vom 3.11.1949
136 Dewezet vom 3.11.1949
137 Dewezet vom 19.12.1949
138 Dewezet vom 9.3.1954
139 Dewezet vom 9.3.1954
140 Dewezet vom 27.3.1954
141 Dewezet vom 2.7.1955
142 Dewezet vom 2.7.1955
143 So das Urteil der Dewezet vom 5.12.1957
144 Dewezet vom 17.2.1951
145 Dewezet vom 20.2.1951
146 Dewezet vom 3.10.1953
147 Dewezet vom 3.10.1953
148 Dewezet vom 15.6.1954
149 Dewezet vom 15.7.1958
150 Dewezet vom 2.8.1958
151 Leserbrief in der Dewezet vom 15.4.1950
152 Dewezet vom 19.6.1954
153 Dewezet vom 3.7.1954
154 Vgl. den Bericht in der Dewezet vom 5.8.1954
155 Vgl. den Bericht in der Dewezet vom 4.8.1954
156 Vgl. den Bericht in der Dewezet vom 7.8.1954
157 Dewezet vom 14.12.1955
158 Dewezet vom 7.9.1955
159 Nach Horst Knoke, Hamelner Wasserbauwerke an der Weser, S. 158
160 Vgl. Dewezet vom 4.6.1952

161 Vgl. Dewezet vom 29.7.1954 und 22.9.1954
162 Dewezet vom 16.8.1955
163 Dewezet vom 3.12.1959
164 Ebd.
165 Dewezet vom 25.8.1959
166 Dewezet vom 20.12.1949
167 Dewezet vom 16.3.1961
168 Dewezet vom 9.10.1952
169 Dewezet vom 25.10.1950 und 27.12.1954
170 Stadtarchiv Hameln, Best. 1, Nr. 371; vgl. zum gesamten Vorgang Bernhard Gelderblom, Sie waren Bürger der Stadt, S. 120–125
171 Vgl. Bernhard Gelderblom, Sie waren Bürger der Stadt, S. 132–155
172 Vgl. Stadtarchiv Hameln, Best. 1, Nr. 3138
173 Vgl. Stadtarchiv Hameln, Acc. 1995/27 Nr. 190
174 Vgl. Meldung der Hannoverschen Presse vom 25.6.1952 und die Akten des Liegenschaftsamtes der Stadt Hameln
175 Stadtarchiv Hameln, Protokoll der Hauptausschusssitzung vom 25.4.1949
176 Stadtarchiv Hameln, Protokoll der Hauptausschusssitzung vom 15.7.1949
177 Wolfgang Kraushaar, Die Protestchronik, 1949–1952, S. 89
178 Abgedrukt in der Dewezet vom 23.9.1951
179 Hans Grimm, Warum-Woher-Aber wohin?, S. 559–561
180 Wolfgang Kraushaar, Die Protestchronik, 1949–1952, S. 136
181 Wolfgang Kraushaar, Die Protestchronik, 1949–1952, S. 125
182 Zitiert nach Norbert Frei, Vergangenheitspolitik. Die Anfänge der Bundesrepublik und die NS-Vergangenheit, S. 326
183 Wolfgang Kraushaar, Die Protestchronik, 1949–1952, S. 232
184 Vgl. Norbert Frei, Vergangenheitspolitik. Die Anfänge der Bundesrepublik und die NS-Vergangenheit, München 1999, S. 326
185 Wolfgang Kraushaar, Die Protestchronik, 1949–1952, S. 21, 125
186 Dewezet vom 16.12.1949
187 Wolfgang Kraushaar, Die Protestchronik, 1949–1952, S. 149
188 Vgl. Wolfgang Kraushaar, Die Protestchronik, 1953–1956, S. 984
189 Wolfgang Kraushaar, Die Protestchronik, 1953–1956, S. 868f
190 Wolfgang Kraushaar, Die Protestchronik, 1949–1952, S. 680
191 Die Ankündigung findet sich im Wiking-Ruf – Der Freiwillige, Heft 9, September 1959; eine ausführliche Berichterstattung und Nachbetrachtung im Wiking-Ruf – Der Freiwillige, Heft 10, Oktober 1959, S. 8f.
Vgl. außerdem Wolfgang Kraushaar, Die Protestchronik, 1957–1959, S. 2262f.
192 Zitiert nach der rechtsradikalen Zeitschrift Die Tat vom 12.9.1959
193 Wiking-Ruf – Der Freiwillige, Heft 6, Juni 1963 und Heft 7, Juli 1963
194 Stadtarchiv Hameln, Best. 1, Nr. 1170
195 Stadtarchiv Hameln, ebd.
196 Vgl. zum Thema Petra Schepers, Kultureller Neubeginn 1945–1949, S. 10–17
197 Stadtarchiv Hameln, Best. 1, Nr. 3069. Schreiben Richters an den Kulturausschuss vom 22.4.1968
198 Die sterblichen Überreste von Oskar Weihe, Anton Gradwohl und Otto Drebenstedt wurden 1955 unter Protesten aus der Bevölkerung auf den Soldatenfriedhof am Wehl umgebettet, wo sie noch heute liegen. Die ehemalige Grabstelle am Klüt ziert seit Jahren erneut ein Gedenkstein.
199 Hannoverschen Presse vom 20.4.1948
200 Dewezet vom 1.9.1951
201 Dewezet vom 1.9.1951
202 Dewezet vom 28.12.1957
203 Dewezet vom 24.8.1951
204 Dewezet vom 2.10.1951
205 Dewezet vom 9.8.1951
206 Dewezet vom 3.9.1951
207 Dewezet vom 22.9.1951
208 Dewezet vom 3.10.1951
209 Dewezet vom 25.9.1951
210 Dewezet vom 3.10.1951
211 Zitiert nach der Dewezet vom 16.3.1953
212 Hannoversche Presse vom 18.6.1949
213 Laut Dewezet vom 24.4.1957
214 Vgl. Der Kunstkreis Hameln 1948–1998, 13–28
215 Petra Schepers, Kultureller Neubeginn 1945–1949, S. 20
216 Dewezet vom 4.4.1952
217 Dewezet ebd.
218 Dewezet vom 29.6.1954
219 Dewezet vom 11.5.1951
220 Dewezet vom 20.8.1951

Verzeichnis der Literatur

Allgemein

Anschläge, 220 politische Plakate als Dokumente der deutschen Geschichte 1900–1980, herausgegeben von Friedrich Arnold © 1985 Langewiesche-Brandt, Ebenhausen bei München

Deutschland in den fünfziger Jahren. Informationen zur politischen Bildung Nr. 256, München 1997

Dieter Franck, Hrsg., Die fünfziger Jahre, München 1981

Norbert Frei, Vergangenheitspolitik. Die Anfänge der Bundesrepublik und die NS-Vergangenheit, München 1999

Die 50er Jahre. Vom Trümmerland zum Wirtschaftswunder, Spiegel spezial 1, 2006

Hermann Glaser, Kleine deutsche Kulturgeschichte von 1945 – 1989, Bonn 1991

Ders., Die 50er Jahre. Deutschland zwischen 1950 und 1960, Hamburg 2005

Ders., Kleine deutsche Kulturgeschichte von 1945 bis heute, Frankfurt am Main 2007

Alfred Grosser, Geschichte Deutschlands seit 1945. Eine Bilanz, München 1974

Dagmar Kift, Hrsg., Aufbau West. Neubeginn zwischen Vertreibung und Wirtschaftswunder, Essen 2005

Peter Graf Kielmannsegg, Das geteilte Land. Deutsche Geschichte 1945–1990, München 2007

Die langen Fünfziger, Praxis Geschichte 6, 1996

Wolfgang Kraushaar, Die Protestchronik. Eine illustrierte Geschichte von Bewegung, Widerstand und Utopie, Band 1: 1949–1952, Hamburg 1996

Wolfgang Kraushaar, Die Protestchronik. Eine illustrierte Geschichte von Bewegung, Widerstand und Utopie, Band 2: 1953–1956, Hamburg 1996

Wolfgang Kraushaar, Die Protestchronik. Eine illustrierte Geschichte von Bewegung, Widerstand und Utopie, Band 3: 1957–1959, Hamburg 1996

Wolfgang Kraushaar, Die Protestchronik. Eine illustrierte Geschichte von Bewegung, Widerstand und Utopie, Band 4: Registerband 1949–1959, Hamburg 1996

KZ-Gedenkstätte Neuengamme (Hrsg.), Die frühen Nachkriegsprozesse, Beiträge zur Geschichte der nationalsozialistischen Verfolgung in Norddeutschland, Band 3, Bremen 1997

Joachim Perels, Entsorgung der NS-Herrschaft? Konfliktlinien im Umgang mit dem Hitler-Regime, Hannover 2004

Claudia Seifert, Aus Kindern werden Leute, aus Mädchen werden Bräute. Die 50er und 60er Jahre, München 2006

Edgar Wolfrum, Die 50er Jahre. Kalter Krieg und Wirtschaftswunder, Darmstadt 2006

Für Hameln

Anpacken und Vollenden. Hannovers Wiederaufbau in den 50er Jahren. Ein Quellenlesebuch, Hannover 1993

Karl R. Berger, Hameln im Jahre 1945, Göttingen 1953

Grzegorz Borowski und Stefan Meyer (Hrsg.), Vertreibungen. Deutsche und polnische Vertriebenen-Schicksale, Rinteln/Sroda Slaska 2004

Marlis Buchholz, Die Volkshochschule Hameln 1920–1970, Beiträge zur Stadtgeschichte, Hameln 1990

50 Jahre St. Augustinus-Kirche Hameln. Chronik zum Jubiläum, Hameln 2004

Benno Geils, Demokratischer Neubeginn in Hameln 1945–1949, Stadtgeschichte Hameln 1919–1949, Band 9, Hameln 1991

Bernhard Gelderblom, Sie waren Bürger der Stadt. Die Geschichte der jüdischen Einwohner Hamelns im Dritten Reich. Ein Gedenkbuch, 2., überarb. Auflage, Hameln 1997

Ders., Hameln zum Beispiel. Zusammenbruch und Neubeginn in einer deutschen Kleinstadt, Praxis Geschichte, 18. Jahrgang, März 2005, S. 16–20

Ders. und Joachim Schween, Hameln. Bilder einer Stadt aus acht Jahrhunderten, Hameln 2004

Ders. und Wolfhard F. Truchseß, 60 Jahre Kriegsende. Eine Dokumentation über die letzten Tage des Zweiten Weltkrieges in und um Hameln, Hameln 2005

Hans Grimm, Warum-Woher-Aber wohin?, Lippoldsberg, 4. Auflage 1954

Hameln – anno dazumal. Unsere Stadt im Wandel von 1880 bis 1945, hrsg. von der Stadtsparkasse Hameln, Hameln 1990

Hameln. Bilder zur Erinnerung 1920–1970, mit einer Einleitung und Bildtexten von Norbert Humburg, Hameln 1983.

Hameln damals. Die Rattenfängerstadt um die Jahrhundertwende in 137 Bildern, mit einer Einleitung von Gerhard Fließ und Bildtexten von Annemarie Ostermeyer, Hameln 1977.

Hameln um die Mitte des 20. Jahrhunderts. Ein zusammenfassender Bericht aus Kultur, Wirtschaft und Verwaltung, hrsg. vom Statistischen Amt der Stadt Hameln, o. O. 1950

Ilse und Heinrich Kalvelage, Hameln nach 1945. Stadtentwicklung – dargestellt bis 1993/94, Hameln 1995

Horst Knoke, Hamelner Wasserbauwerke an der Weser. Die Geschichte der Schleusen und Wehre, der Münsterbrücke und des Hafens, Studien zur Hamelner Geschichte 2, Bielefeld 2003

Der Kunstkreis Hameln 1948–1998, Hameln 1998

Viktor Meissner, Mit Kopfsprung hinein … in die Geschichte der Hamelner Badeanstalten. Begleitheft zur Ausstellung, Stadtarchiv Hameln 2007

Ders., Hameln in den 1950er Jahren – ein Bilderbuch, Stadtarchiv Hameln 2008

Peter Neff, Dreivierteleben. Eine vorläufige Bilanz, Hameln o. J.

Hubertus Rollfing, Hameln als Aufnahmeort für Flüchtlinge in der Zeit nach dem Zweiten Weltkrieg, Stadtgeschichte Hameln 1919–1949, Band 10, Hameln 1991

Petra Schepers, Kultureller Neubeginn 1945–1949, Stadtgeschichte Hameln 1919–1949, Band 11, Hameln 1990

Heinrich Spanuth (Hrsg.), Geschichte der Stadt Hameln, fortgeführt von Rudolf Feige, ergänzt von Fritz Seifert, Hameln 1983

Verkehrsverein Hameln (Hrsg.), Gastliches Hameln – Weserbergland, Hameln o. J. (um 1953)

Verkehrsverein Hameln (Hrsg.), Hameln – Die Rattenfängerstadt an der Weser, Hameln o. J. (um 1956)

Viktoria-Luise-Gymnasium Hameln (Grundkurs Gemeinschaftskunde Jg. 12), Niedersachsen 1945 – Der Neubeginn, dargestellt am Beispiel der Stadt Hameln, Hameln 1995

Thomas Wünsche, Hamelner Chronik 1945–1949. Leitfaden zur Ausstellung „Alltagsleben und Demokratisierung in Hameln 1945–1949", Hameln 1996

Ders., Hamelner Chronik 1945–1949. Ergänzungslieferung, Hameln 1996

Zusammensetzung des Rates der Stadt Hameln von 1945–1996, Stadtarchiv Hameln 1999

Verzeichnis der Archive

Akten, Urkunden, Fotos und Zeitungssammlungen des Stadtarchivs Hameln, des Niedersächsischen Hauptstaatsarchivs Hannover, des Museums Hameln, des Archivs der Deister- und Weserzeitung Hameln, des Archivs der Jugendanstalt Hameln, des Stadtarchivs Hildesheim und des Historischen Museums Hannover.

Es konnten nicht alle Rechte-Inhaber ermittelt werden. Berechtigte Honoraransprüche werden selbstverständlich abgegolten.

Register

ABG 114
Adenauer, Konrad 27f, 40, 85, 209, 217f
ADU 103
AEG 111f
Alte Kaserne 120, 226
Altersheime 158, 161–165
Apportin, Josef 231
Arbeitsamt 41, 66, 120f
Arbeitslosigkeit 26, 49, 54f, 63, 102, 111, 120f, 186
Arbeitszeit 102, 122f

Bäckerscharren 99, 171–173, 178, 238
Bäckerstraße 183–185
Bahnhof 16, 201–204
Bähnisch, Regierungspräsidentin 40, 46, 196, 230
Barackenlager für Flüchtlinge 29, 44–49, 54
Berliner Platz 124
Berufsschule 154f
Besatzungskinder 59
Besatzungsmacht 18f, 20, 23f, 26, 44, 54, 64, 79f, 97–99, 134, 225
Beschlagnahmungen 18f, 44, 97
Besmer Teppichfabrik 104–106, 108, 110
Bessert-Nettelbeck, Rudolf 106
Bevölkerungszahl 17, 29–31
BHE 56f, 85–89
BHW 116–120
Blank, Albert 106
Breslauer Allee 58
Bumann-Schule 124
Bundesbahn 201–204
Bundesverfassungsgericht 87, 218

Cafés 128–131
Camping-Platz 127
CDU 27, 56, 80, 82–86, 88–89
Concordia, Eisenwerke 17, 103, 108f

Demontage 103, 111
Denzler, Robert 82, 89
Deutsche Bank 181
Deutsches Rotes Kreuz 50, 219f
Dietrich, Sepp 220
Domag, später AEG 19, 44, 46–50, 103, 111, 223
Dorls, Fritz 87, 215–217
Dörries 192
DP, Deutsche Partei 82, 84–91

DRP, Deutsche Rechtspartei 84, 87, 215
DRP, Deutsche Reichspartei 87, 89, 214–216
Duesterberg, Theodor 218

Eisenbahnbrücke 17, 201
Entnazifizierung 14, 56, 80, 86, 205–208
Erhard, Ludwig 26, 85, 100, 102
Evakuierte 11, 29–31
Fascher, Gotthelf 38f

FDP 80, 82–86, 88f
Federer 185–187
Film-Club 236
Finné, Max 231
Fischer, Adelheid 210
Fischer, H. 210
Fischer, Magda 237
Flemes, Charlotte 232
Flemes, Rolf 232
Flößergang 143f
Flüchtlinge und Vertriebene 29–31, 42–58, 85f, 97, 103, 111, 133f, 136f, 155, 179, 229
Flüchtlingsamt 44, 50
Flüchtlingsnähstube 49, 51
Flügge, Friedrich 238
Frauen 58–63

Ganser, Dr. Lothar 89
Gaststätten 128–131
Geburtenzahlen 60–62
Gedenkstein Synagoge 210–212
Gemeindeordnung 79f
Gewerkschaften 21, 100–102, 212, 216, 219, 228
Gewerkschaftsjugend 70
Gleichberechtigung 60f
Golze, Kokosweberei 114
Götze, Hermann, Ratsherr 56, 86, 89
Greulich, Helmut 82, 89, 220
Grimm, Hans 214f, 230
Grote, Wilhelm 80
Grundgesetz 26, 60, 82

Hafen 197–200
Halbstarke 68–70
Hallenbad 93, 165–168
Hamelner Schifffahrt und Speicherei 200
Harlan, Veit 212f
Harm, Dr. Walter 80, 169f, 223

Hauschteck, Wilhelm 233
Hausratshilfe 49
Hausser, Paul 221
Heimatbühne 224f
Helfers, Rosa 92f
Hermannschule 145
Heuss, Theodor 86, 205, 233
HIAG 218–222
Hochzeitshaus 170–173, 239f
Hölscher, Karl 84, 89
Hotels 128–131
Hövelmann, Carl 157
Hungerdemonstrationen 20f

Ilphulweg 140–142

Janssen, Dr. Heinrich 40, 82, 84, 88f, 91f, 149, 193
Josephs, Ernst 106f
JTC 210f
Judenhaus 296
Jugendamt 62
Jugendherberge 93, 127
Jugendkriminalität 77
Jugendstrafanstalt 74–78
Jugendzentrum 70f
Jungdeutscher Orden 95

Kaiserstraße 122
Kaminski 54, 103
Kastanienwall 120, 142, 189
Kater, Dr. 191
Katholiken 52, 155, 157
Keyser, Louis Moshe 212
Kinder und Jugendliche 63–71
Kindergärten 62f
Kinderspielplätze 64, 66, 96
Kino 234–236
Kleingarten 49, 52
Kleinwohnungsbau-Gesellschaft 53, 91, 137, 139, 141
Klütschule 148f
Koch, Paul 95, 97
König K.G. Wäschefabrik 55
Kopf, Hinrich 196, 220, 230
Körting, Gummiwerke 17, 103, 109f
KPD 27, 80, 82, 84f, 89, 212, 216
Kriegsheimkehrer 29, 38–42, 52, 133
Krüger, Dr. Hans 135, 207f, 211
Krüger, Gerhard 216
Kuhlmann, Otto 106
Kunstkreis-Studio 118, 231–234

Lachsgrund 138, 142–144
Landsmannschaften 45, 51, 57
Langen-Wall-Schule 146f, 154, 180, 226
Lastenausgleich 53f
Lehrstellen 67f
Lemkesches Haus 182
Löffler, Heinrich 21, 80, 82, 89f

Mahraun, Arthur 94f
Marktkirche 16, 170–172, 175–179, 194
Marshallplan 23, 141
Martin-Luther-Gemeinde 160f
Mataré, Ewald 158f
Meder-Eggebert, Franz-Joachim 87
Mertens, Dr. Wolfgang 106
Mertens, Wilhelm 106
Mertensplatz 139, 141
Meyer, Kurt (Panzer-Meyer) 218–222
Miegel, Agnes 57, 214, 230
Mittelschule 151–153
Monopolsaal 21, 225, 228, 234

Nachbarschaften 93–97, 191, 229
Naturfreunde 93
Neitz, Johann 213f
Neumarkter Allee 58
Neumarkter Heimattreffen 56f
Niemeyer, Günther 191f
NLP 80, 82, 84f, 89, 90
NPD 87, 215
NSDAP 87, 216f

Obdachlose 49, 133
Oberweser-Dampfschifffahrt 146f, 180, 198–200
Oesterlen, Dieter 232
Oka Teppichwerk 103f, 106–108
Oppermann, Moritz 240
Osterstraße 16f, 169, 180, 184, 186
Ostertorwall 12, 174, 189–193
Ostpreußenweg 53, 58

Pädagogische Hochschschule 223
Papenschule 145, 150, 187
Parkuhr 189
Paul-Gerhardt-Gemeinde 159f
Pestalozzi-Schule 146–150
Pfadfinder 70f
Pigge & Marquardt, Schuhfabrik 110
Preiss, Hans 107

Ramcke, Bernhard 219
Rat der Stadt 79f, 87–89, 135, 205, 228f
Rathaus 16, 169–174, 177, 193f
Rattenfänger-Denkmal 239
Rattenfängerrelief 154, 240f
Rattenfängerspiel 237f
Reiche, Gerhard 207f
Reintjes, Schiffsgetriebe 113, 215–217
Remer, Otto Ernst 87
Richter, Franz 215
Richter, Peter Bruno 224f
Riege, Rudolf 176f, 231, 233

Sander, Dr. Friedrich 85, 212
Scala-Lichtspiele 234f
Schäfer, Stadtbaurat 139, 142, 149, 159, 171–173, 178, 180, 210
Schiebel, Albin 238
Schiffswerft 199f
Schillerschule 153f
Schlesier 43
Schlesierweg 58
Schlichtwohnungen 144f
Schröter, Georg 84, 89
Schule am Basberg 150
Schule Rohrsen 146f
Schule Wangelist 149
Schumacher, Kurt 27f
Schütze, Oberbürgermeister 50, 82, 84, 89–91, 135
Schwarzer Markt 20f, 24
Seebohm, Hans-Christoph 84, 194 ,196
Seifenkisten-Rennen 64, 66
Seifert, Fritz 192, 223
Selbstbedienungsladen 123f
Sertürner-Schule 151–153
Siebken, Bernhard 222
Söderbaum, Kristina 212f
Sozialamt 48, 59
SPD 27f, 56, 61, 81f, 84–90, 92f, 216, 219
SRP 87, 215–218
St. Augustinus-Kirche 155–159
Stadion 18, 117, 228
Stadtbücherei 146f, 225–227
Stadtsaal im Grünen Reiter 18, 180, 240
Stahlkontor Weser Lenze KG 110, 114
Stephan, Alfred 114–116
Stephan, Elektromotorenwerk 110, 114–116
Stephan, Paula 115
Strafanstalt 71–78
Suchdienst des DRK 34–38, 40
Süntelstraße 53, 140–142

Synagogengrundstück 209–212
Szaif, Peter 153

Übernachtungsstelle des DRK 31–34

Valentin-Klein-Bau 174
Verein für Kunst und Wissenschaft 224, 228
Vereinigte Wollwarenfabriken Marienthal 104, 108f
Verkehrsampel 188f
Vietinghoff, von, Pastor 212
Viktoria-Luise-Schule 145, 153–155
Vogeley, Puddingpulverfabrik 113
Voigts, Dr. P. 176
Volksbank 181
Volksbühne 224f
Volkshochschule 226–228
Volksküche 49
Vollmer, Wilhelm 180, 234
VVN 212, 216

Währungsreform 20, 24–26, 63, 103, 120, 225
Waldschule Finkenborn 150f
Walter, Arn 178f
Walther-Ihle, Hans 154, 239–241
Werkswohnungen 103, 108, 112, 115, 134, 136f
Weserbergland-Festhalle 53, 87, 92, 117, 214, 228–231, 232f
Weserbrücke 17, 142, 193–197
Weserfähre 127
Weserflöße 198
Wesermühlen 17, 103f, 200
Westintegration 27, 242
Wiedergutmachung 209
Wiking-Ruf 220–222
Wilke, Georg 80, 92, 211, 213, 223
Wirtschaftswunder 25, 100, 102
Witte, Karl 84, 192
Wittekindbad 18f, 165f
Wohnraumzerstörung 17
Wohnungsamt 18, 29, 52, 92, 132f
Wohnungsbau 23, 54, 97, 135–145
Wohnungsgenossenschaft 137, 141f
Wohnungsnot 19, 132–135
Wünschmann, Werner 116, 118, 146, 148, 180, 229

Zebrastreifen 189
Zentralstraße 55, 96, 121
Zuchthaus 35, 59, 71–78, 93
Zwangsarbeit 38, 54, 103, 107f

Bücher von Bernhard Gelderblom

Bernhard Gelderblom / Wolfhard F. Truchseß
60 Jahre Kriegsende
Eine Dokumentation über die letzten Tage
des Zweiten Weltkrieges in und um Hameln
216 Seiten, 98 SW-Abbildungen, Paperback
ISBN 978-3-8271-9302-5

Die Reichserntedankfeste
auf dem Bückeberg 1933–1937
Massen- und Propaganda-
veranstaltungen der Nationalsozialisten
64 Seiten, 6 Farb-, 50 SW-Abbildungen, Broschur
ISBN 978-3-8271-9259-2

Sie waren Bürger der Stadt
Die Geschichte der jüdischen
Einwohner Hamelns im Dritten Reich
160 Seiten, 84 SW-Abbildungen, Paperback
ISBN 978-3-8271-9024-6
Titel ist vergriffen

Bernhard Gelderblom / Joachim Schween
Fotos von Sigurd Elert
Hameln – Bilder einer Stadt
aus acht Jahrhunderten
128 Seiten, 154 Farb-, 4 SW-Abbildungen, gebunden
ISBN 978-3-8271-9053-6

Bernhard Gelderblom / Fotos von Sigurd Elert
Hameln – Bilder aus der
Stadt des Rattenfängers
64 Seiten, 92 Farb-Abbildungen, gebunden
Text in deutsch, englisch, französisch und japanisch
ISBN 978-3-8271-9054-3

EDITION WESERBERGLAND

Bisher sind in dieser Reihe erschienen

Gerhard Pieper
Hamelner Straßen
Eine Stadtgeschichte im Spiegel ihrer Straßennamen
104 Seiten, 70 SW-, 5 Farb-Abbildungen, Paperback
ISBN 978-3-8271-9301-8

Bernhard Gelderblom / Wolfhard F. Truchseß
60 Jahre Kriegsende
Eine Dokumentation über die letzten Tage
des Zweiten Weltkrieges in und um Hameln
216 Seiten, 98 SW-Abbildungen, Paperback
ISBN 978-3-8271-9302-5

Gerhard Pieper
Die Festung Hameln
Geschichte, Bauwerke und Institutionen
88 Seiten, 53 SW-Abbildungen, Paperback
ISBN 978-3-8271-9303-2

Moritz Oppermann
Die Schlacht bei Hastenbeck
Zum 250. Jahrestag am 26. Juli 2007
56 Seiten, 13 Farb-, 2 SW-Abbildungen, Paperback
ISBN 978-3-8271-9304-9

Klaus Höpfner
Sozialgeschichte und Gesellschaftsleben in Hameln seit 1750
Der Club zur Harmonie
144 Seiten, 24 Farb-, 86 SW-Abbildungen, Paperback
ISBN 978-3-8271-9305-6

Christian Meyer-Hermann (Hrsg.)
Hamelner Personenraddampfer
Geschichten aus der Epoche
144 Seiten, 55 Farb-, 75 SW-Abbildungen, 1 Karte ausklappbar, Paperback
ISBN 978-3-8271-9306-3